美国高中资优教育发展的政策与实践

付艳萍/著

教育学河南省第九批重点学科建设项目　　　资助

科学出版社

北　京

内 容 简 介

　　世界各国的竞争归根结底是人才的竞争。人才的培养在于教育，资优教育对于人才培养而言，犹如皇冠上的明珠。高中教育在整个教育体系中发挥着承上启下的作用，而高中生的资优教育不仅可以带动基础教育的创新改革，还可以推动我国高等教育的创新发展。本书对美国高中资优教育发展的理论范式、政策保障、实践内容以及影响因素等诸多层面进行了全方位的阐释。这些经验与教训，对我国高中资优教育发展具有重要的启示意义。基于此，本书从认知建构、实践路径、支持体系以及示范引领等层面，为我国未来高中资优教育的发展提出了建议。

　　本书既适合高校及科研机构资优教育、创新教育等相关领域研究者，同时也适合对创新人才培养有兴趣的广大高中的一线教师和学校管理者阅读参考。

图书在版编目（CIP）数据

美国高中资优教育发展的政策与实践/付艳萍著. —北京：科学出版社，2018.4

ISBN 978-7-03-056926-4

Ⅰ.①美… Ⅱ.①付… Ⅲ.①高中-教学研究-美国 Ⅳ.①G632.0

中国版本图书馆 CIP 数据核字（2018）第 049294 号

责任编辑：邓　娴／责任校对：贾娜娜
责任印制：吴兆东／封面设计：无极书装

科 学 出 版 社 出版
北京东黄城根北街 16 号
邮政编码：100717
http://www.sciencep.com

北京京华虎彩印刷有限公司 印刷
科学出版社发行　各地新华书店经销

*

2018 年 4 月第 一 版　　开本：720×1000　B5
2018 年 4 月第一次印刷　　印张：13 1/4
字数：260 000
定价：92.00 元
（如有印装质量问题，我社负责调换）

目　　录

第一章 绪 论

第一节 资优教育：时代的呼唤

世界各国的竞争归根结底是人才的竞争。人才的培养在于教育，培养什么人才以及如何培养人才是教育的根本问题。第二次世界大战以来，世界各国都将教育发展作为国家的战略发展目标。英国前首相布莱尔曾形象地指出，本国发展的三大优先事项是"教育、教育、教育"，美国近几届总统也都纷纷以"教育总统"自居。我国颁布的《国家中长期教育改革和发展规划纲要（2010—2020年）》把人才培养、育人为本作为最核心的问题。以培养资优生为目的的资优教育[①]对人才的迫切需求做出了回应。

一、培养拔尖创新人才的时代呼唤

作为基础教育的最高阶段，高中教育下延义务阶段教育，上承高等教育，不仅关系到基础教育的质量，还承担着为高等教育输送人才的任务。随着我国经济实力的逐渐增强以及教育事业的不断推进，高中教育也实现了快速发展。调查数据显示，2014年，我国高中阶段教育（包括普通高中、成人高中、中等职业教育）毛入学率已经达到86.5%[②]。高中教育正在实现由"为少数人服务"到"为每个人服务"的转变，"转型"成为当前我国高中教育发展的关键词之一。2015年，中共十八届五中全会进一步提出"提高教育质量，推动义务教育均衡发展，普及高中阶段教育"的目标。这一"普及高中阶段教育"的目标与《国家中长期教育改革和发展规划纲要（2010—2020年）》"加快普及高中阶段教育"的目标一脉相承。从"普及九年制义务教育"到"普及高中阶段教育"的提速升级，是我国经济结构调整、产业发展向中高端转型升级的需要，具有重要的战略意义。

然而，在初步满足"量"的要求的基础上，如何实现"质"的提升，真正培养出拔尖创新人才是我国高中教育发展亟须解决的重要问题。中华人民共和国成

---

① 对于资优教育，国内有学者译为英才教育、天才教育、天才儿童教育、超常教育、超常儿童教育等，本书"基本概念界定"中将对这几个概念进行说明。

② 五中全会：普及高中教育逐步免除中职教育学杂费[EB/OL]. http://www.yjbys.com/news/401657.html，2015-10-30.

立后不久，由于教育资源匮乏、人才短缺，国家推行了重点高中政策，以期实现"快出人才、出好人才"的目标。重点高中也不负众望，专门选拔学业成绩优异的学生（资优生）进行教育，确实为国家建设事业输送了大批优秀人才。但是，由于招生名额的有限性与招生方式的拔尖性，就读重点高中成为一些学生的"特权"。随着经济发展的加速、教育资源和机会的增多，在人人都能上得起学的情况下，越来越多的人渴望获得平等的优质教育机会，重点高中受到"精英主义"和"有违教育公平"的诟病。同时，在高考制度的引导下，大学升学率逐渐成为衡量重点高中以及普通高中优劣的重要指标，"唯高考马首是瞻"成为我国高中教育的真实写照，重点高中的情况尤为严重。面对这一现实情况，为了改变重点高中以升学率为导向、同质化发展严重的现象，国家提出建设实验性、示范性高中的目标，重点高中"摇身一变"成为实验性、示范性高中。随着倡导教育公平与教育均衡化发展的呼声越来越高，2013 年 11 月，《中共中央关于全面深化改革若干重大问题的决定》明确提出义务教育阶段"不设重点学校重点班"，虽然该决定对处于高中阶段的重点高中持不置可否的态度，但似乎也预示着重点高中时代被画上了句号。

杰出的创造性资优人才对社会发展的重要性不言而喻，而高中教育对于人才培养的作用举足轻重。许多国家都把高中教育作为"人才产业链"的重要环节，并从国家战略的高度出发，提升高中教育质量，增强高中教育的国际竞争力[①]。甚至有学者提出"谁赢得高中，谁就赢得人才"的口号[②]。《国家中长期教育改革和发展规划纲要（2010—2020 年）》明确提出，要加快普及高中阶段教育、推动普通高中多样化发展、培养拔尖创新人才。随后，《国务院办公厅关于开展国家教育体制改革试点的通知》也指出，要"开展普通高中多样化、特色化发展试验，建立创新人才培养基地"[③]。尽管重点高中"消失"了，但其承担的培养高中资优生的任务并没有消失。高中学校如何为资优生提供适合其能力发展的教育？接过重点高中衣钵的示范性高中该如何发展？是继续沿袭重点高中招收资优生并进行同质化培养的老路，还是在其基础上另辟蹊径？我国培养拔尖创新人才的目标该如何实现？这些问题引发深思。

高中资优教育，就是面向高中资优生的教育，旨在发展高中资优生的潜能，为社会培养拔尖创新人才。早在 2003 年，教育部就发布《普通高中课程方案（实验）》，提出要"大力推进教育创新……为造就……一大批拔尖创新人才奠定基础"。《国家中长期教育改革和发展规划纲要（2010—2020 年）》把推动人才培养体制改

---

① 何晓文. 卓越教育的理论与实践研究[M]. 上海：华东师范大学出版社，2014：16.
② 崔允漷. 谁赢得高中，谁就赢得人才[J]. 上海教育，2013，(5)：26.
③ 国务院办公厅关于开展国家教育体制改革试点的通知[EB/OL]. http://www.gov.cn/zwgk/2011-01/12/content_ 1783332.htm，2016-01-12.

革作为未来的重要教育任务。在明确了"培养什么人"的问题之后,"怎样培养人"成为教育的根本。有学者指出,我国从来不缺乏聪明有潜力、能成为拔尖人才之人,缺的是把潜质转化为现实,进而赋予人新的潜质的教育①。在当前国际竞争日趋激烈的形势下,在高中教育逐渐成为决定教育事业发展成败的关键时期,我们有必要对高中教育,特别是对旨在培养拔尖创新人才的高中资优教育进行全面审视与剖析。

二、我国高中资优教育发展的需求

资优教育在世界范围内已经是一个比较成熟的教育领域。基于人们在智力、学术能力、领导力、创造力或艺术领域等方面的能力或潜力的差异,推动资优教育发展,一方面,资优生的潜力或能力能得到最大化发展,达到自我实现;另一方面,资优生也能为国家发展做出卓越贡献。当前,许多国家都积极开展相关研究,制定资优教育政策,以推动本国资优教育的发展,其中尤以美国资优教育的理论、政策与实践发展最为成熟。理论层面,美国资优教育的研究可谓"百花齐放";政策层面,全方位的法律法规为其提供政策保障;实践层面,资优教育在各级各类学校蓬勃开展。由于高中阶段是决定学生未来专业选择与职业生涯发展的重要阶段,高中阶段的学习有助于提升资优生在大学学习和职业生涯发展中的竞争力。因而,美国十分重视高中资优教育的发展,特别是专门化的资优高中为高中资优生提供了能满足其学习需求的资优教育。这些高中不仅包括自创建之初就以培养社会精英为己任的私立精英高中,也包括各市以考试成绩为主要标准选拔资优生的考试高中,以及各州专门为培养和教育资优生而建立的州长高中,这三类高中成为开展资优教育的主阵地。此外,一般高中以及一些社会机构也开展了丰富的资优教育项目。与我国创办重点高中和示范性高中培养优秀人才的做法相似,美国的资优高中在为高中资优生提供优质教育、培养拔尖创新人才方面做出了突出贡献。

同样,与我国对重点高中有失教育公平的诟病相似,美国招收高中资优生的资优高中也受到违背教育公平的指责,特别是在学生构成方面,不同种族学生的入学比例存在巨大差异。同时,三类高中学生家庭的社会经济地位普遍较高,也引发广泛的社会舆论。然而,与国内取消重点学校、重点班,"削峰平谷"以促进教育均衡化发展的做法不同,美国较重视资优教育的发展,资优高中因受到政策的支持与保护而一直存在,社会范围内的高中资优教育项目也"红红火火"②。特

---

① 李政涛. 叶澜:一个人和她的教育改革[J]. 今日教育,2015,(4):22-27.

② 中美教育体制有所差异,高中在中国是非义务教育阶段,在美国属于义务教育阶段。因而,本书把中国面向义务教育阶段取消重点学校和重点班的政策举措与美国支持资优高中发展(属于义务教育阶段)的政策举措进行对比。

别是随着 20 世纪 80 年代《国家在危机中：教育改革势在必行》（"A Nation at Risk：The Imperative for Educational Reform"）等一系列教育报告[①]的发布，追求教育卓越成为美国教育发展的重要目标，资优教育也越发受到政府和社会的重视。

相比之下，我国并没有制定专门的资优教育政策，也没有明确提出针对高中资优生的系统化教育实践。在《国家中长期教育改革和发展规划纲要（2010—2020 年）》提出"加快普及高中阶段教育""推动普通高中多样化发展""培养拔尖创新人才"的政策要求以及促进高中教育"质"的提升的现实需求下，开展具有适切性的高中资优教育研究，进而制定行之有效的教育政策，对于我国拔尖创新人才的培养尤为重要。特别是，作为以教育平等为重要价值取向、在 20 世纪末就已经将高中教育纳入免费义务教育的西方民主国家，美国联邦政府和各州依然从政策和财力方面支持专门面向高中资质优异学生的资优教育的存在与发展，在强调教育公平的同时追求教育卓越。这对于处在非义务教育阶段的中国高中教育，在解决教育公平与教育卓越的关系问题上，具有政策启示意义。

与此同时，随着《国家中长期教育改革和发展规划纲要（2010—2020 年）》的颁布，高中教育再度引起政策决策者与教育实践工作者的关注，培养拔尖创新人才成为高中教育的重要目标。而落实到教育实践中，我们需要思考高中学校的发展，包括其办学理念、师资配备、课程设置及教学方法等。美国实施高中资优教育的教育机构与项目很多，既包括专门招收高中资优生的资优高中，也包括一般高中与校外教育机构的资优教育项目，它们提供了丰富多样的资优教育服务来满足资优生的教育需求。其中，作为美国高中资优教育的主力军，资优高中具有明晰的培养目标、组建高水平的教师队伍、开设丰富且严格的课程、积极开展与大学的全面合作，培养出大批卓越人才。

一个国家的教育发展必然受制于社会、政治、经济与文化的整体发展。我们研究美国高中资优教育发展，并不是直接"拿来"照搬照抄，而是力求吸收其发展中的成功经验以及发展背后的指导思想，并将其本土化。学习借鉴的过程本质上是"思想观念互相丰富"[②]的过程。对美国高中资优教育发展进行全方位的研究，对于我国高中资优教育的发展具有重要的政策借鉴与实践指导意义。

---

① 20 世纪 80 年代，美国联邦政府先后发布了包括《国家在危机中：教育改革势在必行》在内的多个全国性教育改革报告。详见：Passow A H. Reforming schools in the 1980s: a critical review of the national reports[R]. New York: ERIC Clearinghouse on Urban Education, 1984.

② 康德尔 I L. 教育的新时代——比较研究[M]. 王承绪，等译. 北京：人民教育出版社，2001：9.

第二节 资优教育相关概念分析

本书以美国高中资优教育发展为研究对象，其中涉及的基本概念包括资优、资优生、资优教育及高中资优教育。对这些概念的澄清，特别是了解美国对这些概念是如何界定的，是本书研究的基础。

一、资优与资优生

资优，英文为"the gift/giftedness and talent"。根据《韦氏新大学词典》（*Webster's New Collegiate Dictionary*，以下简称《韦氏词典》）的释义，"gift"有三层含义：一是指引人注目的能力、才能或天赋；二是指赠予的行动、权力或力量等；三是指他人给予的礼物。与本书相关的是第一种，即引人注目的能力、才能或天赋，其中"能力、才能"的释义既可以指先天的，也可以指后天习得的，而"天赋"则强调先天的能力。作为"gift"的形容词形式，《韦氏词典》中对"gifted"的释义是具有卓越自然能力的人[1]。而其名词形式"giftedness"，既可以指卓越的天赋或能力，也可指具有卓越天赋或能力的人。由此可见，"gift/giftedness"主要强调人的自然能力或天赋。

"talent"也有多种释义：一是指人的自然天赋；二是指人的能力，等同于"ability"；三是从人的角度出发，指在某一领域或活动中具有才能的人（们）[2]。较之"gift"，"talent"的含义更加广泛，既指自然天赋，也指后天的能力与才能，并且更强调后者。

美国资优教育领域的学者对"资优"的界定更加明确与具体。最初，学界仅使用"gift/gifteness"一词，将资优看做经遗传而获得的智力。后来，"talent"一词被纳入资优教育的研究中，意指资优不仅表现为遗传的智力，也包括后天习得的能力。有学者对"gift/giftedness"与"talent"进行了明确区分，认为"gift/giftedness"主要指在一个或多个领域的、先天的、未经发展的突出能力或潜能，而"talent"则指人们在一个或多个人类活动领域经过系统发展的卓越能力或专长[3]。从这一含义来说，"the gift/giftedness and talent"兼具先天禀赋和后天发展的才能这两个层面，同时也表明"资优"一词从最初较为狭隘的概念转变为更加广泛的定义。

然而，对于"资优"的界定，当前美国学界存在不同的观点，尚没有形成一

① Webster M. Webster's New Collegiate Dictionary [M]. Springfield：G&C. Merriam Company，1973：485.
② Webster M. Webster's New Collegiate Dictionary [M]. Springfield：G&C. Merriam Company，1973：1189.
③ Gagné F. Giftedness and talent：reexamining a reexamination of the definitions[J]. Gifted Child Quarterly，1985，（29）：103-112.

个统一的界定。大部分资优教育的研究学者在"gift/giftedness"与"talent"的使用上还是比较含糊和混乱[①]的，有的学者仅使用"gifted/giftedness"一词，有的学者则两词并用，即"giftedness and talent"。本书中，不再对"gift"、"giftedness"及"giftedness and talent"进行实质性区分，而统一将其翻译为"资优"，指学生在智力、学术能力、创造力、领导力和艺术等一个或多个领域的卓越表现或发展潜力。

资优生，英文为"the gifted and talented (children/students)"，对此，我国国内有不同的译法，包括神童、天才儿童、超常儿童、英才儿童等。然而，笔者认为，相较于资优生，神童、天才儿童、超常儿童、英才儿童等词容易引起歧义。其中，"天才儿童"和"超常儿童"更加强调先天的智力或禀赋，而忽视后天环境的作用以及才能的培养，而"英才"一词则容易引发与"精英"的混淆。《辞海》对"精英"的释义是"社会上具有卓越才能或身居上层地位并有影响作用的杰出人物"[②]。"精英"带有强烈的阶级色彩，随着社会的进步与民主的推动，其阶级色彩逐渐式微，由权力和阶级身份的代表转而成为凭借智力、个人能力、努力奋斗获得一定财富或社会地位的代名词。与资优（人才）强调人们自身的智力水平以及在其他方面的卓越能力与表现不同，精英主要反映了人们的社会影响。精英主要是一个社会学概念，而资优主要是心理学和教育学领域的概念，见表1-1。故本书认为，将"the gifted and talented"译为"资优生"更准确。

表 1-1 资优与精英辨析

项目	定义	特征	涉及领域
资优	在智力、学术能力、创造力、领导力和艺术等的一个或多个领域的卓越表现或潜力	个人能力	心理学/教育学
精英	社会上具有卓越才能或身居上层地位并有影响作用的杰出人物	社会影响	社会学

当前，美国对"资优生"较为权威的界定是，"被专业人士鉴定为具有卓越表现的儿童或青少年，其在一般智力、特殊学术资质、创造性思维、领导力、视觉或表演艺术等的一个或多个领域表现优异或具有潜力"[③]。借鉴这一界定，本书认为"资优生"就是那些在智力、学术能力以及创造力、领导力和艺术领域中的一

① Davis G A, Rimm S B, Siegle D. Education of the Gifted and Talented[M]. 6th ed. Englewood Cliffs：Prentice-Hall，2011：17.

② 夏征农，陈至立. 辞海[M]. 第 6 版. 上海：上海辞书出版社，2009：1155.

③ 1972 年，美国联邦政府发布的《马兰德报告》（"Marland Report"），提出关于资优生及资优教育的权威界定，即"马兰德定义"。《1978 年资优生教育法》（*Gifted and Talented Children's Education Act of 1978*）对其进行修订，后被广泛使用。参见：Davis G A, Rimm S B, Siegle D. Education of the Gifted and Talented[M]. 6th ed. Englewood Cliffs：Prentice-Hall，2011：18.

个或多个领域具有卓越表现或发展潜力的学生。故资优生既包含那些先天就具有较高禀赋或潜能的人，也包括在教育、环境等后天因素影响下具有较高能力或表现的人。

二、资优教育

资优教育，英文为"gifted and talented education"。与英文文献中对"资优"一词使用的不同相似，"资优教育"一词先后出现了不同的用法，包括"education of the gifted/giftedness"、"education of the talented"、"gifted education"和"gifted and talented education"。英文语境下，资优教育从"gifted education"演变为"gifted and talented education"，体现了其对象范围的扩大，即资优教育的对象由原来的具有一定天赋或卓越能力的人，扩展为在某一或某些领域具有杰出才能或发展潜力的人。

我国国内与资优教育相关的概念还有"天才（儿童）教育"、"超常（儿童）教育"和"英才教育"等。《教育大辞典》认为"英才教育"等同于"天才儿童教育"和"超常儿童教育"，都指对智力超常或具有某种特殊才能儿童的教育[①]。根据这一释义，上述三词都强调先天获得的智力或特殊能力。学者赵厚勰则对这三个词进行了明确区分，其认为"超常教育"过于偏重智力而忽视其他方面的能力；"天才教育"则过于强调先天遗传的因素；而"英才教育"是为"少数人集团"服务的教育，而这些少数人中间不一定个个都是英才[②]。这些概念显然与"资优教育"的内涵不符。

此外，"资优教育"与"精英教育"（elite education）一词相区别。狭义理解，精英教育主要是面向精英的教育，只有少数精英才是其教育对象，这也是传统的观念；广义上讲，是旨在培养社会精英的教育，具有较高的选拔性，其对象既可以是精英，也可以是大众。相对而言，资优教育强调教育对象在智力或学习等方面具有较高能力或表现，其通过智力测验、学业成就测试等方式选拔出能力高于一般水平的资优生，并为这些资优生提供适合其发展的教育，强调发展性。而精英教育不仅注重教育对象的智力或能力基础，更注重实现培养社会精英的教育目的，强调目的性。

综上，本书统一采用"资优教育"的译法，认为资优教育是指专门为资优生提供的，适合其能力发展和学习需求的教育。其教育对象既包括在智力、创造力、领导力、艺术或特定学术领域等一个或多个领域具有卓越能力或表现的学生，也包括在这些领域中具有发展潜力的学生。由于仅仅面向资优生，资优教育往往具有一定的选拔性。

---

① 顾明远. 教育大辞典[M]. 上海：上海教育出版社，1999：25.

② 赵厚勰. "超常教育""英才教育""天才教育""资优教育"辨[J]. 中国特殊教育，2003，（3）：91-93.

三、高中资优教育

美国的高中资优教育即高中阶段资优教育，是面向高中资优生的教育。其教育机构不仅包括开展资优教育的高中学校，也包括实施高中资优教育的社会机构。美国高中资优教育的形式主要有 AP 课程[①]、IB 课程[②]、双注册项目、校外竞赛、提前升学项目、专门学校等[③]。其中的"专门学校"就是本书界定的"资优高中"，即以考试成绩为主的综合性标准，选拔资优生并为其提供资优教育服务的高选拔性高中。这些高中具体包括私立精英高中、考试高中和州长高中。同时，除资优高中之外，一些高中开设的 AP 课程、IB 课程、双注册项目等，以及一些大学及其他社会机构组织的暑期教育项目、网络教育项目与竞赛项目等，因其满足了部分学生的资优教育需求，也是高中资优教育的重要组成部分。

第三节　高中资优教育研究述评

高中资优教育是资优教育的一个阶段，因而关于资优教育的研究也涵盖了高中资优教育的相关研究。国外（主要是美国）对资优教育的研究纷繁多样且较为深入，涉及资优教育的理论、政策与实践等方面。其中，尤以对资优教育的理论研究居多，具体包括资优的概念与演变、资优教育发展的趋势与特点等。政策层面的研究，主要是梳理美国联邦政府颁布的资优教育政策以及各州资优教育政策的实施情况。实践层面的研究包括分析资优教育实践模式、探究不同资优教育实践形式的实施与效果等。这些研究为本书研究美国高中资优教育的发展奠定了基础。

同时，由于高中阶段有其较之其他教育阶段的独特性，高中资优教育的实践形式又有其独特性。聚焦到高中资优教育的研究，主要以高中资优教育实践研究居多。相对而言，国内已有研究主要是对美国资优教育的理论、政策与实践的译介和分析，并以译介为主，分析为辅。从资优生的界定[④]、资优教育课程

---

① AP 课程，即大学先修课程（advanced program），其由美国大学委员会（College Board）设计，旨在为那些有能力胜任大学课程的高中生提供选修大学课程并获得大学学分的机会。

② IB 课程，由国际文凭组织（International Baccalaureate Organization）开设的国际通用课程。其包括小学项目（primary years programme, PYP）、中学项目（middle years programme, MYP）、大学预科项目（diploma programme, DP）和 IB 生涯项目（career-related programme, IBCP）。其中，作为大学预科的 IBDP 项目（International Baccalaureate Diploma Programme）是专门为 11、12 年级高中生（16~19 岁）设计的、具有挑战性的两年制大学水平课程。本书旨在研究美国高中资优教育，文中提到的 IB 课程主要指 IBDP 课程。

③ Olszewski-Kubilius P，Thomson D. Gifted education programs and procedures [A]//Weiner I B. Handbook of Psychology：Educational Psychology（Volume 7）[C]. 2nd ed.Hoboken：John Wiley & Sons, Inc., 2013：402-404.

④ 曹原. 美国英才儿童内涵的演变述评[J].当代教育科学，2011，（8）：7-11.

模式①、资优教育政策发展②、资优教育教师的培养及其专业发展标准③、政府对资优教育发展的支持举措④等不同方面，围绕美国资优教育进行介绍与阐释，这些国内研究大多是宏观介绍美国整个基础教育阶段资优教育的发展情况，同时，一些关于高中资优教育的研究主要关注于其实践发展。

一、关于资优教育理论的研究

由于高中是资优教育的学段之一，关于资优教育的理论研究本质上也是对高中资优教育的理论研究。国内外的已有理论研究大都面向资优教育的各个阶段。

（一）资优概念的研究

对资优的认识是一切理论研究的前提，许多关于资优教育的研究文献都涉及资优概念的研究，使我们具备对资优教育的基本认知。几本以资优教育为主题的研究手册⑤都把资优概念的探讨作为首要内容。戴维斯（Gary A. Davis）等编写的《资优教育》一书首先对不同时期资优认识的演变与发展进行说明⑥。斯滕伯格（Robert J. Sternberg）和戴维森（Janet E. Davidson）主编的《资优的概念》一书，汇集了不同学者对资优的认识，包括兰祖利（Joseph S. Renzulli）、斯坦利（Joseph S. Stanley）、菲德胡森、加涅（F. Gagné）、博兰德（James H. Borland）、范德赛尔、齐格勒（Albert Ziegler）等在内的学者都表达了对资优的不同认识⑦。后来，斯滕伯格等又在《资优的探索》一书中对资优进行深入的探讨，不同学者观点各异，各抒己见⑧。戴耘（David Yun Dai）从资优的本体论争议和认识论争议出发，对资优的本质进行了深入探讨⑨。这些研究呈现了不同时期人们对资优认识的演变。

---

① 易泓. 美国英才教育的课程模式[J]. 上海教育科研，2013（9）：62-63；王晶莹. 发达国家中小学英才教育课程模式探究[J]. 世界教育信息，2013，（17）：44-47.

② 曹原. 美国英才教育政策研究[D]. 北京师范大学博士学位论文，2011.

③ 王波. 美国《超常教育教师知识与技能标准》及其启示[J]. 中国特殊教育，2012，（3）：13-16.

④ 刘星，杨挺. 美国对超常儿童教育的支持措施及其启示[J]. 中国特殊教育，2012，（6）：18-21.

⑤ 这些研究手册包括：Colangelo N，Davis G A. Handbook of Gifted Education [M]. New York：Pearson，2002；Shavinina L V. International Handbook on Giftedness [M]. New York：Springer，2009；Pfeiffer S I. Handbook of Giftedness in Children：Psychoeducational Theory，Research，and Best Practices[M]. New York：Springer，2008.

⑥ Davis G A，Rimm S B，Siegle D. Education of the Gifted and Talented[M]. 6th ed. Englewoof Cliffs：Prentice-Hall，2011.

⑦ Sternberg R J，Davidson J E. Conceptions of Giftedness [M]. 2nd ed. New York：Cambridge University Press，2005.

⑧ Sternberg R J，Jarvin L，Grigorenko E L. Explorations in Giftedness [M].New York：Cambridge University Press，2011：1-11.

⑨ Dai D Y. The Nature and Nurture of Giftedness：A New Framework for Understanding Gifted Education[M]. New York：Teachers College Press，2010.

（二）资优教育发展趋势的研究

一些研究者从理论层面把握了资优教育的发展趋势，他们提出资优教育范式转移的概念并进行相关分析。科恩（Leonora M. Cohen）在分析资优教育领域存在的多种问题之后，提出资优教育范式转型的必要性[①]。Ziegler 和 Phillipson 认为现有的资优教育是割裂的，应该转向实施系统性的资优教育，实现范式的转型[②]。法伊弗（Steven I. Pfeiffer）指出资优从固定的特征走向不断发展的特征[③]。马修（Dona J. Matthews）和福斯特（Joanne F. Foster）指出，资优教育正在从"神秘模式"（mystery model）走向"掌握模式"（mastery model）[④]。戴耘和陈菲（F. Chen）在总结已有资优教育研究的基础上，从实施资优教育的原因（why）、资优的定义（what）、教育的对象（who）以及教育的策略（how）四个维度的差异出发，概括了资优教育的三大范式，即资优儿童范式（gifted child paradigm）、才能发展范式（talent development paradigm）和适才教育范式（differentiation paradigm），并对比三大范式的差异，同时指出资优教育的发展正在经历着从资优教育范式到人才发展范式或适才教育范式转移的发展变化[⑤]。

（三）资优教育功能的研究

资优教育具有推动社会发展的重要作用，这一作用主要通过培养资优生来实现。莎文妮娜（Larisa V. Shavinina）认为，各个领域的大多数贡献都是由该领域的小部分资优人才所创造的，资优生是世界各国创新的主要贡献者[⑥]。佩尔森（Roland S. Person）指出资优人才对社会具有三方面作用，即维持社会发展、娱乐社会以及促进社会变革[⑦]。通过研究美国资优教育的发展历程，克莱因（Ronald D. Klein）和里昂（Harold C. Lyon Jr）指出，资优教育是推动宏观教育发展和社会改革的重要因素。当美国教育质量下降时，人们开始增加新课程、提高教学期望与教育标

① Cohen L M. Mapping the domains of ignorance and knowledge in gifted education[J]. Roeper Review, 1996, 18（3）：183-190.

② Ziegler A, Phillipson S N. Towards a systemic theory of gifted education[J]. High Ability Studies, 2012, 23（1）：3-30.

③ Pfeiffer S I. Current perspectives on the identification and assessment of gifted student [J]. Journal of Psychoeducational Assessment, 2012, 30（1）：3-9.

④ Matthews D J, Foster J F. Mystery to mastery：shifting paradigms in gifted education[J]. Roeper Review, 2006, 28（2）：64-69.

⑤ Dai D Y, Chen F. Paradigms of Gifted Education：A Guide for Theory-based, Practice-focused Research[M]. Waco：Prufrock Press Inc. 2013：37-53.

⑥ Shavinina L V. Innovation education for the gifted：a new direction in gifted education [A]//Shavinina L V. International Handbook on Giftedness[C]. New York：Springer, 2009：1257-1267.

⑦ Person R S. The unwanted gifted and talented：a sociobiological perspective of the societal functions of giftedness[A]//Shavinina L V. International Handbook on Giftedness[C]. New York：Springer, 2009：913-924.

准，从而资优教育也会得到一定的发展。同时，根据资优教育发展的趋势，克莱因预言，面向资优生的教育（即资优教育），将成为推动美国教育改革与全民教育卓越发展的重要因素①。除了积极作用之外，佩尔森从社会变革的视角出发，认为资优教育在促进社会与经济发展的同时，也必然造成社会的不公平：由于创造力以及对社会的贡献不同，不同领域的资优人才会受到社会的不同对待，如青睐、压制或忽视②。

二、关于资优教育政策的研究

关于高中资优教育政策的研究，大多是对美国联邦政府及各州政府资优教育政策内容的梳理，以呈现政策的内容。许多美国学者从不同角度研究了本国的资优教育政策，包括对不同时期美国资优教育政策的不同内容进行汇总、整理与分析。

（一）联邦政府资优教育政策的研究

已有资优教育政策的研究首先落脚于联邦政府的资优教育政策。严格来说，联邦政府颁布的以"资优教育"冠名的专门政策并不多，但已有宏观教育政策大多涉及资优教育的内容。这些与资优教育发展相关的政策，建构了资优教育发展的政策环境。德莱昂（Patrick H. DeLeon）和范登博思（Gary R. van den Bos）梳理了 20 世纪 80 年代之前与资优教育相关的公共政策、报告与倡议③。赫令（Mary Lou Herring）对联邦层面关于资优教育的法律法规进行了回顾和总结④。斯蒂芬斯（Kristen R. Stephens）梳理了 2010 年以前联邦政府积极推动资优教育发展的政策举措⑤，其在关于资优教育政策的回顾与分析中，指明了联邦政府对待资优教育发展的左右摇摆态度⑥。

---

① Klein R D, Lyon Jr H C. Education of the gifted and talented: a context of excellence for the transformation of American education[J]. The Elementary School Journal, 1982, 82（3）: 284-291.

② Person R S. The needs of the highly able and the needs of society: a multidisciplinary analysis of talent differentiation and its significance to gifted education and issues of societal inequality [J]. Roeper Review, 2014, 36（1）: 43-59.

③ DeLeon P H, van den Bos G R. Public policy and advocacy on behalf of the gifted and talented [A]//Horowitz F D, O'Brein M. The Gifted and Talented: Developmental Perspectives [C]. Washington, D. C.: American Psychological Association, 1985: 409-435.

④ Herring M L. Model federal statute for the education of talented and gifted children[J]. Chicago-Kent Law Review, 1991, 67（3）: 1035-1076.

⑤ Stephens K R. Federal and state response to the gifted and talented[J]. Journal of Applied School Psychology, 2011, 27（4）: 306-318.

⑥ Stephens K R. Applicable federal and state policy, law, and legal considerations in gifted education[A]// Stephens K R. Handbook of Giftedness in Children: Psychoeducational Theory, Research, and Best Practices[C]. New York: Springer, 2008: 388.

（二）各州资优教育政策的研究

鉴于美国的教育分权体制，各州政府分别制定本州的资优教育政策。许多研究者围绕不同的政策内容，对各州资优教育政策发展状况进行整体分析。

不同时期的研究反映了美国资优教育政策的发展特点。1992 年、2000 年及 2012 年，卡西迪（Jack Cassidy）和霍斯勒（Ann Hossler）[①]、斯蒂芬斯和卡尼斯（Frances A. Karnes）[②]、麦克兰（Mary-Catherine McClain）和法伊弗[③]先后对全国范围内各州的资优概念进行调查。这些研究表明，不同时期，大部分州在界定资优时都借鉴了联邦政府的资优概念。米歇尔（Bruce M. Mitchell）以 1978 年各州的财政支持为指标，呈现了美国对资优教育财政支持政策的状况[④]。贝克（Bruce M. Baker）和弗里德曼-尼兹（Reva Friedman-Nimz）以 1988 年各州的财政资助信息为蓝本，分析了各州对资优教育的不同资助方式[⑤]。卡尼斯和沃顿（James E. Whorton）以 1996 年为时间节点，对各州资优教育教师的资格认证政策进行了调查[⑥]。齐克尔（Perry A. Zirkel）对各州在资优生的识别以及资优教育服务方面的政策进行总结[⑦]，同时，还研究了有关资优教育的案例法，这些法律判案对于各州及地方层面的资优教育实践的发展具有指导性的影响[⑧]。

还有学者以个别州为例，从不同视角研究州资优教育政策的发展。例如，斯旺森（Julie D. Swanson）和罗德（Wayne E. Lord）以南卡罗来纳州资优教育政策为例，说明州层面的资优教育政策对该州资优教育实践的作用与影响[⑨]；贝克分析了得克萨斯州的资优教育政策的影响，致力于探究该州不同学区之间资优教育发展存在的公平问题[⑩]。总之，已有政策研究呈现了不同时期美国联邦及各州资优教

---

① Cassidy J, Hossler A. State and federal definitions of the gifted: an update [J]. Gifted Child Today, 1992,（15）: 46-53.

② Stephens K R, Karnes F A. State definitions for the gifted and talented revisited[J]. Exceptional Children, 2000, 66: 219-238.

③ McClain M C, Pfeiffer S. Identification of gifted students in the United States today: a look at state definitions, policies, and practices[J]. Journal of Applied School Psychology, 2012, 28（1）: 59-88.

④ Mitchell B M. What's happening to gifted education in the United States today? [J]. The Phi Delta Kappan, 1980, 61（8）: 563-564.

⑤ Baker B M, Friedman-Nimz R. State policies and equal opportunity: the example of gifted education[J]. Educational Evaluation and Policy Analysis, 2004, 26（1）: 44.

⑥ Karnes F A, Whorton J E. Teacher certification and endorsement in gifted education: a critical need[J]. Roeper Review, 1996, 19（1）: 54-56.

⑦ Zirkel P A. State laws for gifted education: an overview of the legislation and regulations[J]. Roeper Review, 2005, 27（4）: 228-232.

⑧ Zirkel P A. The case law on gifted education: a new look [J]. Gifted Child Quarterly, 2004, 48（4）: 309-314.

⑨ Swanson J D, Lord W E. Harnessing and guiding the power of policy: examples from one state's experiences[J]. Journal for the Education of the Gifted, 2013, 36（2）: 198-219.

⑩ Baker B M. Measuring the outcomes of state policies for gifted education: an equity analysis of Texas school districts[J]. Gifted Child Quarterly, 2001, 45（1）: 4-15.

育政策的历史发展状况，为我们了解美国资优教育政策的发展奠定了基础，但其不足之处在于缺乏时效性。

（三）资优教育政策问题的研究

卡斯泰拉诺（Jaime A. Castellano）和马修提出当前美国资优教育发展所面临的三大政策问题：一是缺乏对资优的合法定义，使得政策无法为那些得不到识别的资优生的教育权利提供政策保障；二是联邦政府层面没有对学校提供的资优教育服务进行统一授权，缺乏足够的经费支持；三是各州的教育政策存在差异[①]。

三、关于资优教育实践的研究

（一）高中资优教育实践形式的研究

关于美国高中资优教育的实践形式，我国学者研究较多的就是 AP 课程。王小慧和杨广学对 AP 课程的历史发展与现状进行了介绍和分析[②]。任长松从宏观教育发展层面出发，认为 AP 课程是推动美国高中教育质量提升的重要因素，并介绍了美国联邦政府与各州政府对 AP 课程的支持性政策[③]。李娜对中国与美国高中理科资优生的培养模式进行了比较研究，其主要从培养目标、选拔方法、培养内容、培养方式、师资情况、外部保障等方面着手，论述了美国高中是如何培养理科资优生的，其研究对象就是专门以入学考试成绩或学业成绩选拔资优生的资优高中[④]。

另外也有研究对开展高中资优教育的专门学校的教学实践及其办学特点进行译介，这些研究大多以"优质高中"为题。译著《揭秘美国最好的中学》集中介绍了美国纽约市顶尖公立高中——史岱文森高中。书中以几位学生和老师为案例，通过对他们日常学习生活、课余活动和工作状况的说明，从侧面反映了史岱文森高中的学校管理方式、课程设置与课堂教学等情况[⑤]。金瑛总结了美国费城学区四所优质高中的管理特色和办学特点，即培养目标个性化、课程设置多元化、教学管理"生本"化、纪律管理人性化和校长作风民主化[⑥]。张福兰等指出美国优质高中最为突出的办学特点是：学校教育突出以学生为本（即给予学生自主选择的空间），课程设置重视学生的个性发展（选修课丰富多样），课堂教育民主、和谐、

① Castellano J A, Matthews M S. Legal issues in gifted education[A]//Bakken J P, Obiakor F E, Rotatori A F. Gifted Education：Current Perspectives and Issues[C]. London：Emerald，2014：2-6.
② 王小慧，杨广学. 先修项目对我国超常教育的启示[J]. 中国特殊教育，2010，（12）：43-46.
③ 任长松. 追求卓越：美国高中 AP 课程述评——兼议近年来美国高中教育质量的提高[J]. 课程·教材·教法，2007，（12）：81-86.
④ 李娜. 中美高中理科资优生培养模式的比较研究[D]. 华东师范大学硕士学位论文，2011.
⑤ 克莱因 A. 揭秘美国最好的中学[M]. 马蕾，李旭晴译. 上海：华东师范大学出版社，2009：68-74.
⑥ 金瑛. 美国高中办学特点管窥——我对美国四所高中管理特点的思考[J]. 中小学管理，2007，（8）：51-53.

生动、活泼，教育内容注重国际化（重视开设 IB 课程）①。

美国学者对高中资优教育实践的研究更为深入，大多对各类实践形式的效果进行探讨。例如，克洛普费恩斯坦（Kristin Klopfenstein）和托马斯（M. K. Thomas）指出，选修 AP 课程预示着学生在大学初期能够获得更大的成功，这是因为，较之一般的高中课程，AP 课程的难度较高，选修 AP 课程表明学生具有较高的学习能力和动机②。还有学者仅仅从社会发展的角度出发，认为 AP 课程能满足资优生的学习需求，有助于为社会培育人力资源③。库不勒斯（Paula Olszewski-Kublilius）指出提前升学项目对提升学生的学业成就有积极影响，参与这些项目的学生的学业表现普遍高于其他正常升入大学的学生④。库不勒斯和李松阳（Seon-Young Lee）对参加西北大学远程教育项目的学生进行调查，指出项目中有挑战性和趣味性的课程能够满足学生对特定学科的兴趣以及加速学习的愿望，帮助学生顺利地通过 AP 考试⑤。布洛迪（Linda E. Brody）和米尔斯（Carol J. Mills）总结已有关于参加人才搜索项目资优生的纵向研究指出，从短期影响来说，这些资优生会选修更多高水平课程，在较短时间内学到更多的知识；从长期影响而言，10 年之后这些学术能力评估测试（scholastic assessment test，SAT）成绩较高学生比当初成绩较低学生的表现更为优秀⑥。

有研究者关注于 IB 课程的影响，认为选修 IB 课程的优势在于，将资优生从普通班级的枯燥课程中解放出来，使其接受挑战性的课程，培养了他们更高的学习技能。最重要的是，由于越来越多的大学认可 IB 课程的成绩，选修 IB 课程意味着资优生获得了更多进入精英大学或学院的机会⑦。

还有研究者关注资优高中对高中资优生在学业成绩、社交能力以及心理发展等各方面的影响。法伊弗等对美国 16 所 STEM（science，technology，engineer）州长高中的发展概况进行分析，指出这些学校为各州的部分资优生提供了广泛和

---

① 张福兰，赵仲凯，王泽宽，等. 美国优质高中教育考察观感[J]. 天津市教科院学报，2005，（1）：63-65.

② Klopfenstein K，Thomas M K. The link between advanced placement experience and early college success[J]. Southern Economic Journal，2009，75（3）：873-891.

③ Bleske-Rechek A，Lubinski D，Benbow C P. Meeting the educational needs of special populations：advanced placement's role in developing exceptional human capital[J]. Psychological Science，2004，15（4）：217-224.

④ Olszewski-Kubilius P. A summary of research regarding early entrance to college[J]. Roeper Review，2002，24（3）：152-157.

⑤ Olszewski-Kubilius P，Lee S Y. Gifted adolescents' talent development through distance learning[J]. Journal for the Education of the Gifted，2004，28（1）：7-35.

⑥ Brody L E，Mills C J. Talent search research：what we have learned[J]. High Ability Studies，2005，16（1）：97-111.

⑦ Hertberg-Davis H，Callahan C M，Kyburg R M. Advanced Placement and International Baccalaureate Programs：a "fit" for gifted learners? [R]. The National Research Center on the Gifted and Talented，2006.

深度的学习机会，影响着学生的学业与情感发展[①]。克罗斯（Tracy L. Cross）和弗雷泽（Andrea Daw Frazier）专注于研究就读于 STEM 州长高中的资优生的心理发展，其借助人类发展生态学系统分析指出，州长高中的同质化学生群体、学校咨询师、管理人员、教师以及学生父母是促进高中资优生发展的积极因素[②]。

然而，对于高中资优教育实践的积极效果，也有学者提出质疑，如斯滕伯格指出，资优教育项目的效用没有显现，也没有研究者对其进行有效评估，许多资优教育模型的使用没有经过科学论证，这些是资优教育发展面临的重要问题[③]。

（二）高中资优教育影响因素的研究

1. 宏观教育环境的影响

美国联邦政府的宏观教育政策既是对高中资优教育发展的指导，也是其赖以生存的政策背景。教育公平是美国教育发展的基本价值取向，也是影响资优教育发展的重要因素。对教育公平认识的深化，直接影响着联邦政府以及社会公众对资优教育的态度变化。孙志远以第二次世界大战后不同时期联邦教育法案的颁布为线索，论述了美国基础教育公平理念的变化，即从《初等和中等教育法》体现出的基于经济补偿的教育公平观，发展到《教育机会均等法》体现出的基于权利平等的教育公平观，再到 21 世纪初《不让一个孩子掉队法》体现出的基于质量均衡的教育公平观[④]。美国国内教育公平理念的变化，直接影响着联邦政府对待资优教育的政策态度。

同时，科技创新的影响也是已有研究所关注的，如肖内西（Michael F. Shaughnessy）和佩尔森指出，过去 20 年来，信息通信技术的应用、各类教育软件的开发为资优生的教育提供了丰富的学习资源[⑤]。信息通信技术也改变着正规课堂中的资优教育，其通过影响资优生学习的速度（pace）、过程（process）、热情（passion）、产品（product）和同伴（peer）等因素，进而促进资优教育在正规课堂的发展[⑥]。

---

① Pfeiffer S I, Overstreet J M, Park A. The state of science and mathematics education in state-supported residential academics: a nationwide survey [J]. Roeper Review, 2009, 32（1）: 25-31.

② Cross T L, Frazier A D. Guilding the psychosocial development of gifted students attending specialized residential STEM schools[J]. Roeper Review, 2009, 32（1）: 32-41.

③ Shaughnessy M F. A reflective conversation with Robert J. Sternberg about giftedness, gifted education, and intelligence[J]. Gifted Education International, 2002, 16（3）: 201-207.

④ 孙志远. 试论美国基础教育公平理念的演变：以战后联邦教育法案为线索[J]. 外国中小学教育, 2013, 3: 8-11.

⑤ Shaughnessy M F, Person R S. Observed trends and needed trends in gifted education[A]//Shavinina L V. International Handbook on Giftedness[C]. New York: Springer, 2009: 1285-1291.

⑥ Pyryt M C. Recent developments in technology: implications for gifted education[A]//Shavinina L V. International Handbook on Giftedness [C]. New York: Springer, 2009: 1173-1180.

2. 中观教育环境的影响

教师等教职人员是影响高中资优教育质量与效果的重要因素。罗宾逊和克劳夫（P. Kolloff）总结已有研究后指出，高中资优教师的特点主要包括高学历、接受过资优教师专业培训、具有教学热情、尊重学生、采取以学生为中心的教学方法等[1]。伍德（Susannah M. Wood）和彼得森（Jean S. Peterson）认为，学区的督学、学校校长与咨询师也是推动高中资优教育发展的重要因素。督学负责制定学区教育发展规划与人事调动，直接决定着资优教育服务的存在与否及未来发展；校长直接决定着学校内资优教育发展的环境；咨询师的咨询与指导有助于高中资优生的心理健康发展，并能帮助高中资优生选择未来的生涯发展[2]。

四、现有研究的特点

综上所述，当前关于美国资优教育的研究内容丰富且范围广泛，囊括了资优教育的理论、政策与实践的各个问题，对美国整个基础教育阶段资优教育的发展情况（包括高中教育在内）进行了介绍与说明。聚焦到高中教育阶段，已有研究大多集中在高中资优教育的实践层面，涉及各类高中资优教育的实践形式及其效果。总之，已有研究为我们深入了解美国高中资优教育的理论、政策与实践发展，提供了翔实的资料。然而，以往研究尚有一些不足，一方面，鉴于研究者的不同研究旨趣，对美国高中资优教育的研究大多是专题研究或是个案研究，呈现分散、点状和单一主题的特点，缺乏对美国（高中）资优教育的系统性研究；另一方面，鉴于研究的时效性问题，以往研究未能及时反映当前资优教育政策和实践发展的最新进展。此外，由于研究视角的局限，已有研究大多限于对历史事件和具体教学实践的描述与分析，而未能对美国资优教育发展的深层次原因进行深入挖掘。具体展开如下。

（一）维度单一，缺乏系统性

查阅已有研究文献可以发现，关于美国高中资优教育的研究比较零散。举例来说，聚焦到高中阶段，已有研究大多关注对不同高中资优教育实践情况的介绍以及对其实践效果的分析，很少探究高中资优教育实践的总体特征以及教育实践中存在的问题。在分析资优教育发展影响因素时，主要从宏观和微观教育环境出发，并没有深入分析美国的文化传统等方面的影响。本书力求对研究维度进行补充，对美国高中资优教育发展进行系统性研究。

① Robinson A，Kolloff P. Preparing teachers to work with high-ability youth at the secondary level[A]//Dixon F A，Moon S M. The Handbook of Secondary Gifted Education[C]. Waco：Prufrock Press Inc.，2015：573-574.

② Wood S M，Peterson J S. Superintendents, principals, and counselors：facilitating secondary gifted education[A]//Dixon F A，Moon S M. The Handbook of Secondary Gifted Education[C]. Waco：Prufrock Press Inc.，2015：579.

（二）信息滞后，缺乏时效性

比较教育研究中的国别研究往往具有滞后性的特点，毕竟在研究过程中还多出了"本国发表"与"国外翻译"的"工序"，关于美国高中资优教育的相关研究也不例外。通过对资料的整理与查阅发现，我国国内现有关于高中美国资优教育的研究，或是内容缺乏，或是信息陈旧，并没有及时地反映出美国高中资优教育发展的新进展。这一点也是对笔者的鞭策，即在查找相关文献资料的过程中时刻考虑，是否能找到最新的信息与研究资料。

（三）止于表相，缺乏深刻性

对于美国高中资优教育的发展，已有研究只是介绍美国高中资优教育的发展现状或实践特点，并未做出有力的分析。

一方面，对于美国资优教育发展的原因，研究者的讨论较少且并不深入。已有研究者只是看到了政治政策层面的影响，不同时期联邦教育政策在重视教育公平或教育卓越方面的摇摆，直接推动或阻碍着美国资优教育的发展。然而，需要指出的是，除了政策价值取向的直接推动之外，美国根深蒂固的文化传统、教育思想与理念的差异也是资优教育发展的影响因素，它们或者成为资优教育发展的社会基础，或者构成资优教育发展所依赖的社会环境。已有研究中对这一点的讨论较少。

另一方面，已有研究缺乏对美国高中资优教育发展的经验与启示的深入挖掘。在我国高中面临转型发展的时代背景下，在提倡高中多样化发展、培养拔尖创新人才的政策要求和现实需求下，研究美国资优教育，对我国高中教育发展而言，具有政策借鉴与实践指导的双重意义。然而，当前国内对美国资优教育的发展仅限于理论、政策与实践方面的译介，很少联系到我国高中资优教育的发展和真正提供具有建设性和适切性的发展策略。本书尝试在此方面做出改进。

第二章 美国高中资优教育发展的范式演进

　　资优教育是专门为资优生提供适合其能力发展与学习需求的教育。鉴于其在拔尖创新人才培养方面的重要作用，资优教育已经成为世界各国教育事业的重要组成部分。高中学段是学生发展的关键期，这一时期，学生的心理特点、才能特征和学术倾向都开始显现。高中阶段上承高等教育，下延基础教育，是决定学生未来专业选择与生涯发展的重要阶段。研究表明，高中阶段的学习有助于提升资优生在大学学习和生涯发展中的竞争力，同时，资优生在高中阶段的发展特征能够预测其未来的生涯选择[①]。因而，高中资优教育在资优生的成长与发展过程中举足轻重。

　　作为资优教育的一个阶段，高中资优教育发展离不开资优教育理论的支撑。20 世纪 20 年代，美国斯坦福大学教授特曼（Lewis M. Terman）等开启了资优生的教育与研究，标志着现代意义上资优教育研究的兴起。经过近百年的发展，世界范围内的资优教育研究取得了丰硕成果。资优是什么，如何理解资优？对资优的界定是资优教育理论发展的基石。不同学者对资优以及资优教育的"仁者见仁"，建构了资优教育理论界"百花齐放"的发展态势。随着理论研究的逐步深入，资优教育研究领域形成了资优教育发展的范式型理论。

　　基于对资优的认识（what）、为什么开展资优教育（why）、如何识别资优生（who）以及如何开展资优教育（how）四个方面的不同认识与理解，美国纽约州立大学奥尔巴尼分校戴耘教授总结了资优教育发展的三大范式，即资优儿童范式、才能发展范式和适才教育范式[②]。三大范式在不同时期指导着美国高中资优教育的不断发展，奠定了美国高中资优教育发展的基础。本章旨在对这三大资优教育范式进行探讨。

---

① Moon M S. On being gifted and adolescent: an overview [A]//Dixon F A, Moon M S. The Handbook of Secondary Gifted Education [C]. Waco: Prufrock Press Inc., 2015: 1.

② Dai D Y, Chen F. Paradigms of Gifted Education: A Guide for Theory-based, Practice-focused Research [M]. Waco: Prufrock Press Inc., 2014: 5.

第一节　资优儿童范式

20 世纪 20 年代初，特曼以智商（intelligence quotient，IQ）为标准进行资优生的甄别与选拔，并为这些学生提供适合其发展的教育，标志着智商论的提出。资优儿童范式以智商论为主要理论依据，是 20 世纪占主导地位的资优教育范式，其代表人物包括特曼和霍林沃思（Leta S. Hollingworth）。

一、智力水平

智商论将资优界定为高智商，最早源自心理学对智力的认识。传统观点认为，智力就是人们的认知能力，包括观察力、记忆力、思维力、想象力和注意力等多方面内容[①]。智力被认为是通过生物遗传而习得的稳定的特质，且不同人的智力水平不同。

1904 年，英国心理学家斯皮尔曼（Charles E. Spearman）对智力进行区分，提出了智力结构的"二因素说"，认为人类的智力包含"g"因素（general intelligence，指一般智力）和"s"因素（special intelligence，指特殊智力）。其中，一般智力是人的所有智力活动开展的基础，参与所有的智力活动；而特殊智力主要体现为口头能力、数学能力、注意力、想象力等多个方面，其以不同的形式和程度参与到不同的智力活动中。

1905 年，法国心理学家比纳（Alfred Binet）和西蒙（T. Simon）共同编制"比纳西蒙智力测验量表"，用于鉴别人们的智力水平。为了更有效地评价人们的智力，1911 年德国心理学家斯特恩（William Stern）提出智商的概念。按照斯皮尔曼对智力的两分法，智商主要是测量人们的一般智力。

1916 年，特曼和鲍尔温对"比纳西蒙智力测验量表"进行美国化改造，进而发明"斯坦福-比纳智力量表"。特曼认为资优生就是"在斯坦福-比纳智力量表或同等工具的测试下，智商处于最高的 1% 的人"[②]，自 1921 年起，特曼运用这一量表识别出 1 528 名智商在 135 以上（大部分儿童在 140 以上）的儿童，并开展了针对这些资优生的长达 60 年的纵向研究[③]。

以智商高低来识别资优生的还有霍林沃斯。她认为，智商在 130 以上是资优

---

① Wechsler D. Non-intellective factors in general intelligence[J]. Journal of Abnormal and Social Psychology, 1943, 38（1）: 101-103.

② Terman L M, Baldwin B T. Genetic Studies of Genius: Mental and Physical Traits of a Thousand Gifted Education[M]. Stanford: Stanford University Press, 1926: 43.

③ Davis G A, Rimm S B, Siegle D. Education of the Gifted and Talented[M]. 6th ed. Englewoff Cliffs: Prentice-Hall, 2011: 4-6.

生，智商在 145 以上称为天才，而智商在 180 以上就是神童了。虽然二人都把智力水平作为识别标准，但与特曼不同的是，霍林沃斯强调资优生在思维方式、社会情感特征、教育需求以及成长途径方面较之其他学生的差异[①]。如果说特曼的贡献在于最早运用智力量表识别高智商人才，霍林沃斯则更进一步提出如何培养这些高智商人才。

智商论决定了资优生与普通儿童的"质"的差异，即较之普通儿童，资优生具有较高的智力水平和学习能力，这些能力主要是生物遗传获得的[②]。同时，鉴于智力的相对稳定性，智商论把"资优"看做人们高于一般水平的智商，是一种固定的、与生俱来的能力，智商成为识别资优生的重要依据。这一观点还暗含着资优是人们或有或无的特征，一旦儿童期具备资优的特征，则成年后都是资优人才，反之，如果儿童期间没有被识别为资优生，成年以后也不可能成为资优人才[③]。

二、分轨教学

由于具有较高的智力水平，资优生往往学习能力较强、学习速度更快，这决定了其往往具有特殊的教育需求，需要接受差异化的教育。这为资优教育的开展提供了依据。正规班级的教师需要照顾到班内大部分学生，教学内容也主要针对中等水平学生的学习能力，导致那些智力水平较高的资优生的学习需求得不到满足，进而产生无聊、厌学的心态。

在智商论的指导下，学校或其他教育机构首先运用智力量表或心理测试等工具测量学生的智力水平，识别出那些智商较高的资优生，将他们单独分组，提供有别于正规班级的差异化教育，即分轨教学。分轨教学为资优生提供了有挑战性的同质化教育环境，其普遍采取加速学习或充实教育的教学形式，解决了异质化环境下资优生"吃不饱"的问题。具体到教育实践中，为资优生组建的特殊班级、招收资优生的专门学校以及校外成立的资优教育项目等都采取分轨教学的形式。

资优儿童范式以资优的智商论为理论基础，把资优看做人们的高智商，是经遗传获得的一成不变的能力。资优儿童范式认识到资优生与非资优生在智商方面的差异，主张以智商作为识别标准并以智力量表为工具识别具有较高智力水平的资优生，采取分轨教学的形式，为资优生提供有别于正规学校教育的教学服务。

---

① Hollingworth L. Children above 180 IQ[M]. 转引自 Dai D Y，Chen F. Paradigms of Gifted Education：A Guide for Theory-based，Practice-focused Research [M]. Waco：Prufrock Press Inc.，2014：39.

② Dai D Y，Chen F. Paradigms of Gifted Education：A Guide for Theory-based，Practice-focused Research [M]. Waco：Prufrock Press Inc.，2014：55-56.

③ Milgram R M. Teaching gifted and talented children in regular classrooms：an impossible dream or a full-time solution for a full-time program?[A]//Milgram R M. Teaching Gifted and Talented Learners in Regular Classroom[C]. Springfield：Charles C. Thomas Publisher Ltd，1989：5.

在整个 20 世纪，资优儿童范式几乎一直占据着资优教育领域的主导地位，其识别并教育资优生的策略也长期影响着美国的资优教育实践，包括高中资优教育在内。

第二节　才能发展范式

随着资优教育研究的深入，人们对资优的认识逐渐从由遗传获得的稳定不变的智力，转变为范围更广泛的才能，以往以智商作为资优生识别标准的做法受到批判。在这一背景下，资优教育研究领域出现了由资优儿童范式向才能发展范式转移的呼声，尽管"才能发展"作为一种资优教育范式直到 20 世纪 80 年代才形成，而"才能发展"理念早在 50 年代就已经被提出。惠迪（Paul A. Witty）把资优看做人们在一个或多个领域的卓越才能或潜能，此后，兰祖利和斯滕伯格等学者都表达了相似的看法。基于对资优认识的不同侧重，他们分别提出自己的理论，共同构成了才能发展范式的理论基础，具体包括特殊才能论、多元因素论以及资赋与才能差异论。这些理论的本质都在于，把资优看做人们在一个或多个领域不断发展的卓越能力或才能。

一、特殊才能论

特殊才能论是在质疑智商论的基础上提出的。特别是随着心理学领域对智力内涵的拓展，对于智力的认识已经远远超越了智商（即一般智力）的范围，仅仅测量智商的智力测验或心理测验并不能识别其他方面的智力，就连智商论的代表人物特曼也在后来修正了自己的观点，指出学生的智力水平并不是影响其成就的唯一因素，且智力测试并不是衡量资优的唯一标准[①]。人们逐渐认识到资优的内涵远比一般智力丰富得多，即表现为多个领域的才能。在这一背景下，特殊才能论得到发展，其代表人物包括惠迪、斯坦利、费尔德曼（David H. Feldman）等。

（一）主要观点：资优表现为不同领域的特殊才能

惠迪最早提出资优表现为不同领域的特殊才能。其认为，基于智商的传统资优概念无法识别出那些具有特殊领域才能的个体，除了智力和学术领域外，在艺术、写作、领导力等领域具有突出才能的学生都是资优生，故应该扩大资优的范围，任何在人类活动领域具有卓越表现或发展潜力的儿童都应被识别为

---

① Terman L M. The discovery and encouragement of exceptional talent[J]. American Psychologist, 1997, 9（6）: 221-230.

资优生①。

斯坦利也认为资优是在不同领域的较高能力或表现。20世纪70年代，斯坦利开始了对数学早慧青少年的研究（study of mathematically precocious youth，SMPY）②，并进一步扩展到那些具有超常言语能力、空间能力、推理能力以及特殊才能的学生。他认为，在数学、言语、空间、推理以及特殊才能领域都存在具有超常能力的青少年，较之其他学生，这些学生具有特殊的教育需求③。另一位代表人物弗里德曼认为，资优是具有领域属性的，不能被简单地归因为高智商或一般能力④。

特殊才能论的提出，使人们逐渐认识到，艺术、创造力、领导力以及不同学科领域都存在具备卓越表现、能力或发展潜力的资优生。其对学生具有不同发展潜能的认知，为教育领域推动学生多样化才能的发展提供了依据。对资优认识的深入也引发了资优教育领域的变革。最初，人们仅用"gifted"（天才）来指代资优生，随着特殊才能论将资优的范围扩展为多个领域的才能，资优生的界定囊括了"talented"（人才），即资优生不仅指具有较高天赋的天才，还包括在一个或多个领域具有卓越才能的人才。同时，资优教育也从"gifted education"演变为"gifted and talented education"，实现了资优教育对象范围的扩展。

（二）实践模式：人才搜索模式

对资优及资优生的界定，直接影响着资优生的识别与教育。在特殊才能论的指导下，资优生的识别不再是测量学生的智商是否达到一定水平，而是强调发现学生在不同领域具有的能力，对资优生的教育也开始重视培养资优生的不同能力。

斯坦利提出的人才搜索模式（talent search model，TSM）是特殊才能论指导下的实践模式。在对数学早慧青少年进行识别与教育的基础上，1979年，斯坦利创建资优青少年中心（the Center for Talented Youth，CTY），系统开展了对数学早慧青少年以及其他具有超常言语能力、空间能力、推理能力以及特殊才能学生的识别与教育，形成了人才搜索模式。

人才搜索模式包含两部分内容：一是借助SAT、ACT（American college testing，

---

① Witty P A. Who are gifted? [A]//Henry N B. Education for the Gifted：The Fifty-seventh Yearbook of the National Society for the Study of Education [C]. Chicago：University of Chicago，1958：62.

② 该研究项目于1971年在约翰·霍普金斯大学成立，1986年转移到艾奥瓦大学，1998年至今设在范德堡大学。

③ Benbow C P，Stanley J C. Inequity in equity：how equity can lead to inequity for high-potential students[J]. Psychology，Public Policy and Law，1996，2（2）：249-292.

④ Robinson N M，Robinson H B. The optimal match：devising the best compromise for the highly gifted student[J]. New Directions for Child and Adolescent Development，1982，（17）：79-94.

即美国大学入学考试）或 EXPLORE 测试[①]，评价学生在特殊领域的才能和能力，如言语能力、数学能力和空间推理能力，识别出在这些领域具有较高能力的资优生。二是为经过识别的资优生提供适合其能力发展和学习需求的教育服务。人才搜索中心往往开设一些面向资优生的教育项目，主要包括加速制暑期课程、星期六教育项目、领导力项目以及借助网络教学资源的远程教育项目等[②]。随着人才搜索模式的影响逐渐扩大，其他五所大学[③]相继成立类似的人才搜索中心，共同为全美有相应教育需求的中小学资优生提供识别与教学服务。

特殊才能论把资优看做不同领域的较高能力或才能，为发展高中资优生在不同学科或领域的兴趣与特长奠定了基础。特别是大学实施的人才搜索模式，采取暑期教育项目和远程教育项目等形式，为高中资优生提供了在校外接受资优教育的机会。

二、多元因素论

在认同资优表现为一个或多个领域的才能或潜力的基础上，多元因素论着重强调心理、情感、社会环境等非认知因素对资优发展的作用，并把资优看做多重因素共同影响下的产物。这一理论的代表人物主要包括兰祖利和斯滕伯格，其都强调资优受多方面因素的影响，但在具体受哪些因素影响这一问题上，二人的意见有差异，并提出了不同的资优教育模式。

（一）"三环资优定义"与全校丰富教学模式

1978 年，兰祖利提出了资优的"三环资优定义"（three-ring concept of giftedness），认为资优由中等以上的能力、对任务的责任心和创造力三部分组成，三者相互作用共同构成资优[④]。其指出，当学生的智力超出中等水平时，对任务的责任心、愿意付出努力的意愿与创造力就成为决定学生能否表现优异或取得卓越成就的关键。兰祖利认为，资优是动态发展的，并不存在天生的资优生，单单用智力测验识别出具有高智商学生的做法是不合理的，相反，所有学生都有成才的

---

① EXPLORE 测试类似于 ACT 测试，分为英语、数学、阅读和科学四个科目，以帮助 8 年级和 9 年级学生识别其学术优势与弱势。

② Assouline S G，Lupkowski-Shoplik A. The talent search model of gifted identification [J]. Journal of Psychoeducational Assessment，2012，30（1）：45-59.

③ 这五个人才搜索中心分别是西北大学才能发展中心（Center for Talent Development at Northwestern University）、卡内基·梅隆大学中小学资优生研究所（Carnegie Mellon University Institute for Talented Elementary and Secondary Students，C-MITES）、艾奥瓦大学国际资优教育与才能发展中心（the Connie Belin &Jacqueline N. Blank International Center for Gifted Education and Talent Development at the University of Iowa，后更名为聪明儿童中心）、丹佛大学落基山人才搜索中心（the Rocky Mountain Talent Search at the University of Denver）以及杜克大学才能识别项目（Talent Identification Program at Duke University）。

④ Renzulli J S. What makes giftedness? Reexamining a definition[J]. The Phi Delta Kappan，1978，（60）：180-261.

潜能,学校则是学生才能发展的重要场所。基于这一理念,兰祖利和里斯(Sally M. Reis)共同开发了全校丰富教学模式(schoolwide enrichment model,SEM)[①],囊括了对资优生的识别与教育。

在资优生的选拔方面,兰祖利和里斯提出了人才库(talent pool)概念,并采用旋转门识别方法(the revolving door identification)对学生进行动态选拔。人才库成员的选拔通常在学年初或上一学年末进行,选拔条件包括两个基本标准与替代路径。其中,两个基本标准指的是能力测试和教师推荐[②],替代路径是指由各个学区或学校制定的选拔标准,如家长推荐、自我推荐、同伴推荐、创造力测试以及其他特殊能力测试。在一般智力能力或是一个或多个学科领域的能力或表现位于前15%~20%的学生能够入选人才库[③],而在那些高绩效学校,进入人才库的学生比例会更高。入选人才库后,资优生将在教师的指导下对某一研究主题或领域进行研究。待一段时期结束之后,人才库学生需要离开并将位置留给下一批入选者。然而,这些学生可以继续使用人才库的资源,直到自己的研究结束。同时,曾经进入人才库的学生也有机会在后续选拔过程中再次进入人才库[④]。

人才库的教师由不同学科教师组成,当资优生入选人才库后,这些教师会对学生的发展兴趣和学习特点进行评估,指导他们参加三类丰富教学活动[⑤]。第一类活动是一般探索性活动,通过让学生接触各类主题、学科、事件、观点、理论和技能等,扩展他们的知识范围并激发其新兴趣和新观点。这类活动往往能够激发学生的动机,并引导学生继续参加第二类和第三类活动。第二类是个人和小组培训活动,目的在于开发学生的思维和情感能力,包括认知能力、元认知能力、情感技能和方法论技能等,这些活动包括认知培训、情感培训、如何学习的培训、运用研究技能和参考资料的能力培训以及书面、口头和视觉交流技能培训五个类别。第三类是个人或小组针对现实问题的调查活动,旨在发展学生的高阶创新技能和研究技能,包括深入理解知识的能力、跨学科学习的能力、自我指导学习的

---

① 在兰祖利和里斯等研究者的文献中,曾使用过丰富教学三合模型(enrichment triad model)和全校丰富教学三合模型(schoolwide enrichment triad model)等词,见 Renzulli J S, Reis S M. Research related to the schoolwide enrichment triad model[J]. Gifted Child Quarterly, 1994, 38(1): 7-20. 全校丰富教学模型是对最早的丰富教学三合模型的进一步发展,schoolwide 主要强调该模式面向全校范围内的学生。

② 其中,能力测试是指通过标准测试选出成绩在92%以上的学生;而采用教师举荐,主要是找出那些成绩没有排在前8%的,具有高创造力、高动机、特殊兴趣或天赋,抑或是在特殊领域具有优异表现或天赋的学生。

③ Reis S M, Renzulli J S. The secondary triad model[A]//Renzulli J S. Systems and Models for Developing Programs for the Gifted and Talented[C]. Mansfield Center: Creative Learning Press, 1986: 274.

④ Renzulli J S, Reis S M, Smith L H. The Revolving Identification Model[M]. Mansfield Center: Creative Learning Press, 1981: 7.

⑤ Renzulli J S. Reexamining the role of gifted education and talent development for the 21st century: a four-part theoretical approach [J]. Gifted Child Quarterly, 2012, 56(3): 150-159.

能力、建立责任心和自信的能力以及合作学习的能力等。

全校丰富教学模式的总体目标在于，提升所有在某一或某些课程领域具有高学业表现学生的学习水平与质量。人才库班级在本质上是按照学科内容组织的资优教育项目，其在正规学校教学环境以及不打乱正常教学安排的情况下，为高于一般能力的学生提供了独特的资优教育项目。

在全校丰富教学模式的指导下，学校首先提供丰富的教学活动，在接触各个学科领域之后，资优生可以选择感兴趣或擅长的学科或领域进行进一步的独立学习，这一模式符合高中阶段的学习安排，适用于高中资优教育实践。后来，在三环资优定义的基础上，兰祖利扩展了资优的概念，认为资优还应囊括热情、勇气、激情、同情心、体力/心力等协同认知特征[①]，并认为高中资优教育项目应该在促进资优生在学科或领域才能发展的同时，培养并开发学生的协同认知特征。

（二）三元智力理论与 WICS 模式

1985 年斯滕伯格提出三元智力理论，认为智力由分析性智力、创造性智力和实践性智力组成，是复杂且多层次的。基于对智力的丰富性认识，斯滕伯格认为，资优生与其他学生的区别在于"智力资优"（intellectual giftedness），即资优生比其他学生智力测验的表现更好；能更好地应对新任务和新环境；自动化实践操作范围更广，自动化程度更高；更擅长于把智力应用到任务或情景之中[②]。智力资优超越了传统的从智商的角度认识资优生的观点——资优生在一般智力或是在言语理解、推理或空间想象等主要认知能力水平上优于一般学生，认为资优生具有更高的应对新环境的能力与实践能力。

以三元智力理论和智力资优为理论基础，斯滕伯格提出了"智慧、智力和创造力综合模式"（wisdom, intelligence, creativity, synthesized, WICS），意指资优是智慧、智力、创造力等多方面能力的综合体现。其中，创造力激发资优生产生新想法，分析智力使资优生能够对想法进行评估，实践智力有助于将想法付诸实践，而智慧因素则确保资优生的决策以及想法的实施能够符合利益相关者的利益，即确保资优生在个人利益与公共利益之间获得平衡。

WICS 模式将资优看做动态发展的特征，认识到动机等非认知因素在推动资优生才能发展方面的作用，突出强调资优生应发展成为具有智慧的领导者，为服务他人与增进社会福祉做出贡献。在 WICS 模式的指导下，高中资优教育应该致力

---

① Sternberg R J, Jarvin L, Grigorenko E L. Explorations in Giftedness [M]. New York：Cambridge University Press, 2011：25.

② 斯滕伯格 R J. 超越 IQ：人类智力的三元理论[M]. 余晓琳，吴国宏译.上海：华东师范大学出版社，2000：284-285.

于培养高中资优生的道德意识，帮助学生发展其贡献社会所需的知识与技能，包括领导能力[1]。

三、资赋与才能差异论

从最初的"gifted education"发展到"gifted and talented education"，资优及资优教育的范围实现了从资赋到资赋与才能的扩展，也导致许多学者在界定资优或资优生时，将"giftedness"与"talent"等同。资赋与才能差异论对资赋与才能进行了明确的区分，其代表人物是加涅。

加涅的资赋与才能差异模式（differentiated model of giftedness and talent，DMGT）认为，资赋指的是人们在一个或多个能力领域具有的高出一般水平（位于前10%）的自然能力，包括智力、创造力、社会情感能力和感觉运动能力这4大能力领域；才能是指在一个或多个活动领域具有高出一般水平（位于前10%）的行为表现，包括学术能力、领导力、视觉和表现艺术等。资赋是人们先天具有的自然能力，而才能是这些能力经系统发展而形成的特殊领域的才能，并推动其在某一特定职业或领域的发展。在由资赋向才能发展的过程中，学习与实践是重要的转化力量。同时，包括个人的身体特征、动机、自我管理能力、个性特征等在内的"内在催化剂"，身处的社会环境、人际关系环境、大大小小的社会事件等"环境催化剂"以及机遇，是才能发展的三类催化剂[2]。

资赋与才能差异模式认为，资优是不断变化发展的，是自然能力转化为某一领域的专业技能的过程。因此，高中资优生的选拔，应采取两种不同的标准，一是识别学生的学术资质，即发现学生在某一或某些领域的发展潜能；二是识别学生在特定学科领域表现出的高能力或学业成就。该模式为当前高中阶段课程的专业化提供了理论支持。更重要的是，其提出高中资优教育应该及时关注学生才能发展的现状与所处阶段，进而不断为其提供恰当的挑战性课程[3]。加涅对资赋与才能进行了区分，认为资优生首先具有一定的资赋，这些资赋经过多重因素的作用而发展为卓越的才能，走出了以智力测验为识别工具所造成的"一经识别为资优生，一生都是资优人才"的误区。资赋与才能差异论本质上也是把资优界定为在一个或多个领域的能力或才能，是才能发展范式的主要理论之一。

---

① Moon S M，Dixon F A. Conceptions of giftedness in adolescence[A]//Dixon F A，Moon S M. The Handbook of Secondary Gifted Education [C]. Waco：Prufrock Press Inc.，2015：20-21.

② Gagné F. From gifts to talents：the DMGT as a development model[A]//Sternberg R J，Davidson J E. Conceptions of Giftedness [C]. 2nd ed. New York：Cambridge University Press，2005：114.

③ Moon S M，Dixon F A. Conceptions of giftedness in adolescence[A]//Dixon F A，Moon S M. The Handbook of Secondary Gifted Education [C]. Waco：Prufrock Press Inc.，2015：13.

第三节　适才教育范式

不管是资优儿童范式，还是才能发展范式，二者都强调资优生较之普通学生的差异性，主张为经过识别的资优生提供区别于一般教育的差异化的资优教育。而适才教育范式则是以适才教育为基本理念，有别于资优儿童范式和才能发展范式的另一范式型理论。"适才教育"，顾名思义，是指根据学生不同的学习能力与学习需求，提供适合其能力发展的差异化教育。受全纳教育的推动，适才教育理念在资优教育领域逐渐传播。适才教育范式主张取消资优生的识别与选拔，转而识别不同学生的学习能力与学习需求，在正规班级中为具有不同学习需求的学生提供差异化的教育。其代表人物包括博兰德（James H. Borland）与汤姆林森（Charles A. Tomlinson）。

一、学习需求

适才教育范式的形成，源于对传统资优教育范式的理念及其教育效果的质疑，早在20世纪八九十年代，资优教育界就有人呼吁，应为资优生提供差异化的教育教学服务，以满足不同资优生的个性化学习需求。沃德（Majory Ward）认为，不经过系统的设计，仅仅通过在正规课程教学之外增加一些专门面向资优生的教育活动，并不能发挥很好的效果。相反，应该调整学校的正规课程，在全日制的学习环境下，满足资优生较高的学习需求，保证其学习经验的完整性[①]。

罗宾逊（Nancy M. Robinson）和罗宾逊（Halbert B. Robinson）提出的"最佳匹配"（optimal match）概念[②]指出，教学项目应与学生个体的学习需求相匹配，为学生提供灵活的学习进程，而不是严格地按照学生年龄决定其应学习的年级；应为资优生提供多样化的选择，而不是为资优生群体提供特定的教育项目[③]。

博兰德认为，每个学生具有不同的学习需求，那些具有较高学习需求的学生就是资优生。然而，现有的资优是一个社会建构的概念[④]，不同的社会价值观与环境决定着什么是资优以及谁是资优生，资优生的识别与其所处社会的文化、价值观念及政策息息相关。从社会批判的角度出发，博兰德指出应取消对资优的界定

---

① Ward M. The "ostrich syndrome": do gifted programs cure sick regular programs? [J]. Gifted Child Quarterly, 1982, 26（1）: 34-36.

② Robinson N M, Robinson H B. The optimal match: devising the best compromise for the highly gifted student [J]. New Directions for Child and Adolescent Development, 1982, 17: 79-94.

③ 付艳萍. 走向适才教育：资优教育发展的新趋势——以美国资优教育发展为例[J]. 外国教育研究, 2016, 43（1）: 39-47.

④ Borland J H. The construct of giftedness [J]. Peabody Journal of Education, 1997, 72（3~4）: 6-20.

与资优生的识别，而致力于在正规课堂环境下提供差异化的教育，满足不同学生的学习需求，即开展"没有资优生"的资优教育①。

受理论倡议的影响以及全纳教育运动的推动，进入 21 世纪以来，适才教育作为一种范式得以形成。适才教育范式主要基于两个理念。首先，每个学生都具有不同的天赋、才能，或有待发展的潜能②，其个体差异性决定了他们在不同学科的学习速度和学习方式是不同的，进而导致学业结果的差异。教育的本质就在于为所有学生提供公平的学习机会和发挥其潜能的机会，即"人各有才、人尽其才"。在正规班级环境下，关照不同学生的发展诉求，为具有不同学习速度和学习需求的学生（包括学习速度和学习需求高于一般学生的资优生）提供差异化的课程与教学。其次，资优生内部是一个异质化群体，他们在不同领域的表现具有一定的差异性，而传统的以智力水平或特殊领域的能力等为标准，识别资优生并为其提供相同教育教学项目的做法，没有考虑到资优生群体内部不同个体间的差异性，也无法满足他们不同程度的学习需求③。

适才教育范式是在反对资优儿童范式的基础上提出，认为资优生不是那些在智力方面或其他特定领域具有卓越表现的学生，而是在特定（学科）领域的学习需求未得到满足的学生。资优生的识别，从"判断学生是否是资优生"到"判断学生需要什么样的支持与服务取得成功"④。资优教育的实施不需要思考如何发展资优生的能力或潜力，而是考虑如何满足具有高学习能力学生的学习需求。因而，资优教育不再需要先确定一部分学生为资优生（而其他学生不是），也不需要选拔一部分学生参加有别于普通学生的学习活动（而其他学生不能参加），而是在学校教学环境下，运用多样化的标准，动态地诊断每个学生未满足的学习需求，并通过调整现有的课程与教学来最大化地满足学生差异化的发展需求⑤。

二、反应干预教学

适才教育范式要求动态、及时地诊断资优生当前的学习程度及学业需求，运

---

① Borland J H. The death of giftedness: gifted education without gifted children[A]//Borland J H. Rethinking Gifted Education[C]. New York: Teachers College Press, 2003: 112.

② Feldhusen J F. Beyond general giftedness: new ways to identify and educate gifted, talented, and precocious youth[A]//Borland J H. Rethinking Gifted Education[C]. New York: Teachers College Press, 2003: 34-35.

③ Tomlinson C A. Good teaching for one and all: does gifted education have an instructional identity?[J]. Journal for the Education for the Gifted, 1996, 20（2）: 155-174.

④ Coleman M R. Response to intervention approach to identification of the gifted within gifted education[A]// Callahan C M, Hertberg-Davis H L. Fundamentals of Gifted Education: Considering Multiple Perspectives[C]. New York: Routledge, 2012: 154.

⑤ 付艳萍. 走向适才教育：资优教育发展的新趋势——以美国资优教育发展为例[J]. 外国教育研究, 2016, 43（1）: 39-47.

用学校现有的资源，提供适当的课程与教学以最大化地满足学生的学习需求，为学生提供适合其能力发展的教育①。反应干预教学（response to intervention，RtI）在资优教育中的应用使得适才教育成为可能。作为全纳教育的教学策略，反应干预教学最初在特殊教育领域提出，旨在改进正规班级中残疾学生的学习效果。后来逐渐应用到资优教育领域，即主张让资优生在正规班级中接受教育，并为其提供差异化的课程、灵活的学习进度和能力分组等教育服务。具体而言，反应干预教学包括六部分②内容：识别高学业表现学生和低学业表现学生；进行早期干预以满足所有学生的学习需求；监督学习进度（动态评估）以确保所有学生接受适合其需求的教学；实施分层教学服务；组建资优教育专家和学科专家合作小组，开发适合学生需求的教学服务；及时为学习进度与能力不同步的学生提供帮助。

反应干预教学主要采取三层教学模式（图 2-1），在为所有学生提供正规课程教学（第一层教学）的基础上，为高学习能力与学习需求的资优生提供额外的丰富教学活动或加速教育服务（第二层教学）或者是更具挑战性的教学（第三层教学）。具体来说，第一层教学主要采取通用设计策略，为所有学生提供相同的教育支持和强化服务；第二层教学是为那些学习需求无法在第一层教学中得到满足的学生提供有针对性的教育支持和强化服务，包括开展小组增益课程、强化学习合

第三层：根据更高水平学生的优势与需求，提供个性化的教育服务。采取课程加速、独立学习以及其他能够满足学习者特殊需求的支持性教育服务

第二层：为那些学习需求无法在第一层教学中得到满足的学生，提供有针对性的教育支持和强化服务。开展小组增益课程、强化学习合约以及差异化教学，以满足部分学生的较高学习需求

第一层：为所有学生提供相同的教育支持和强化服务，帮助他们获得成功。采取一般的差异化教学策略与通用设计策略

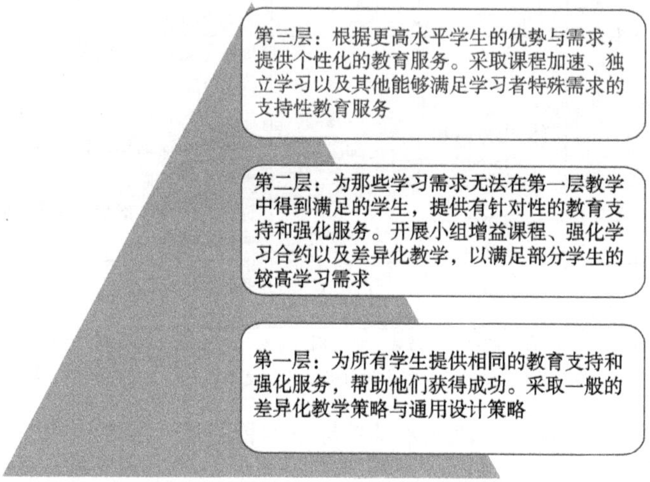

图 2-1　反应干预教学三层教学模式

资料来源：Hughes C E, Rollins K. RtI for nurturing giftedness：implications for the RtI school-based team [J]. Gifted Child Today，2009，32（3）：31-39

① Matthews D J, Foster J F. Mystery to mastery：shifting paradigms in gifted education[J]. Roeper Review, 2006, 28（2）：64-69.

② Hughes C E, Rollins K. RtI for nurturing giftedness：implications for the RtI school-based team [J]. Gifted Child Today，2009，32（3）：31-39.

约（student contract for enhancement）以及差异化教学，以满足部分学生的较高学习需求；第三层教学是根据更高水平学生的优势与需求，采取课程加速、独立学习及其他教学策略，实施个性化的教育服务，满足少数资优生的更高学习需求。

反应干预教学的主要特点在于，实现了资优生群体内部的差异化教学，为每个人提供了适合其学习需求的教育，进而确保所有学生在正规课堂中接受优质教学，使得适才教育成为可能。其对高中资优教育的启示是，取消专门面向资优生的特殊学校或特殊班级，让高中资优生与其他学生一起在普通班级中接受教育，三大资优教育范式相关内容汇总见表 2-1。

表 2-1　三大资优教育范式相关内容汇总

时间[1]	研究范式	主要理论	主要代表人物	基本概念	实践模式
20 世纪 20 年代	资优儿童范式	智商论	特曼	资优表现为智商水平	分轨教学模式
20 世纪 80 年代	才能发展范式	特殊才能论	斯坦利	资优体现为不同领域的特殊才能	人才搜索模式
		多元因素论	兰祖利	资优由中等以上的能力、对任务的责任心和创造力三部分组成	全校丰富教学模式
			斯滕伯格	资优是智慧、智力、创造力等多方面能力的综合体现	WICS 模式
		资赋与才能差异论	加涅	资赋是指在一个或多个能力领域具有的高出一般水平（位于前 10%）的自然能力；才能是指在一个或多个活动领域具有高出一般水平（位于前 10%）的行为表现，资优是天赋经不断发展而形成的才能	资赋与才能差异模式
21 世纪初	适才教育范式	适才教育论	博兰德	资优表现为超出一般水平的学习能力和学习需求	反应干预教学模式

1）不同范式的理念出现的时间较早，但范式形成的时间较晚。例如，才能发展范式的理念在 20 世纪 50 年代就已经出现，但作为一种范式的形成是在 20 世纪 80 年代，本书选取范式形成的时间作为参照

除了上述三大资优教育范式及其指导下的智商论、特殊才能论、多元因素论、资赋与才能差异论、适才教育论之外，一些学者还提出对资优的不同认识。例如，齐格勒认为资优由社会环境所决定，指出资优并不是个体与生俱来的特质，而是在与环境的一系列复杂互动中发展形成的，个体能否成为资优人才，是一个复杂的主体选择过程。资优具有标准导向，会随着社会标准的变化而改变[①]。由此，其提出"资优行动模型"（the actiotope model of giftedness），将资优的形成看做由个

---

① Ziegler A. The actiotope model of giftedness [A]//Sternberg R J, Davidson J E. Conceptions of Giftedness [C]. 2nd ed. New York：Cambridge University Press，2005：413-414.

体的行为、主观行为库（能力和才能）、主观行为空间（动机）、行为目标、环境所构成的大系统以及系统内各要素间的互动。这一观点虽然已较为系统，但缺乏在实践，特别是高中资优教育实践中的应用，本书不予赘述。

第四节　不同范式差异比较

在近百年的发展历史中，资优教育领域历经资优儿童范式、才能发展范式和适才教育范式的发展。三大范式在资优认识、教育目的、教育对象以及教育策略方面都存在一定的差异，这些差异方面直接影响着高中资优教育实践。

一、资优认识

对资优的认识决定着资优生的识别与教育。三大范式的差异首先体现在对资优的认识不同，资优儿童范式、才能发展范式与适才教育范式分别把资优看做学生较高的智商、才能与学习需求。

把资优看做智商的资优儿童范式。20世纪20年代初，特曼开始了以高智商为标准识别资优生的教育实践，标志着"资优即高智商"这一概念的提出。资优儿童范式以智商论为主要理论，把资优看做人们稳定的高智力，可以通过智力测试等测量出来。在资优儿童范式的指导下，人们借助各种智力测验（后来也采用标准化学业成就测验），测量人们的智商水平或学业成就，进而选拔出那些智商较高的资优生。资优儿童范式以存在具有高智商学生为理论假设，具有一定的局限性。由于智商主要反映了人们的一般智力水平，且主要是认知能力，这样一来，资优儿童范式下的资优仅仅反映了人们的认知能力，较为片面。

把资优看做才能的才能发展范式。较之资优儿童范式，才能发展范式的根本差异在于，扩展了对资优的认识，打破了资优的唯智商论。在才能发展范式的指导下，特殊才能论强调资优的领域属性，认为资优表现为人们在一个或多个领域的不断变化发展的卓越能力或才能。多元因素论强调资优在发展过程中受到不同因素的影响。其中，兰祖利的三环资优定义指出，在具备超出一般水平的智力的情况下，学生自身对任务的责任心、付出努力的意愿以及创造力，对资优的发展具有决定性影响；斯滕伯格则强调了智慧、创造力以及由分析性智力、创造性智力与实践性智力构成的智力的重要性。资赋与才能差异论将资优的发展看做资赋不断向才能发展的过程，其中会受到学习、实践以及其他个人与社会因素的影响。总之，才能发展范式的理论基础在于把资优看做人们在不同领域表现出的卓越才能和表现，并强调情感、动机、心理因素等多方面非认知因素以及社会环境在资优发展中的重要作用。资优儿童范式到才能发展范式的发展，标志着人们在对资优的认识上，实现了从单一到多元、从单维到多维的变化。

把资优看做学习需求的适才教育范式。不管是将资优看做先天的智商，还是经过不断发展的才能，资优儿童范式与才能发展范式都强调资优是资优生具备，而其他非资优生不具备的特征。适才教育范式打破了资优生与非资优生之间"非此即彼"的对立，把资优理解为学校教育情境下，资优生在不同学科具有的高出一般学生的学习需求与能力。

二、教育目的

自古以来，对于教育的目的，人们有着不同的认识，教育既能"使每个人都得到他所能达到的充分完善"，又能"使个体成为一个为自己和他人谋幸福的工具"[①]。这些观点反映了教育兼顾个人实现与社会发展两大功能。资优教育也同样具有双重目的：一方面，通过发展资优生在某一或多个领域表现出的潜能，促进其自我实现与个人发展；另一方面，通过把资优生培养成为知识和艺术的生产者与创造者，增加社会人力资源储备，为社会发展作贡献[②]。兼具个人目的与社会目的，是资优教育得以发展的前提，在此基础上，三大范式的教育目的各有侧重。

（一）推动个人发展与社会进步的资优儿童范式

美国学者及联邦政府重视资优教育发展的重要原因在于资优生对社会发展的重要贡献。特曼指出，美国能够认识到科学家、工程师、学者、政治家等人才是其在世界竞争中取得成功的前提，这一观念使其愈加重视资优教育和资优生的培养[③]。特曼强调要最大化地利用资优生的较高潜能，以使资优生成为不同人类活动领域的领导者，进而为推动人类进步与社会发展做出贡献。同样作为资优儿童范式的代表人物，霍林沃斯则认为资优教育应该重视资优生的认知发展与社会情感体验。与对社会和国家的贡献相比，其更看重资优教育在满足资优生发展需求方面的重要作用。

（二）推动领域卓越与创新的才能发展范式

才能发展范式同样认为资优教育应在促进资优生自我实现与社会发展方面发挥作用。只是在此基础上，其更强调资优教育发现并激发学生的优势和兴趣，帮助资优生在其所擅长领域做出突出和创造性贡献，进而推动不同领域的卓越与创

---

① 张人杰. 国外教育社会学基本书选[M]. 上海：华东师范大学出版社，2009：2.

② Renzulli J S. Reexamining the role of gifted education and talent development for the 21st century: a four-part theoretical approach [J]. Gifted Child Quarterly, 2012, 56（3）: 150-159.

③ Terman L M. The discovery and encouragement of exceptional talent [J]. American Psychologist, 1954, 9（6）: 221-230.

新发展的作用。这一目的可以通过两种形式来实现，一种是领域导向，按照学科、艺术、技能等领域发展的要求，识别在不同领域具有卓越表现或发展潜力的资优生，为其提供适时的针对性的教育与指导，促进学生在不同领域才能的发展；另一种是个人导向，提供丰富的教育机会和教育资源，使资优生自主选择在某一或某些领域获得尽可能充分的发展[①]。两种形式的最终目的都在于实现对社会的贡献。唐纳鲍姆（Abraham J. Tannenbaum）清晰地表达了这一目的，认为资优是"儿童所具有的在提升人类道德、生理、情感、社会、智力或审美能力发展方面做出卓越贡献的潜力"[②]，进而把能否为不同社会领域做出贡献看做资优生识别的决定因素。

（三）满足学生学习需求的适才教育范式

适才教育范式指导下的资优教育，更关注学生在不同教育情境下或不同学科领域的学习能力与学习需求，其目的是为正规课堂中具有较高学习需求的学生提供恰当的教育服务。这些教育服务更有针对性，需要与学生的学习优势、兴趣和学习方式相匹配。这并不代表适才教育范式不重视资优教育的社会目的，而是优先关注高学习需求学生的学习需求。事实上，个体的自我实现是实现社会发展目标的基础。

三、教育对象

三大范式对资优即智商、才能或学习需求的不同界定，决定着其教育对象也有所差异，相应地，其分别采取不同的标准来识别资优生。具体而言，在教育对象的选择上，三大范式可以分别归纳为"识人"、"识才"和"识需求"。

（一）"识人"的资优儿童范式

资优儿童范式把资优看做人的智商，资优生的识别主要借助于智力测验（如斯坦福-比奈量表、韦氏智力量表等）测量学生的智力水平，选拔出智力水平位于前 3%~5%[③]的资优生，如特曼选拔智力在 140 以上的儿童为资优生。后来，随着标准化测试的出现，人们逐渐使用学业能力测试来选拔资优生。因此，资优儿童范式下的教育对象，主要是在智力测验或学术能力测试中成绩突出的少部分学生。

---

① Dai D Y, Chen F. Paradigms of Gifted Education：A Guide for Theory-based，Practice-focused Research [M]. Waco：Prufrock Press Inc.，2014：43.

② Tannenbaum A J. Giftedness：a psychosocial approach [A]//Sternberg R J, Davidson J E. Conceptions of Giftedness [C]. 2nd ed. New York：Cambridge University Press，2005：27.

③ 早在 1921 年特曼选拔资优生时，只选拔智力水平在前 1%的学生，后来这一范围得以扩大。

（二）"识才"的才能发展范式

随着资优教育研究的深入，人们对资优的认识发生了改变。资优不再只是一些人具有的（而其他人没有）、由遗传决定的一般能力（主要指智力），而是人们在一般能力、特殊学科领域、创造力、领导力等一个或多个方面的较高表现或潜能，这种潜能经过一定的发展，成为人们在特殊领域的能力和专长，这一过程会受到人的情感、动机等非智力因素以及社会环境、价值观等社会因素的影响与制约。

在才能发展范式的指导下，资优生的识别打破了传统"一经识别为资优生，一生都是资优生"的理念，并摒弃了识别高智商学生的做法，旨在发现学生在一个或多个领域具有的卓越表现或潜力。换句话说，资优生的识别从选拔具有资优特征的"人"（具有高智商的人），转变为发现那些表现出一定发展潜力的"才"（不同领域的才能）。从"识人"到"识才"这一目的的转变，也意味着识别方法的变化。出于对资优的多元化认识，才能发展范式主张采取多方面的标准识别学生在不同领域的才能或发展潜力，在智力测验和标准化测试（SAT考试等）等识别标准的基础上，同时借助表现性评价、教师推荐、家长推荐等途径。

（三）"识需求"的适才教育范式

现代教育理念认为，每个学生都具有不同的才能、天赋、优势，或有待开发的潜能[①]，教育的本质就是在"人各有才"的前提下，实现"人尽其才"。在这种情况下，教育对象识别的目的不再是选拔出一定数量的"人"（资优生），而是发现尽可能多的"才"（在一个方面或多个方面的卓越表现或潜力），意味着资优教育对象的范围的扩展。

四、教育策略

从"识人"到"识才"，再到"识需求"的转变，反映了资优教育对象范围的扩大。而教育对象的变化，使资优教育策略也随之改变。三大范式在教育策略的选择上各有不同。

（一）"选拔+分轨"的资优儿童范式

对于资优儿童范式而言，其首先对资优生进行选拔，并采取分轨教学的形式，为其提供差异化的教育，主要教学形式是将资优生单独编班或建立资优生的专门学校。这些教育活动都包含着使资优生以超出正常水平的学习进度进行学习。在资优儿童范式指导下，资优教育本质上是为资优生提供的，有别于其他普通学生的群体性教育服务，是面向少数学生的具有排他性的教育。在资优儿童范式指导

---

① Feldhusen J F. Beyond general giftedness: new ways to identify and educate gifted, talented, and precocious youth[A]//Borland J H. Rethinking Gifted Education[C]. New York: Teachers College Press, 2003: 34-35.

下，高中资优教育的实施是借助标准化测试选拔出一定数量的资优生，在一般高中内部成立特殊的资优生班级或是建立专门的资优生学校，为其提供资优教育。由于资优儿童范式在整个 20 世纪一直占据着主导地位，这种"选拔+分轨"的教育策略也一直影响着美国高中资优教育实践。

（二）重视"发展"的才能发展范式

才能发展范式重视资优生在不同领域的才能发展。其基本沿袭了资优儿童范式"选拔+分轨"的教学策略，然而，与前者对"选拔"的着重强调不同，才能发展范式"选拔"的意味较弱，更强调对象的"发展"，对象范围也有所扩大。同时，在教学形式方面，两大范式都采取加速学习和充实教育的形式，其中，资优儿童范式更重视加速学习，而才能发展范式则更强调提供丰富的教育教学活动，在使资优生加速学习的同时，获得更加丰富的学习经历与体验。人才搜索模式、全校丰富教学模式以及资赋与才能差异模式等都是有效的实践探索。同样，才能发展范式指导下的高中资优教育实践也开展资优生的选拔，但其对象范围较为广泛，采取的教育形式主要包括 AP 课程、IB 课程以及一些校外资优教育活动。

（三）因"需求"施教的适才教育范式

适才教育范式以适才教育为理论基础，强调资优生具有超出一般学生的较高的学习需求，其认为资优生群体内部也存在差异，由于资优生个体的潜力或才能的表现领域不同，对不同学科知识的接受程度也有差异。因而，适才教育范式主张关注不同资优生的差异化学习需求，灵活调整课程内容与教学策略，提供差异化的教育服务。此外，不同于传统将资优生"抽出"并实施单独教育的分轨教学形式，适才教育范式提倡采取全纳教育形式，在正规班级中为资优生提供差异化的教学服务。这意味着资优教育不再是为少部分资优生提供排他性的教育服务，而是使尽可能多的具有高学习需求学生，接受非排他性教育。同时，反应干预教学通过灵活调整课程内容与教学策略，为同一班级内具有不同学习需求的学生提供差异化教育服务，使适才教育的实施成为可能。

然而，反应干预教学的实施，对教师的教学能力具有一定的挑战，包括动态判断不同学生学习需求的能力、开展不同层次教学的能力以及灵活选择教学资源和策略的能力，同时，还对课程与教学设施在内的教学资源提出了要求。由于受到客观教育条件的限制，美国并没有出现大规模的适才教育实践，特别是在高中阶段里并未出现在正规课堂中开展资优教育的实践形式。然而，随着教育民主化以及全纳教育思想的推动，适才教育将成为高中资优教育的发展方向。

三大资优教育范式在四个维度方面的主要差异见表 2-2。

表 2-2　三大资优教育范式在四个维度方面的主要差异

维度	资优儿童范式	才能发展范式	适才教育范式
资优认识	智商,稳定不变的一般能力	一个或多个领域的,不断发展的卓越才能或表现	高于一般水平的个性化的教育需求
教育目的	资优生的自我实现与社会进步	实现资优生在不同领域的才能发展,推动不同领域的卓越与创新	诊断并满足正规课堂不同学生在不同学科或领域的学习需求
教育对象	运用智力测验选拔出的高智力水平学生	运用多重标准识别不同领域的资优生	特定教育情境下具有不同教育需求的学生
教育策略	提供专门面向资优生的分轨教学项目	学校及社会教育机构提供各类丰富教育活动,包括课内活动与课外活动	正规课堂环境下的反应干预教学,调整课程内容与教学策略

注: 表格中的内容部分参考了戴耘和陈菲对三大资优教育范式的对比分析,本表内容有改动

资料来源: Dai D Y, Chen F. Paradigms of Gifted Education: A Guide for Theory-based, Practice-focused Research[M]. Waco: Prufrock Press Inc., 2014: 42-43

经历百余年的发展,美国资优教育研究领域相继出现资优儿童范式、才能发展范式与适才教育范式。三大范式在资优认识、资优教育的目的、资优教育的对象及资优教育策略等方面有所差异,是美国高中资优教育发展的理论基础及未来发展方向。其中,在整个 20 世纪,资优儿童范式几乎一直占据着主导地位,并影响着高中资优教育的实践发展。到 20 世纪末期,出现由资优儿童范式向才能发展范式演进的趋势,才能发展范式正发展成为主导性的资优教育范式。这一发展趋势至少受两方面原因的影响:一方面,才能发展范式强调,人类的智力及其他方面的能力并不完全依赖于先天遗传,而更多地受后天的努力(非认知因素)以及社会环境与文化(社会因素)的影响,这一观点与美国民主平等的价值取向以及通过控制教育环境为所有人提供公平机会的目标相一致[1]。另一方面,在当前的时代背景下,人才成为世界各国参与国际竞争的重要武器,才能发展范式重视发展学生多方面才能的主张,以及培养各领域人才为国家繁荣发展作贡献的教育目的,与美国提升综合国力以及维护国家利益的政策目标相一致,进而对美国资优教育乃至整体教育发展具有较大的影响力。

才能发展范式与美国强调教育公平的价值取向相契合,并能满足其维护国家利益的需求,进而受到联邦政府教育政策的推动。才能发展范式指导下的资优教育实践逐渐发展成为主导性的资优教育实践形式。在高中阶段,专门招收资优生并提供兼具深度与广度的课程教学的资优高中,一直是美国高中资优教育的主要

① Whitmore J R. Giftedness, Conflict, and Underachievement[M]. Boston: Allyn and Bacon, Inc, 1980: 15-16.

机构①，这些资优高中设置丰富的必修和选修课程、研究性课程以及课外实践活动，促进资优生不同领域才能的发展。其他一般高中②也通过开设 AP 课程或 IB 课程，为资优生提供适合其学习需求与能力的学习体验。同时，大学、基金会等校外机构，借助丰富的课程与实践活动，为高中资优生提供了在校外接受资优教育的机会，促进其不同领域才能的发展。

① 从学生选拔的角度出发，资优高中专门选拔资优生的行为沿袭了资优儿童范式的做法，然而，其在课堂及课外提供丰富教学体验的培养模式，是才能发展范式的实践体现。

② 本书中的一般高中指除资优高中之外的所有公立和私立高中，下文会具体说明。

第三章 美国高中资优教育发展的政策变迁

　　资优教育的理论探索是美国高中资优教育发展的根基。作为国家教育事业的一部分，高中资优教育的发展不可能在真空中进行，其必然受到国家教育政策的制约。同时，资优教育所具有的自我实现与社会发展的双重目的——在开发资优生潜能促进个人发展的同时，承担着培养人力资源推动社会进步的重任[①]，决定了其与国家发展息息相关。美国《第十宪法修正案》明确指出，"宪法未授予合众国、也未禁止各州行使的权力，由各州或其人民保留之"，这一法律规定了其教育事业主要归各州管辖。然而，地方分权的教育体制，并不影响联邦政府的教育政策与法律具有指导性和约束力。鉴于资优教育承载的社会价值，不同时期的美国联邦及各州政府都制定了与资优教育发展相关的教育政策，特别是一些政策内容直接指向高中资优教育，为其发展提供了政策保障与实践指导。

　　教育政策本质上是在叙说和解释国家的教育意识和规范[②]，联邦资优教育政策的发展变化，反映了其在不同时期对待资优教育的差异化态度，并间接影响着各州或地方层面的资优教育政策。特别是，某一时期颁布的重要政策文本，直接反映并影响着当时及之后一段时期内联邦政府教育政策的价值取向。通过梳理不同时期资优教育政策的发展，以不同时期颁布的关键性政策为节点，本章划分了美国高中资优教育政策发展的四大阶段。在总结和分析联邦政府及各州政府政策文本的基础上，本章以资优教育政策的阶段性发展为"经"，以资优教育政策的具体内容为"纬"，勾勒出美国高中资优教育发展的政策图景。

第一节　资优教育政策的阶段性发展

　　美国联邦政府颁布的以"资优教育"冠名的教育政策或法案并不多，然而，

---

　　① Renzulli J S. The three-ring conception of giftedness: a developmental model for promoting creative productivity [A]//Sternberg R J, Davidson J E. Conceptions of Giftedness[C]. 2nd ed. New York: Cambridge University Press, 2005: 74.
　　② 李钢. 话语·文本·国家教育政策分析[M]. 北京: 社会科学文献出版社, 2009: 3.

许多教育政策法案都涉及资优教育的相关内容，为高中资优教育发展提供了实践指南与政策保障。不同时期出台的重大教育政策法案或举措，影响着当时及之后一段时期美国资优教育的发展，也反映出联邦政府对待资优教育态度的阶段性变化。通过回溯研究发现，美国资优教育政策发展经历了关注期、摇摆期、稳定期和深化期四个阶段。

一、关注期：1931~1964 年

美国最早的资优教育实践出现于 19 世纪末。1869 年，美国密苏里州圣路易斯市的一所学校最早开展资优教育活动。1901 年，马萨诸塞州沃斯特市成立了第一所面向资优生的专门学校。然而，直到 20 世纪 20 年代，资优教育的发展才引起联邦政府的关注。1929~1933 年，美国遭遇了大萧条，经济危机引发了人们对教育的关注，资优教育开始进入美国联邦政府的视野。1931 年，联邦教育部成立特殊儿童与青少年办公室（Office on Exceptional Children and Youth），同时处理资优生的教育事务。该办公室的成立，为后来联邦政府逐渐重视资优教育奠定了基础[1]，也成为本书划分关注期的重要时间点。1950 年《国家科学基金会法》（*National Science Foundation Act of 1950*）得以颁布，这一法案不仅将联邦资金投向科学教育与基础研究领域，并且第一次呼吁了联邦政府对全国资优生发展状况的关注。美国国家科学基金会以"对新知识的持续不断的获取，是推动社会的知识和经济进步、增进公民福祉的最重要因素"为核心理念，这一理念与资优教育的社会目的相一致[2]。资优教育符合"国家利益"的观念被提出。

1950 年，美国教育政策委员会（Educational Policies Commission）发布《资优教育》（"Education of the Gifted"）报告，批判性地指出，资优教育缺乏应有的关注并且阻碍了资优生的充分发展与成长，同时也致使他们在某种程度上丧失可能得到的利益[3]。哈佛大学前校长科南特（James B. Conant）也指出，人才的缺失，特别是资优人才的缺失对国家发展造成了巨大的损失，美国教育往往忽略了资优生，既没有及时地发现他们，也没有为他们提供恰当的指导与教育[4]。

① Zettel J J. The education of gifted and talented children from a federal perspective[A]//Ballard J, Ramirez B A, Weintraub F J. Special Education in America: Its Legal and Governmental Foundations[C]. Reston: Council for Exceptional Children, 1982: 51.

② Stephens K R. Applicable federal and state policy, law, and legal considerations in gifted education[A]//Pfeiffer S I. Handbook of Giftedness in Children: Psychoeducational Theory, Research, and Best Practices[C]. New York: Springer, 2008: 388.

③ Educational Polices Commission of the National Education Association. Education of the gifted [R]. Washington, D. C. 转引自：康德尔 I L. 教育的新时代——比较研究[M]. 王承绪，等译. 北京：人民教育出版社，2001：263.

④ Conant J B. Education in a divided world. Cambridge: Harvard University Press. 转引自：康德尔 I L. 教育的新时代——比较研究[M]. 王承绪，等译. 北京：人民教育出版社，2001：97.

　　第二次世界大战之后，世界各国纷纷把教育作为提升综合国力和国际竞争力的重要手段，教育关系国家利益成为各国的共识，美国也加强对教育和资优人才培养的重视。到 20 世纪 50 年代后期，联邦政府开始加强对资优教育的重视，追求卓越逐渐成为美国教育发展的重要目标。1957 年苏联卫星上天，引发了美国举国上下的震惊与恐慌，美国民众普遍认为，国家对教育，特别是资优生教育的忽视，是导致本国教育质量低下，进而在技术上落后于苏联的重要原因。为了快速提高教育质量，1958 年，联邦政府颁布《国防教育法》（*National Defense Education Act, 1958*），其中提出：增拨大量教育经费，加强对有才能学生的资助，规定每四年用于资优生的指导、咨询、测试与鉴别的经费要达到 1 500 万美金[①]；培训大量中小学教师以加强科学、数学和外国语的教学；资助各州开发测试系统进行资优生识别并为其提供特殊的指导咨询和教学服务等[②]。

　　1959 年，科南特发表《今日美国中学》（"The American High School Today"），即《科南特报告》。报告指出，学校应为占全体学生 15%~20%的学术资优生，开设具有更高难度的数学、自然科学和外国语课程，使他们的才能得到更好的发展。特别要对占学生总数 3%的具有极高天赋的学生予以特殊安排[③]。此后，中小学校普遍实施课程加速与能力分班等教学形式，并加强了科学、数学和外国语学科的教学，加快学生潜能发展的 AP 课程在高中学校得以推广。《国防教育法》及《今日美国中学》极大地推动了资优教育的发展，以至于美国国家教育协会（National Education Association，NEA）在 20 世纪 60 年代初的统计指出，美国约有 80%的中学为资优生提供了不同的特殊教育服务[④]。这一时期，美国国内出现了大量有关资优生的特征与教育方面的研究，1956~1959 年出现的研究成果比过去 30 年的还要多[⑤]。

　　总之，20 世纪 30 年代至 60 年代初，资优教育引发了联邦政府的政策关注。在面临国际竞争危机的形势下，联邦政府表现出对教育质量与教育卓越的重视，力求通过提升本国教育质量来增强国际竞争力。这一时期相关教育政策或报告的出台，推动了资优教育的发展。

---

　　① 斯普林 J. 美国学校：教育传统与变革[M]. 史静寰，姚运标，张宏，等译. 北京：人民教育出版社，2010：531.

　　② DeLeon P H, van den Bos G R. Public policy and advocacy on behalf of the gifted and talented[A]//Horowitz F D, O'Brein M. The Gifted and Talented：Developmental Perspectives[C]. Washington, D. C.：American Psychological Association, 1985：410.

　　③ 科南特 J B. 科南特教育论著选[M]. 陈友松译. 北京：人民教育出版社，1984：43-44，81.

　　④ Goldberg M L. White House conference on education：a milestone for educational progress[R], 1965.

　　⑤ Kaufman S B, Sternberg R J. Giftedness in the Euro-American culture[A]//Phillipson S N, McCann M. Conceptions of Giftedness：Socio-cultural Perspectives [C]. Mahwah：Lawrence Erlbaum, 2007：380.

二、摇摆期：1965~1982 年

无论是对整个美国的发展而言，还是仅对学校教育的发展而言，20 世纪 60 年代都是一个动荡的年代，追求平等是重要的时代特征[①]。60 年代中期，受民权运动和女权运动的影响，国内追求教育公平的呼声日益高涨，少数民族争取平等教育权益的运动此起彼伏。联邦政府对待资优教育的态度出现逆转。1964 年颁布的《民权法案》（*Civil Right Act of 1964*）明确规定，在就业与教育领域禁止以种族、肤色、宗教、民族以及性别为由的歧视，为"人人教育机会均等"的"肯定性行动"（affirmative action）[②]提供了法律保障。随着《1965 年初等和中等教育法》（*The Elementary and Secondary Education Act of 1965*，ESEA）的颁布，联邦政府把满足处境不利学生的教育需求作为优先事项，成立国家弱势群体学生教育建议委员会（National Advisory Council on the Education of Disadvantaged Children），并投入 13 亿美元用于这些学生的教育[③]。虽然该法案也提及为资优生提供补充性教育服务，但并没有付诸实践。联邦政府对弱势群体教育机会的关注，在一定程度上阻碍了资优教育的发展。作为苏联卫星时期的"政治工程"[④]，60 年代初期在美国中小学校广泛开展的资优教育项目，没过几年就被迫中断或纳入正规教育轨道中。

20 世纪 60 年代末期，在几位联邦政府议员的推动下，资优教育被重新提上政策议程。1969 年，多位议员共同向众议院提交《1969 年资优生教育援助法》提案（*The Gifted and Talented Children Educational Assistance Act of 1969*）。该提案将资优生界定为"具有杰出的智力和创造才能的学生"[⑤]，呼吁开展资优教育项目。该法案得以通过并被纳入《1969 年初等和中等教育法修正案》（*The Elementary and Secondary Education Amendments of 1969*）的"资优生教育"条款[⑥]。

---

① 厄本 W J, 瓦格纳 J L. 美国教育——一部历史档案[M]. 周磊, 谢爱磊译. 北京：人民大学出版社, 2009: 426.

② 1961 年肯尼迪总统签署了 1092 行政命令, 提出实施"肯定性行动"。该计划提出在就业和教育方面优先考虑那些因性别、种族、民族、肤色、信仰等方面的差异而受到歧视者, 进而保障少数民族群体和妇女在就业和教育等领域享有真正平等的机会。1964 年《民权法案》的颁布进一步为"肯定性行动"提供了法律依据。

③ Zettel J J. The education of gifted and talented children from a federal perspective[A]//Ballard J, Ramirez B A, Weintraub F J. Special Education in America: Its Legal and Governmental Foundations[C]. Reston: Council for Exceptional Children, 1982: 55.

④ DeLeon P H, van den Bos G R. Public policy and advocacy on behalf of the gifted and talented [A]//Horowitz F D, O'Brein M. The Gifted and Talented: Developmental Perspectives[C]. Washington D. C.: American Psychological Association, 1985: 412.

⑤ Jeffrey J. Zettel 等认为, 这一定义是第一个联邦政府对资优生的界定。而大部分学者则认为, 1972 年发布的《马兰德报告》中对资优生的界定才是第一个联邦政府定义。

⑥ Zettel J J. The education of gifted and talented children from a federal perspective[A]//Ballard J, Ramirez B A, Weintraub F J. Special Education in America: Its Legal and Governmental Foundations[C]. Reston: Council for Exceptional Children, 1982: 57-58.

　　1972 年，美国联邦教育部部长马兰德（Sidney P. Marland）向国会递交了全国资优生教育现状评估报告——《马兰德报告》。该报告对资优生进行界定，即所谓的"马兰德定义"，认为"资优生是指那些被专业人士鉴定为具有高水平表现的儿童，这些儿童在一般智力能力、特殊学术资质、创造性思维、领导能力、视觉或表演艺术、心理运动能力等六个领域中的个别或全部领域表现优异或具有潜力"，"资优生在接受常规学校教学项目之外，需要接受差别性的教育项目，进而实现自我发展以及对社会的贡献"，并指出"不同文化、种族和社会经济背景中都有资优生"①。《马兰德报告》指出，全国只有4%的资优生接受了适合其能力水平的教育，而大部分资优生的教育需求被忽视，同时提出资优教育的发展建议②。该报告引发了公众对资优生教育需求的关注，为推动资优教育发展发挥了重要作用。

　　1974 年，总统福特（Gerald R. Ford）通过了《1974 年初等和中等教育法修正案》（The Elementary and Secondary Education Amendments of 1974），该法案提出要实施"特殊教育计划"③，其中囊括了资优教育的内容。在该法案的推动下，联邦教育部成立资优生办公室（The Office of the Gifted and Talented）与全国资优生信息中心（National Clearinghouse for the Gifted and Talented）。《1974 年初等和中等教育法修正案》提出要为各州及地方教育机构开展资优教育项目提供资金支持，并资助资优教育领域的培训、研究与示范项目建设②。可以说，该法案引起广大资优教育工作者与资优生父母对资优教育的广泛支持，带动了美国资优教育的突破性发展。

　　1978 年，联邦政府颁布《1978 年初等和中等教育法修正案》（The Elementary and Secondary Education Amendments of 1978）。作为其条款之一的《1978 年资优生教育法》对"马兰德定义"进行修正，删除"心理运动能力"，将资优表现的范围缩小为一般智力、创造力、特殊学科领域、领导能力、视觉和表现艺术这五大领域，该法案提出为资优生提供独立的教育项目，并为各州规划、开发、实施与改造资优生教育项目提供财政支持④。同时，呼吁各地方教育部门（local educational agency，LEA）积极开展资优生的识别工作，跟踪记录资优生的教育情况。

　　1981 年，里根（Ronald W. Reagan）总统签署《综合预算协调法》（Omnibus

---

① Davis G A, Rimm S B, Siegle D. Education of the Gifted and Talented [M]. 6th ed. Englewood Cliffs：Prentice-Hall, 2011：18.

② Harrington J，Harrington C，Karns E. The Marland report：twenty years later[J]. Journal for the Education of the Gifted，1991，15（1）：31-43.

③ 1978 年，在纽约州参议员贾维茨（Jacob K. Javits）等的推动下，这一"特殊教育计划"的内容上升为《1978 年初等和中等教育法修正案》的第四条款"特殊教育项目法案"（special program act）。

④ Zirkel P A, Stevens P L. The law concerning public education of gifted students [J]. Journal for the Education of the Gifted，1987，10（4）：305-322.

Budget Reconciliation Act of 1981 ），提出缩减教育财政投入，并废止了《1978 年资优生教育法》。这一政策举措直接导致 1982~1984 年，联邦政府中止了所有对资优教育的政策与财政支持，资优生办公室也被迫关闭。联邦政府在 20 世纪 70 年代对资优教育的极大兴趣到 80 年代初得以削减。

这一期间，联邦政府对待资优教育的政策态度不断摇摆。自 20 世纪 60 年代中期开始并一直延续至 70 年代初期的教育平等运动，彰显了教育公平这一基本价值取向。少数民族及妇女争取平等教育权利的呼声也影响到资优教育政策。《马兰德报告》指出不同文化、种族和社会经济背景群体都存在资优生，说明联邦政府开始关注资优教育中的教育平等机会问题。70 年代中后期，在相关学者及政府议员的努力下，资优教育又重新回到联邦政府的视野。而到了 80 年代初期资优教育发展又受到压制。这一时期联邦政府对教育公平或教育卓越的不同侧重，导致资优教育的摇摆发展。

三、稳定期：1983~2000 年

如果说摇摆期联邦教育政策还在追求公平与卓越之间摇摆，那么 20 世纪 80 年代以后联邦政府逐渐明确了追求教育卓越的目标。1983 年，美国国家教育卓越委员会（National Commission on Excellence in Education ）发布报告《国家在危机中：教育改革势在必行》（"A Nation at Risk：The Imperative for Educational Reform"），指出美国在国际经济竞争中处于劣势地位，并将其归咎于国内教育质量的严重下降。同时指出，美国学校应该致力于让所有学生接受严格的学术课程，不同种族、宗教和社会阶层的学生，都应该获得使其心智与精神得到最大化发展的平等机会与途径。该报告旗帜鲜明地指出，"公平和高质量教育这一对目标，对于经济和社会有着深远且实际的意义。无论在原则上或实践中，都不应该让一个目标屈从于另一个目标"。该报告的发布，在美国国内掀起了一场教育卓越改革运动，全国和各州强调重视资优生教育的报告层出不穷。

1983 年，卡耐基基金会提交的报告《高中：关于美国中等教育的报告》（"High School：A Report on Secondary Education in America"）提出建议：每所高中都应为资优生提供特殊的教育；在大城市为资优生创建艺术类或科学类磁石学校；在全国范围内建立科学和数学类寄宿制高中①。此外，全国促进经济发展教育工作组（National Task Force on Education for Economic Growth）发布《卓越行动：改善全国学校的综合计划》（"Action for Excellence：A Comprehensive Plan to Improve Our

---

① DeLeon P H, van den Bos G R. Public policy and advocacy on behalf of the gifted and talented[A]//Horowitz F D, O'Brein M. The Gifted and Talented：Developmental Perspectives[C]. Washington, D. C.：American Psychological Association, 1985：417. 注：该报告提及的科学和数学类寄宿制高中就是本书中的州长高中。

Nation's Schools"），强调加强公立学校与企业的合作关系，并建议各州和地方学校系统开发或扩大针对学术资优生的教育项目，并为资优生提供严格、丰富和有挑战性的教育[1]。

1989年，布什（George H.W. Bush）总统上台后，意欲成为"教育总统"，并提出一系列推动教育卓越的改革计划，包括奖励卓越学校、卓越教师以及科学和数学领域的卓越学生[2]。作为《1988年初等和中等教育法修正案》的一部分，美国国会通过的《1988年贾维茨资优生教育法》（*Jacob K. Javits Gifted and Talented Students Education Act of 1988*），成为美国唯一一部专门推动资优教育发展，且仍在发挥法律效益的法案。该法秉承为全国范围内的资优生，特别是那些处境不利、英语熟练程度有限或残疾的资优生，提供识别与教学服务的宗旨，在推动资优教育发展方面发挥了重要作用[3]。该法启动了由联邦政府授权的解决资优生学习需求的教育计划——贾维茨资优生教育计划。借助贾维茨资优生教育计划，联邦政府提供财政拨款，用于资助资优教育研究、培训教师以及开展示范性教育项目，在该计划的资助下，1990年国家资优教育研究中心（National Research Centers on the Gifted and Talented，NRCG/T）得以成立。

1993年，美国联邦教育部发布资优教育"白皮书"——《国家卓越报告》。该报告指出，一直以来，美国大多数资优生并没有接受有挑战的教育以充分发挥他们的潜能，对资优生教育的忽视，使得美国在全球经济竞争中处于劣势。《国家卓越报告》提出改善资优生教育的建议：其一，建立更有挑战性的课程标准；其二，提供更多有挑战性的学习机会，增加学习的灵活性和多样性；其三，增加早期儿童教育的机会；其四，增加在政治、经济和社会中处于不利地位的以及少数民族中资优生的学习机会；其五，拓宽资优的概念，资优不仅局限在智力水平，而是体现为多个方面的超常能力，包括领导力、创造力、艺术能力等；其六，重视资优教育教师的专业发展；其七，提升美国资优生的国际竞争力[4]。

随着20世纪80年代美国国内几大教育改革报告的相继发布，追求卓越成为美国八九十年代教育发展的主旋律，资优教育重新受到联邦政府的重视。继《国防教育法》之后，《国家在危机中：教育改革势在必行》再次把教育提升到关系国

① Education Commission of the States. Action for Excellence：A Comprehensive Plan to Improve Our Nation's School[M]. Denvor：A. B. Hirschfeld Press，1983：40.

② Harrington J，Harrington C，Karns E. The Marland report：twenty years later[J]. Journal for the Education of the Gifted，1991，15（1）：31-43.

③ Diaz E I. Framing a contemporary context for the education of culturally and linguistically diverse students with gifted potential：1990s-to the present [A]//Castellano J A，Diaz E I. Reaching New Horizons：Gifted and Talented Education for Culturally and Linguistically Diverse Students[C]. Boston：Allyn and Bacon，2002：29-46.

④ Ross P O. National excellence：a case for developing America's talent[EB/OL]. http：//files.eric.ed.gov/fulltext/ED359743.pdf，2016-01-02.

家安全的高度，体现了联邦教育政策的重心，从关注弱势群体学生的教育转移到资优生的教育①。《1988 年贾维茨资优生教育法》的颁布，表明政府对资优教育的政策态度也趋于稳定，在国家教育卓越改革运动的推动下，80 年代至 90 年代末这段时期，资优教育得以平稳发展。

四、深化期：2001 年至今

2001 年，美国颁布《不让一个孩子掉队法》(*No Child Left Behind Act of 2001*，*NCLB*)，该法案对美国教育的影响之广泛，被称为自《1965 年初等和中等教育法》颁布以来最重要的法案。同时，《不让一个孩子掉队法》也是资优教育发展的一个重要节点，在经历了前期的左右摇摆与逐渐稳定之后，该法案对资优教育的影响具有两面性。

一方面，从政策内容上来说，《不让一个孩子掉队法》延续了对贾维茨项目的支持，作为其条款之一的《2001 年贾维茨资优生教育法》(*Jacob K. Javits Gifted and Talented Students Education Act of 2001*)指出，要通过开展科学性研究、采取创新性策略及其他活动，建构与提升全国中小学校满足资优生教育需求的能力；授权联邦教育部向各州或地方教育机构、私立教育机构等提供资金，支持其开展满足资优生特殊教育需求的教育项目和活动（主要是培训资优教育教师以及其他为资优生提供服务的教职人员的教育项目）；联邦教育部应把提升中小学校规划、实施和改进资优生识别与教育项目的能力作为优先事项，且政府的资助对象应包括开展资优教育的私立中小学校。上述政策内容体现了联邦政府对资优教育的重视。

另一方面，从政策效果出发，鉴于《不让一个孩子掉队法》对绩效制和标准化考试的强调，各州需保证"到 2014 年每个学生都能达到'熟练'的学业标准"，并确保学校实现"适当年度进步"(adequate yearly progress，AYP)的目标。这样一来，各州及其辖区内的学校及教师不得不将主要精力和教育资源用于提升低绩效学生的学业成绩，在一定程度上造成了对已经具有较高学业表现的资优生及其教育的忽视。因此，许多资优教育领域的研究者认为，《不让一个孩子掉队法》对资优教育的发展造成了破坏性的影响，是一次重大打击。甚至有观点认为，《不让一个孩子掉队法》对教育公平的重视，是政府放弃追求卓越的表现。

事实上，《不让一个孩子掉队法》并不是一味地重视教育公平问题，其同样重视教育质量和教育卓越，并通过教育公平来实现全民教育卓越的目标。从这一层意义上来说，《不让一个孩子掉队法》对资优教育发展具有一定的推动作用。由于《不让一个孩子掉队法》重视教师的培训和培养，提高了教师资格认证的要求，

---

① 韦布 D L. 美国教育史：一场伟大的美国实验[M]. 陈露茜，李朝阳译. 合肥：时代出版传媒有限公司/安徽教育出版社，2010：384.

资优教育可以借此机会加强资优教育教师队伍建设[1]。同时，全社会对教育质量与标准的重视，也间接推动了以教育卓越为内在追求目标的资优教育的发展。资优教育发展进入契机与挑战并存[2]的深化发展阶段。

2001 年之后，联邦政府一系列重视 STEM 教育的政策也助推了资优教育的发展。2006 年，小布什总统颁布《提高美国竞争力计划》（"American Competitiveness Initiative"），体现了美国对于在数学和科技等领域保持创新力与国际竞争力的考虑。该计划投资 1 370 亿美元，用于关键领域的研发，成为 20 世纪 60 年代初实施阿波罗太空计划以来的最大投资[3]。同年，美国国家科学研究院发布报告《在风暴中崛起》（"Rising above the Gathering Storm"），指出美国在数学和科学领域的弊端，提出加强数学和科学教师的培训等建议。

2007 年，《美国竞争法》（America COMPETES Act of 2007）[4]督促联邦政府投入 30 亿美元用于支持 STEM 学科的发展。

2009 年，奥巴马政府颁布《力争上游法》（Race To the Top），提供 43.5 亿美元"刺激性"教育财政拨款，鼓励各州进行教育改革，改革范围包括扩大对高绩效公立特许学校的支持、重振数学和科学教育等措施[5]。

2010 年，联邦政府发布《改革蓝图：重新授权〈初等和中等教育法〉》（A Blueprint for Reform: The Reauthorization of the Elementary and Secondary Education Act），为州、学区和非营利性（教育）合作伙伴提供竞争性专项拨款，以增加学生接受加速学习的机会，包括在高中阶段开展大学水平的课程学习以及在小学和初中阶段开设资优教育项目。同时，专项拨款的获得者要提供相关的教育服务，以帮助学生获得更多的资优教育机会。《改革蓝图：重新授权〈初等和中等教育法〉》还提及支持各州加强 STEM 教育，提升教师有效开展 STEM 教育教学的知识与技能，特别是在高需求地区实施优质的 STEM 教育。

2010 年，国家科学委员会发布报告《培养下一代 STEM 创新者：识别并发展国家的人力资源》（"Preparing the Next Generation of STEM Innovators: Identifying and Developing Our Nation's Human Capital"）。该报告认为公平与卓越是能够并存且互相推动的，提出要开展关于 STEM 领域资优学生教育的研究，并制定相关政

---

[1] Ross P O. Federal involvement in gifted and talented education[A]//Colangelo N, Davis G. Handbook of Gifted Education[C]. Boston: Allyn & Bacon, 2003: 604-608.

[2] Gallagher J J. No child left behind and gifted education[J]. Roeper Review, 2004, 26（3）: 121-123.

[3] Domestic Policy Council Office of Science and Technology Policy.American competitiveness initiative [EB/OL]. http://georgewbush-whitehouse.archives.gov/stateoftheunion/2006/aci/aci06-booklet.pdf, 2015-06-20.

[4] 法案的全称为 American Creating Opportunities to Meaningfully Promote Excellence in Technology, Education, and Science，即《为有意义地促进一流的技术、教育与科学创造机会法》。

[5] Fact sheet: the race to the top [EB/OL]. https://www.whitehouse.gov/the-press-office/fact-sheet-race-top, 2009-11-04.

策。同年，美国科学与技术总统顾问委员会（President's Council of Advisors on Science and Technology）提出，在未来 10 年增加 1 000 所 STEM 学校，包括 200 所高中和 800 所中小学的目标，后来又补充指出，到 2020 年使 STEM 学科大学毕业生增加到 100 万人。

近几年来，联邦政府进一步加大对资优教育的政策关注与财政投入。2013 年，美国共和党与民主党联合提名《赋权教师给予资优生帮助法》（*To Aid Gifted and High-ability Learners by Empowering Nations Teachers Act*，TALENT Act），以修正《1965 年初等和中等教育法》等法案中对资优教育的忽视。《赋权教师给予资优生帮助法》指出，各州应要求 LEA 增加资优生的比例；帮助学校为资优生提供更多的教育支持；每年比较并汇报各个地方学区之间具有不同表现水平资优生的表现。同时，《赋权教师给予资优生帮助法》还要求：接受学校改进计划拨款的 LEA，必须开展资优生的识别工作并满足其学习需求；联邦教育部应继续开展关于资优生教育的研究与项目开发活动；建立国家资优生研究与宣传中心（National Research and Dissemination Center on the Gifted and Talented），搜集全国资优教育的相关信息；建立资优教育数据库；等等。此外，增加资优教育教师的专业发展机会，提升其资优教育能力，增加学生选修 AP 课程或 IB 项目中数学、科学和外国语课程的数量等。

2014 年，联邦政府通过《2014 综合拨款法》（*2014 Consolidated Appropriations Act*），为贾维茨资优生教育计划拨款 500 万美元，2015 年，联邦政府又通过《2015 综合拨款法》（*2015 Consolidated Appropriations Act*）继续拨款 1 000 万美元。

2015 年 12 月，奥巴马总统签署《让每个学生成功法》（*Every Student Succeeds Act*，ESSA），该法案对《赋权教师给予资优生帮助法》做出修正[①]，旨在确保美国教育系统能够让每个学生在高中毕业时已经为大学学习或就业作准备，再次表明联邦政府对公平与卓越双重目标的重视。法案延续了对贾维茨资优生教育计划的支持，保留《赋权教师给予资优生帮助法》中有关资优教育的政策内容，并提出要进一步提升中小学校教师识别与教育资优生的能力，以及利用资优教育服务、资源与教育方法为所有学生服务的能力。

不同时期颁布的联邦政策构成了美国资优教育政策的发展线索（表 3-1）。这些政策内容说明，21 世纪以来，联邦政府的主要态度是以解决教育平等问题来进一步实现教育卓越的目标。《赋权教师给予资优生帮助法》以及《让每个学生

---

① 作为《赋权教师给予资优生帮助法》的修正案，《让每个学生成功法》最大的特点在于，削弱了联邦政府在教育中的责任以及对各州教育发展的影响，将改革学校或评价学校的权力还给州及 LEA；减少对标准化考试的依赖，并取消教师绩效与学生学业成绩的挂钩；扩大了优质学前教育的入学机会；为推动教育改革提供更多的资源。参见：President Obama signs education law, leaving "No Child" behind[EB/OL]. http://www.npr.org/ sections/thetwo-way/2015/12/10/459219774/president-obama-signs-education-law-leaving-no-child-behind，2015-12-10.

成功法》都强调要促进每个学生都获得最大化的发展，体现了联邦政府对教育公平和卓越的重视，而以教育卓越为内在要求的资优教育自然也受到青睐。此外，一系列推动 STEM 教育发展的政策也间接壮大了资优教育的师资力量。特别是，2014 年以来联邦政府财政支持力度的加大，为资优教育发展提供了保障。如果说 20 世纪 80 年代以前，联邦政府还在要不要重视资优教育之间摇摆，那么，80 年代之后，资优教育进入相对稳定的发展阶段，进入 21 世纪以来，联邦教育政策已经转移到如何进一步推动资优教育的发展上来，资优教育发展呈现逐步深化的特点。

表 3-1 美国资优教育政策的发展线索

阶段	年份	法案/政策举措	目的
关注期	1931	特殊儿童与青少年办公室	负责处理资优生教育事务
	1950	《国家科学基金会法》	呼吁联邦政府关注资优教育
		《资优教育》报告	呼吁联邦政府关注资优教育
	1958	《国防教育法》	快速提高教育质量
摇摆期	1965	《1965 年初等和中等教育法》	为资优生提供学校之外的补充性教育项目
	1969	《1969 年资优生教育援助法》（是《1969 年初等和中等教育法修正案》的条款之一）	呼吁开展资优教育项目
	1972	《马兰德报告》	报告全国资优教育现状，呼吁公众关注资优生教育
	1974	《1974 年初等和中等教育法修正案》的条款之一	为资优教育项目提供资金，资助资优教育领域的培训、研究与示范项目建设
	1978	《1978 年资优生教育法》（《1978 年初等和中等教育法修正案》的组成部分，1981 年被废止）	支持资优教育发展
稳定期	1983	《国家在危机中：教育改革势在必行》报告	强调公平和卓越的双重目标
		《高中：关于美国中等教育的报告》	为资优生提供特殊高中教育
		《卓越行动：改善全国学校的综合计划》	扩大学术资优生的识别与教育项目
	1988	《1988 年贾维茨资优生教育法》	提供资优教育服务和资金支持，重视资优教育研究
	1990	成立国家资优教育研究中心	开展资优教育研究、培训教师、开展示范性教育项目
	1993	《国家卓越报告》	提出改善资优生教育的建议
深化期	2001	《2001 年贾维茨资优生教育法》（《不让一个孩子掉队法》的条款之一）	为资优教育的实践与研究提供资金支持，提升学校实施资优教育的能力
	2006	《提高美国竞争力计划》	重视发展 STEM 教育
		《在风暴中崛起》	加强数学和科学教师的培训

续表

阶段	年份	法案/政策举措	目的
深化期	2007	《美国竞争法》	投入大量资金支持 STEM 教育
	2009	《力争上游法》	提供竞争性资金支持 STEM 教育
	2010	《改革蓝图：重新授权〈初等和中等教育法〉》	提供竞争性资金支持 STEM 教育；增加资优教育机会
		《培养下一代 STEM 创新者：识别并发展国家的人力资源》报告	开展关于 STEM 领域资优教育的研究
	2013	《赋权教师给予资优生帮助法》	加大对资优教育的支持，建立资优教育数据库等
	2014	《2014 综合拨款法》	增加资优教育拨款
	2015	《2015 综合拨款法》	增加资优教育拨款
		《让每个学生成功法》	实现每个学生的卓越发展

第二节　资优教育政策的内容

美国实行地方分权的教育体制。自建国初始，美国宪法就对各州赋权，由各州负责本州的教育事业，并制定相应的教育政策。资优教育的发展也同样呈现出"地方割据"现象。虽然联邦政府颁布了资优教育的相关政策，呼吁重视资优教育发展，提供资金支持等，但这些政策主要发挥指导性作用，各州不必、事实上（一些州）也没有"拿来"联邦的政策，而是分别制定了本州的资优教育政策。因此，美国资优教育政策包括联邦与州两大层面。其中，联邦的资优教育政策发挥指导性作用，而各州资优教育政策则具体推动着资优教育的实施。本节主要探讨当前美国资优教育政策的具体内容。

具体到政策信息的获取，一方面，美国联邦教育部和各州教育部门颁布的政策文本是获得各州资优教育政策内容的重要来源。另一方面，全国性的资优教育调查报告及时反映了各州资优教育的政策与实施情况。其中，美国资优儿童协会（National Association for Gifted Children，NAGC）与州资优教育项目负责人委员会（Council of State Directors of Programs for the Gifted，CSDPG）每两年发布一次的《美国资优教育州情报告》（"State of the States Gifted and Talented Education Report"）是了解美国各州资优教育政策进展的重要资源。自 1987 年以来，NAGC 与 CSDPG 每两年开展一次全国性调查，以了解各州资优教育政策与实践[1]。

同时，1999 年成立的戴维森人才发展研究院（Davidson Institute for Talent

---

[1] 本书对各州资优教育政策情况的汇总部分来源于《2014—2015 年美国资优教育州情报告》。

Development）是为资优生提供教育服务、为资优教育的研究者和实践者提供全国范围内资优教育信息的机构。该研究院的戴维森资优教育数据库（Davidson Gifted Database）汇集各州教育部门与资优教育协会的政策信息，并结合当年的《美国资优教育州情报告》，对各州的资优教育政策进行汇总整理。这些资料是了解当前美国联邦及各州资优教育政策的重要途径。具体来说，美国联邦政府及各州的资优教育政策大致分为资优生识别、教育教学服务、财政资金支持、教师专业发展、管理与服务这五个方面。本书分别选取资优生定义、资优生识别标准、资优教育服务、加速学习政策、财政投入、资优教育教师资格认证等指标，对美国 50 个州及华盛顿哥伦比亚特区的资优教育政策内容进行汇总，见表 3-2。

表 3-2　美国各州资优教育政策概览

地区	资优生定义	资优生识别标准	资优教育服务	加速学习政策	财政投入/美元	资优教育教师资格认证
亚拉巴马	与相同年龄、经历和环境下的学生相比，在学术或创造力领域表现优异，应该为其提供超出正规学校教育的服务	IQ 测试、多重标准模型、学业成绩、行为/心理特征、学生表现/档案袋	K~12 年级	有	1 000 000	是
阿拉斯加	表现出杰出的智力、能力或创造性才能的学生					
亚利桑那	表现出超常智力或/和高级学习能力，需要超出正规教学的特殊的教学或/和辅助服务，以实现与其智力和能力相匹配的发展	IQ 测试、其他	K~12 年级	有		是
阿肯色	资优生具有超出一般的智力、对任务的责任、动机和创造力。资优生的学习特点和学习需求决定了其需要接受与普通学生有别的教育服务	成就测试、推荐、多重标准模型、行为/心理特征、学生表现/档案袋	K~12 年级	LEA	21 489 755	是
加利福尼亚	在智力、创造力、特殊学术能力、领导力、高学业成就、视觉或表演艺术才能等一个或多个领域表现卓越或具有潜能的学生			LEA	44 225 000	
科罗拉多	具有卓越智力、杰出学业表现，或是在人类活动领域（包括艺术和人文领域）具有突出成就的学生	IQ 测试、学业成绩、推荐、多重标准模型、行为/心理特征、学生表现/档案袋	K~12 年级	有	9 536 993	否

续表

地区	资优生定义	资优生识别标准	资优教育服务	加速学习政策	财政投入/美元	资优教育教师资格认证
康涅狄格	在智力、创造力或特殊学科具有杰出表现或发展潜力的学生			无，LEA	0	
华盛顿哥伦比亚特区				LEA	0	
特拉华	在一般智力、特殊学术资质、创造性思维、领导力、视觉或表现艺术能力、心理运动能力等一个或多个领域具有卓越表现或潜在能力	其他	2~8年级	有	0	是
佛罗里达	具有较高智力水平并能有突出表现的学生	IQ测试、推荐、其他	K~12年级	有	不详	是
佐治亚	具有较高智力、创造力，或表现出超常的动机，或在特殊学科领域具有杰出表现，需要特殊的教育服务	IQ测试、成就测验、多重标准模型	K~12年级	LEA	367 057 950	是
夏威夷	在智力、创造力、特殊学术能力、领导力、心理运动能力、视觉或表演艺术方面具有杰出表现或潜力的义务教育阶段学生	不详	K~12年级	无，LEA	4 766 016	
艾奥瓦	在一般智力、创造性思维、领导力、视觉或表演艺术能力、特殊能力性向等一个或多个领域具有卓越表现或潜力	多重标准模型	PreK~12年级	LEA	35 354 981	是
爱达荷	在一般智力、创造性思维、特殊学术资质、领导力、视觉或表演艺术能力等一个或多个领域具有卓越表现或潜力		K~12年级	LEA	不详	否
伊利诺伊	与相同年龄、经验和环境的学生相比，具有杰出才能或表现出高成就的潜力的学生。其可以是在任一领域表现位于前5%的学生，特别是语言艺术和数学领域	其他	K~12年级	无，LEA	0	否

续表

地区	资优生定义	资优生识别标准	资优教育服务	加速学习政策	财政投入/美元	资优教育教师资格认证
印第安纳	与相同年龄、经验和环境的学生相比，至少在一个领域具有突出成就或潜力的学生；资优生一般具有超常的天赋、才能、动机或兴趣	多重标准模型、其他	K~12年级	无，LEA	12 548 096	否
堪萨斯	因具有高智力而在一个或多个学术领域具有杰出表现或潜力的学生	不详	K~12年级	有	12 073 432	是
肯塔基	在一般智力、特殊学术能力、创造性或发散性思维、心理运动技能或领导力、视觉或表演艺术方面具有杰出表现或潜力的学生	IQ测试、成就测试、推荐、多重标准模型、行为/心理特征、平时表现/档案袋	K~12年级	有	6 622 300	是
路易斯安那	在智力或学术能力方面具有高表现的学生	IQ测试、成就测试、推荐、多重标准模型、行为/心理特征、平时表现/档案袋	PreK~12年级	LEA	65 723 895	是
马萨诸塞					0	
马里兰	在智力、创造力、艺术或特殊学科领域具有卓越表现，或具有超常领导力	不详	3~12年级	无，LEA	0	
缅因	在正规学校教育项目中表现卓越的学生；在一般智力、特殊学术资质、艺术能力方面具有杰出表现或潜力的学生。在全国标准化测试中排名前5%的学生是资优生，前2%的是高度资优生	多重标准模型、其他	3~12年级	无，LEA	4 738 037	是
密歇根	在智力、学业成就或特殊人类活动领域（包括艺术和人文）表现卓越的中小学生				0	
明尼苏达	与具有相同年龄、经验和环境的学生相比，在一般智力、特殊学科、创造力、领导力、视觉和表演艺术领域具有突出表现或潜力的中小学生	其他	PreK~12年级	有	11 417 865	

续表

地区	资优生定义	资优生识别标准	资优教育服务	加速学习政策	财政投入/美元	资优教育教师资格认证
密苏里	经专业评估表明，在智力和学习能力方面具有超常发展，并有超出常规课程教学的学习需求的学生	多重标准模型	PreK~12年级	无，LEA	24 800 000	是
密西西比	在智力、学术能力、创造力或艺术能力具有较高能力或表现的学生	IQ测试、推荐、多重标准模型	2~6年级	有	不详	是
蒙大拿	具有卓越表现的能力，因此需要有别于公立学校教育的差异化教育服务，以实现其自我发展和服务社会的潜能	不详	K~12年级	LEA	250 000	
北卡罗来纳	在智力和/或特殊学科领域具有杰出表现或潜力的学生；需要有别于正规教育项目的教育服务；任何文化团体、经济阶层和人类活动领域都存在杰出的能力	推荐、多重标准模型、其他	K~12年级	有	71 218 569	是
北达科他	在专业领域具有杰出表现的学生，需要超出正规学校教育的服务			有	不详	
内布拉斯加	在智力、创造力、艺术能力或特殊学科领域具有杰出表现的学生，需要加速或差异化教育服务		2~12年级	无，LEA	2 300 000	否
新罕布什尔	在智力、创造力、艺术能力、领导力或特殊学科领域具有杰出表现的学生，需要有别于正规学校教育的教育服务				0	
新泽西	与当地同龄人相比具有或表现出较高能力的学生，需要差异化教育服务	其他	K~12年级	无，LEA	不详	
新墨西哥	在智力、学科领域、创造性或发散性思维、问题解决或批判性思维方面具有杰出能力或表现的学龄儿童，需要为其提供个性化教育服务	其他			不详	

续表

地区	资优生定义	资优生识别标准	资优教育服务	加速学习政策	财政投入/美元	资优教育教师资格认证
内华达	18岁以下的具有杰出学术能力或资质的学生，需要特殊的教育教学服务	IQ测试、成就测试	2~12年级	无，LEA	不详	是
纽约	在一般智力、特殊学术资质、视觉和表演艺术方面具有杰出能力或超常潜能的学生，需要有别于正规学校教育的教学服务				0	
俄亥俄	与具有相同年龄、经验和环境的同伴相比，具有杰出成就表现或潜能的学生				40 723 826	
俄克拉荷马	在全国性的标准化智力测试中排名前3%的学生，或是在创造性思维能力、领导力、视觉和表演艺术能力、特殊学术能力等一个或多个领域具有卓越表现或潜力的学生	推荐	PreK~12年级	LEA	45 635 226	否
俄勒冈	在一般智力、特殊学科领域、创造力、领导力、视觉和表演艺术能力等一个或多个领域具有卓越表现或潜力的学生				175 000	
宾夕法尼亚	具有杰出智力和创造力的学生，需要超出正规教育的教育服务	IQ测试、学业成绩、多重标准模型、其他	K~12年级	LEA		
罗德岛	在一般智力、特殊学术资质、创造力、领导力、视觉和表演艺术能力等一个或多个领域具有卓越表现或潜力的学生	多重标准模型		有		
南卡罗来纳	在学术或智力、视觉和表演艺术等领域具有杰出表现或潜力的1~12年级学生	成就测试、多重标准模型、其他	3~12年级	无，LEA	26 628 246	是
南达科他				无，LEA		
田纳西	具有杰出的智力能力或潜力，需要特殊的教育服务	IQ测试、成就测试、创造力或其他资优特征、其他	K~12年级	LEA	不详	是

续表

地区	资优生定义	资优生识别标准	资优教育服务	加速学习政策	财政投入/美元	资优教育教师资格认证
得克萨斯	与具有相同年龄、经验和环境的学生相比,在智力、创造力或艺术领域、领导力、特殊学术领域具有杰出表现的学生	成就测试、推荐、多重标准模型、行为/心理特征、平时表现/档案袋	K~12年级	有	148 150 917	否
犹他	在一般智力、特殊学科领域、领导力、视觉和表演艺术能力、创造性和批判性思维等一个或多个领域具有卓越表现或潜力的学生		K~12年级	无,LEA	3 979 900	是
弗吉尼亚	在一般智力、特殊学科领域、职业与技术领域、视觉和表演艺术能力方面具有较高成就或潜能的学生	IQ测试、学业成绩、推荐、多重标准模型、行为/心理特征、平时表现/档案袋	K~12年级	LEA	44 155 053	否
佛蒙特	与具有相同年龄、经验和环境的学生相比,在智力、创造力或艺术领域、领导力、特殊学术领域具有杰出表现或能力的学生				不详	
华盛顿	在智力、创造力或艺术领域、领导力、特殊学术领域具有突出表现的学生;需要有别于学校教育的教育服务;任何文化团体、社会经济阶层和人类活动领域都有资优生	IQ测试、学业成绩、推荐、多重标准模型	K~12年级	无,LEA	9 047 287	否
威斯康星	在智力、创造力或艺术领域、领导力、特殊学术领域具有杰出表现或能力的学生,其需要有别于正规学校教育的服务	成就测试、推荐、多重标准模型、行为/心理特征、平时表现/档案袋	K~12年级	有		否
西弗吉尼亚	具有超出一般学生的智力,需要有别于正规学校教育服务的学生				不详	

续表

地区	资优生定义	资优生识别标准	资优教育服务	加速学习政策	财政投入/美元	资优教育教师资格认证
怀俄明	由专家或权威人员识别出的,具有杰出能力、才能和潜力的,需要有别于正规学校教育服务的学生	不详	K~5年级	无,LEA	2 608 156	是

注:"资优生识别标准"一栏中"其他"指各州采取除 IQ 测试、成就测试等标准之外的其他标准。"资优生识别标准"与"财政投入"两栏中的"不详"表示不清楚该州的情况,而"0"则表示投入为 0;"资优生识别标准"中的"多重标准模型"指的是运用多重标准来识别资优生,其包括智力能力、学业成就、创造力和动机四个标准,每个标准分别设定了一定的条件,只要满足其中任意三个标准就是资优生;"空格"表示该州没有提供相关信息。"资优教育服务"一栏中,"K~12"表明该州授权从幼儿园到 12 年级开展资优教育服务;"Pre K~12"表明该州授权从幼儿园预备班到 12 年级开展资优教育服务。"加速学习政策"一栏中,"有"表明该州明确允许开展加速学习;"LEA"表明该州交由 LEA 自主决定是否开展加速学习;"无,LEA"表明,该州没有政策规定,LEA 可自主决定是否实施加速学习以及实施哪些加速学习政策

需要指出的是,在 NAGC 等对各州资优教育实施情况做的全国性调查中,由于个别州曾对 2013 年的调查进行反馈,却没有对 2015 年的调查进行反馈,或者没有回复 2013 年的调查却对 2015 年的调查进行回应。因此,对比 2013 年与 2015 年的统计数据,除了个别州在两年之间变更政策内容外,可能因为调查过程的问题而导致调查结果有所出入。例如,个别州可能提供了资优教育专项资金,但并没有在 NAGC 的调查中做出反馈,这种情况下,统计结果仍然将其纳入"没有提供资金支持"的行列

资料来源:National Association for Gifted Children, Council of State Directors of Programs for the Gifted. 2014-2015 State of the states in gifted education: policy and practice data[EB/OL]. http://www.nagc.org/sites/default/files/key%20 reports/2014-2015%20State%20of%20the%20States%20%28final% 29.pdf, 2015-11-23; Gifted education policy[EB/OL]. http://www.davidsongifted.org/db/StatePolicy.aspx, 2015-01-06

　　表 3-2 根据《2014—2015 年美国资优教育州情报告》中对各州资优教育政策与实践的统计情况进行整理,反映了 2015 年各州资优教育发展的最新进展。然而,该报告中对各州"资优生定义"的信息不全。美国 50 个州有 39 州给予调查反馈,其中有 37 个州指出该州制定了资优生概念;其他 11 个州没有对这一问题进行反馈,然而这并不代表该州没有对资优生进行界定。相比之下,戴维森人才发展研究院戴维森资优教育数据库对各州资优生概念的汇总比较全面。《2014—2015 年美国资优教育州情报告》中 37 州的资优生定义与戴维森资优教育数据库的信息是一致的。因此,表 3-2 中"资优生定义"这一栏信息参考了该数据库的信息,而其他的"资优生识别标准""财政投入""资优教育服务""加速学习政策""资优教育教师资格认证"均来自《2014—2015 年美国资优教育州情报告》的统计数据。

一、资优生的识别

　　资优生识别是资优教育政策的重要内容之一。联邦及各州政府对资优生的界定,为资优生的识别提供了政策指导与实践标准。

（一）发挥指导作用的联邦政策

联邦政府的资优教育政策及报告大都提及资优生的界定，为识别资优生提供指导。"马兰德定义"将资优生界定为，那些被专业人士鉴定为具有高水平表现的儿童，其在一般智力能力、特殊学术性向、创造性思维、领导力、视觉或表演艺术、心理运动能力等一个或多个领域表现优异或具有潜力，并指出资优生在接受常规学校教学项目之外，需要接受差别性的教育项目，进而实现自我发展与对社会的贡献[1]。

后来，《国家卓越报告》（1993年）进一步指出，资优生是"在相同的年龄、经历或环境条件下，与其他学生相比，表现出突出才能或具有获得高成就的潜能的儿童和青少年；其在智力、创造力、领导力或艺术领域表现出高水平的能力，或在特殊学科领域成绩突出"[2]。这一定义首次提出"才能"（talent）的概念，将资优生界定为具有突出才能的学生，表明联邦政府从政策层面对不同资优生具有不同"才能"的认可。

《不让一个孩子掉队法》（2001年）将资优生界定为"在智力、创造性艺术、领导力或其他特定学术领域表现卓越的学生，以及其他需要有别于学校教育服务或活动以充分发展其能力的学生"。这些概念表明，在对资优生的认识方面，不同时期联邦政府的观点一致，强调资优体现在多元领域，即在智力、学术能力、创造力、领导力和艺术等一个或多个领域的杰出才能或具有卓越表现的潜力。

由于联邦政府并没有从法律层面要求各州开展资优生的识别，也并未提出强制性的识别标准，是否识别资优生以及具体采取什么标准来识别资优生，由各州自主决定。

（二）提供具体标准的州政策

美国大多数州都制定了本州的资优教育政策，对资优生的界定是其首要内容。不同时期相关研究者开展的全国性资优生概念调查表明，20世纪90年代初，大部分州直接借鉴了联邦政府的马兰德定义，个别州则仅以IQ成绩来识别资优生[3]。2000年，各州对资优的界定同样存在差异，如一些州采用《1988年贾维茨资优生教育法》对资优的界定；一些州借用兰祖利的"三环资优定义"；还有的州则并未对资优进行界定[4]。而2010年与2000年的对比研究发现，过去十年间，有24个州修改

---

① Davis G A, Rimm S B, Siegle D. Education of the Gifted and Talented [M]. 6th ed. Englewood Cliffs: Prentice-Hall, 2011: 18.马兰德定义最早在1972年提出时还包含心理运动技能，《1978年资优生教育法》对其进行修订，删除了心理运动技能。此处采用1978年修订版的马兰德定义。

② Stephen K R. Applicable federal and state policy, law, and legal considerations in gifted education [A]//Pfeiffer S I. Handbook of Giftedness in Children: Psychoeducational Theory, Research, and Best Practices[C]. New York: Springer, 2008: 392.

③ Cassidy J, Hossler A. State and federal definitions of the gifted: an update[J]. Gifted Child Today, 1992,(15): 46-53.

④ Stephens K R, Karnes F A. State definitions for the gifted and talented revisited [J]. Exceptional Children, 2000 (66): 219-238.

了资优的概念，11 个州在其定义中扩大了资优的范围，15 个州则缩小了资优的范围[①]。可见，在不同时期，各州对资优的认识有所变化，也在不断修订资优生的概念。

截至 2015 年，美国共有 48 个州对资优生进行界定（表 3-2）。其中，有 11 个州[②]对资优生的认识比较单一，将其界定为具有较高智力水平或学业表现的儿童与青少年。其他 37 个州主要借鉴联邦政府的定义，将资优生看做在一个或多个领域具有突出表现、卓越才能或发展潜力的学生，其领域包括智力、创造力、领导力、视觉或表演艺术以及特殊学科领域等。然而，不同州对于资优的领域范围的认可度有差异，如缅因州认为资优生是在智力、特殊学科领域、艺术方面有杰出表现或潜力，其界定的资优范围比联邦定义的范围有所缩小；而佐治亚州和印第安纳州则把超常动机看做资优生的重要特征，弗吉尼亚州也把职业与技术领域的卓越能力看做资优的表现。

笔者对 48 个州资优生概念的关键词进行词频统计发现，关键词智力出现的频率最高，高达 38 次，表明有 38 个州看重资优生的智力能力；其次是学术能力，出现了 32 次；而创造力（27 次）、艺术能力（23 次）、领导力（11 次）也都得到许多州的认可。除此之外，学生的杰出才能或表现（4 次）、学习能力（3 次）、动机（3 次）、心理运动能力（2 次）、责任心（1 次）、兴趣（1 次）和职业技能（1 次）也是个别州关注的资优表现（图 3-1）。

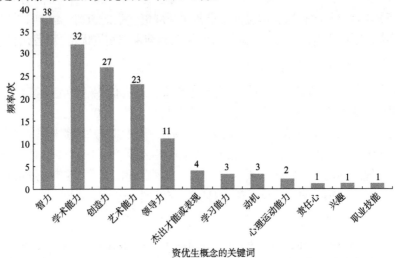

图 3-1 各州资优生定义涉及的领域（*n*=48）

---

① McClain M C, Pfeiffer S I. Identification of gifted students in the United States today: a look at state definitions, policies, and practices [J].Journal of Applied School Psychology, 2012, 28（1）: 59-88.
② 这 11 州分别是亚利桑那州、佛罗里达州、堪萨斯州、路易斯安那州、蒙大拿州、北达科他州、新泽西州、内华达州、俄亥俄州、田纳西州和西弗吉尼亚州。

　　总之，各州对资优生的界定存在差异。大部分州都借鉴联邦政府的概念，认为资优体现在多个领域（其中包括智力和学术领域），但仍有一些州仅将资优生界定为在智力或学术领域具有卓越能力或表现的学生，即"智力资优"或"学术资优"。这反映了当前美国资优教育政策与实践中的一个问题——虽然理论层面已经实现了对资优的多元化认识，但在政策层面，许多政策决策者仍然将资优简化为学生的智力或学术能力，造成"智力资优"或"学术资优"占主导地位的局面。对资优的界定决定着教育实践过程中哪些学生可以被识别为资优生，州政策层面对资优的狭隘界定，进一步导致资优教育实践对象范围的缩小，造成全国范围内以"智力资优生"或"学术资优生"为主要对象的资优教育实践现状。

　　与此同时，许多州还从政策层面对资优生的识别标准做了具体规定。根据对美国各州资优教育政策与发展现状的统计（表 3-2），在资优生识别的标准与方法这一问题上，34 个州给予反馈。其中，有 29 个州明确提出资优生识别的标准，通过频率分析发现，使用最多的是多重标准模型（19 次），其次是 IQ 测试（13 次）和成就测验（9 次）、推荐（12 次）、行为/心理特征（8 次）、学生表现/档案袋（8 次）以及其他（13 次）（图 3-2）。

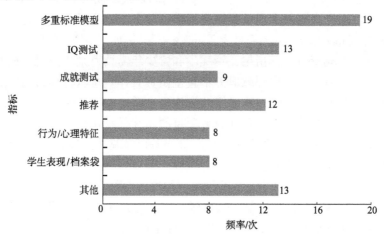

图 3-2　2014~2015 学年各州资优生选拔标准汇总（*n*=29）

资料来源：National Association for Gifted Children, Council of State Directors of Programs for the Gifted. 2014-2015 state of the states in gifted education: policy and practice data[EB/OL]. http://www.nagc.org/sites/default/files/key%20reports/2014-2015%20State%20of%20the%20States%20%28final%29.pdf, 2015-11-23

　　从对各州资优生概念的分析中发现，个别州提出"资优"的量化指标，如伊利诺伊州认为资优生是与相同年龄、经验和环境的学生相比，在一个或多个领域的表现位于前 5%的学生，特别是在语言艺术和数学领域。俄克拉荷马州把在全国标准化智力测试中排名前 3%的学生识别为资优生。缅因州则把在标准化测试中排名前 5%的学生界定为资优生。个别州增加了年龄范围，如科罗拉多州将资优生的年龄限定为 5~21 岁，内华达州则把资优生限定为是 18 岁以下。此外，亚拉巴马州、北卡罗来纳州、华盛顿州等明确提出任何文化背景、社会经济阶层都有资优生。这一点体现了州资优教育政策对少数民族及处于不利社会经济地位学生的考虑。而部分州在界定资优生时，对其"需要有别于正规学校教学外的差异化教育服务"的说明，也为该部分州开展资优生教育服务提供了政策依据。

值得说明的是，联邦及各州对资优生的界定中，普遍出现"儿童与青少年""1~12 年级""18 岁以下"等体现年龄特征与范围的关键词，反映了美国资优教育发展的一个事实，即资优教育是在基础教育阶段以及学前教育阶段①实施的，其并不包括高等教育阶段。

二、教育教学服务

早在《国防教育法》颁布之时，联邦政府就鼓励各州开展资优生的指导、咨询、测试与鉴别工作。《马兰德报告》指出，"资优生在接受常规学校教学项目之外需要接受区别性的教育项目，进而实现他们的自我发展与对社会的贡献"，这是联邦政府首次倡导为资优生提供专门化的教育服务。之后发布的教育政策或报告也多次提及资优教育较之正规学校教育的特殊性。例如，《国家卓越报告》与《2001年贾维茨资优生教育法》都指出，资优生和青少年需要有别于正规学校教育的教育教学服务。然而，由于联邦政府并不直接负责具体资优教育项目的实施，这些政策内容只能作为一种倡议，鼓励各州积极推进资优教育实践。

相对而言，各州政府对待资优教育项目的态度是影响该州资优教育发展的关键因素，直接决定着该州是否开展资优教育服务以及具体开展哪些资优教育项目。例如，亚拉巴马州就要求各公立学校为资优生开展专门的教育项目，认为公立学校有责任为资优生提供挑战性的教育服务。得克萨斯州早在 1979 年就设置了资优生服务资金，由各个学区决定是否开展资优生服务，1987 年，得克萨斯州立法要求所有学区必须识别不同年级的资优生并为其提供特殊的资优教育服务。1990 年，该州教育委员会出台《得克萨斯州资优生教育规划》（"Texas State plan for the education of gifted/talented students"），提出要确保所有 K~12 年级的学生每年至少

---

① 从表 3-2 对各州开展资优教育服务的时间段也可以看出，大部分州普遍实施 K~12 年级的资优教育。NAGC 对各州资优教育政策与发展现状调研的结果表明，对于不同问题，不同的州会给予反馈。例如，在资优生识别的标准与方法这一问题上，有 33 给予反馈。然而，其他州不给予反馈并不代表该州并没有开展资优生的识别，但在统计调研结果时，只能将其统计为"无"。针对其他问题的调查结果同样反映出这一问题，下文不予赘述。因此，NAGC 的调查结果与全国各州实际的政策情况可能有所出入。但由于 NAGC 是美国国内权威的资优教育研究机构，本书主要参考其调查结果。

接受一次资优生识别服务，并提供资优教育服务[①]。路易斯安那州要求学校为满足条件的资优生提供个性化教育计划（individualized education program），使他们以更快的速度学习更严格的课程[②]。同样制定资优教育发展规划的还有北卡罗来纳州、伊利诺伊州等。各州资优教育政策中提及的教育服务主要包括学校内部的资优教育服务、专门的资优学校与社会机构的资优教育服务。

（一）校内资优教育服务

美国有 35 个州立法要求中小学校为资优生提供教育服务。不同的是，各州对资优教育服务年限的规定有所差异。其中，有 5 个州明确规定为从幼儿园预备班到 12 年级（PreK~12）的资优生提供教育服务，22 个州规定资优教育的服务年限为幼儿园到 12 年级（K~12），2 个州为 2~12 年级学生提供资优教育服务，3 个州把 3~12 年级学生作为资优教育的服务对象，分别有 1 个州为 2~8 年级、2~6 年级以及 K~5 年级学生提供服务，其他州的情况不详（表 3-2）。除了服务年限有别之外，各州对不同资优教育服务的政策态度也有所差异。资优教育旨在为资优生提供有别于正规课堂教学的教育服务，其本质在于实行分轨教学。当前，在美国中小学校应用最广泛的资优教育形式就是加速学习和充实教育项目。对于这两类资优教育形式，各州表现出不同的态度。

1. 加速学习

加速学习是指让学生以领先于其他同伴的能力和速度，或以小于同伴年龄的方式提前完成学校正规教育，其又分为年级加速与内容加速。体现年级加速的具体教育项目包括提前入学（指提前进入幼儿园或一年级学习）、提前升学[③]（指提前升入大学）、跳级等；而体现内容加速的具体教育项目包括压缩课程、双注册项目（具体又分为初中生同时选修高中课程、高中生同时选修大学课程）和提前安置项目[④]等（表 3-3）。其中，在高中阶段开展的加速学习项目包括提前升学、双注

[①] Texas state plan [EB/OL]. http://tea.texas.gov/index2.aspx?id=6420，2015-12-25.

[②] Gifted and talented students[EB/OL]. http://www.louisianabelieves.com/academics/gifted-and- talented-students，2015-12-25.

[③] 在美国，提前升入大学的教育形式分为两种，一种是针对学习能力强、成绩优异而学有余力的资优生，让其提前选修大学课程并获得大学学分，从这一意义来说，提前升入大学属于资优教育实践。另一种是在综合高中实施的，面向那些因家庭经济状况较差无力承担大学学费或学习成绩达不到四年制大学的要求，进而无法正常升入大学的学生，其合作对象往往是一些两年制社区学院。这一类提前升入大学的教育形式为学生提供了接受中等后教育的机会。本书讨论的"提前升入大学"主要指第一种类型。

[④] 提前安置项目（advanced placement）的英文与美国高中广泛开展的 AP 课程的英文全拼是一样的，但根据各州的政策文本，此处指的是提前安置项目。因为，这个 advanced placement 不仅包含 AP 课程，还包括同样具有高难度的 IB 课程。AP 课程，即大学先修课程，是由美国大学委员会开发的、旨在为那些有能力胜任大学课程的高中生提供选修大学课程并获得大学学分的机会。第四章"一般高中的资优教育项目"会做具体介绍。

册项目与提前安置项目。

表 3-3   加速学习的主要形式

加速学习	基于年级的加速	提前入学	提前进入幼儿园
			提前进入一年级
		提前升学*	
		跳级	
	基于内容的加速	双注册项目	初中生同时选修高中课程
			高中生同时选修大学课程*
		压缩课程	
		提前安置（AP 课程、IB 课程等）*	

注：标注*的项目表示该加速学习形式在高中阶段实施

总体来说，在是否允许加速学习方面，亚拉巴马州、亚利桑那州、科罗拉多州、特拉华州、佛罗里达州、堪萨斯州、肯塔基州、明尼苏达州、密西西比州、北卡罗来纳州、北达科他州、罗得岛州、得克萨斯州以及威斯康星州等 14 个州明确规定，应为资优生提供加速学习服务；有 12 个州把实施加速学习的决定权交由 LEA；15 个州未对加速学习做任何规定，是否进行加速学习的决定权就下放给 LEA；另有 10 个州的政策情况不详（表 3-2）。事实上，除了对加速学习这一教育实践的政策态度不同外，具体到不同的加速学习形式，各州间的态度差异巨大，甚至同一州对待不同加速学习形式的政策也有差异。以亚拉巴马州为例，该州允许各级教育机构开展加速学习，但涉及不同的加速学习形式，其态度又有差异：允许高中生同时在高中和大学注册学习（即双注册项目），但并不允许资优生提前进入幼儿园。

具体到高中阶段的加速学习形式，各州的政策态度也有差异。对于双注册项目，有 28 个州的政策规定，允许高中生同时注册高中和大学阶段的课程。一些州还明确规定了高中资优生最早选修双注册项目的时间，如 7 个州规定 9 个年级学生就可以选修双注册项目，2 个州规定为 10 年级，2 个州为 11 年级，另有 10 个州把决定权交给 LEA。此外，19 个州还规定由州教育财政支付高中资优生注册大学课程的全部或部分费用[①]。本书以亚拉巴马等 9 个州为例，汇总整理各州关于高中阶段加速学习的政策（表 3-4）。

---

① National Association for Gifted Children，Council of State Directors of Programs for the Gifted. 2014-2015 state of the states in gifted education：policy and practice data[EB/OL]. http://www.nagc.org/sites/ default/files/key%20reports/ 2014-2015%20State%20of%20the%20States%20%28final%29.pdf，2015-11-23.

表 3-4 部分州高中加速学习政策概览

州	提前升学	双注册项目	提前安置
亚拉巴马	允许具有高学业成绩和 ACT/SAT 成绩的高三学生提前升入亚拉巴马大学	面向 10~12 年级学生；双注册的费用由学生家庭承担	AP 课程
亚利桑那	允许该州的社区学院和大学招收 18 岁以下的未毕业的高中生	由 LEA 决定最早实施双注册的年级。允许高中生选修大学课程并同时获得高中学分；学费由州教育部门、LEA 和家庭共同承担	AP 课程
得克萨斯	允许实施提前升学的学校：得克萨斯人文领导力高中、得克萨斯数学与科学高中	面向 9~12 年级学生；由 LEA 决定是否允许高中生选修大学课程并同时获得高中学分	AP 课程
俄亥俄	—	面向 9~12 年级学生；允许高中生选修大学课程并同时获得高中学分	AP 课程
堪萨斯	—	面向 9~12 年级学生，甚至是 9 年级以下的学生。允许学生选修大学课程并同时获得高中学分	AP 课程，提供"AP 课程刺激基金"鼓励学生参与
肯塔基	允许实施提前升学的学校：加顿数学与科学高中	由 LEA 决定双注册项目的对象	AP 课程
明尼苏达	—	面向 10~12 年级学生，允许高中生选修大学课程并获得高中学分	AP 课程
北卡罗来纳	允许实施提前升学的学校：吉尔福德大学先修高中	由当地教育局决定双注册项目的对象	AP 课程
西弗吉尼亚	—	面向 11~12 年级学生；允许学生选修大学课程并获得高中学分，学费由州教育部门或 LEA 承担	AP 课程

资料来源：State acceleration policy[EB/OL]. http://www.accelerationinstitute.org/ Resources/Policy/By_State/ Default.aspx，2015-01-06

2. 充实教育项目

充实教育项目是指学校专门为资优生提供的在深度和广度上超越正规课程的教育项目，这些教育项目既可以是学校开设的高水平选修课程，也可以是课外实践或研究活动。由于资优生的大部分时间是在正规课堂与普通学生一同上课，只是在一段时间内被抽出与其他资优生参加这些专门的教学活动，因此该项目也被称为抽离教育项目（pull-out program）。在不影响正规教育教学的情况下，充实教育项目将资优生单独"抽出"，并提供适合其发展水平的教育教学，既满足了其超出普通学生的学习需求，又不会打破学校的正常教育教学，因而成为许多学校实施资优教育的选择。此外，除了学校层面开展的充实教育项目（作为学校教育计划的一部分）外，一些校外机构开设的周末学习或暑期学校等，也属于充实教育项目。

（二）专门的资优学校

除了从政策方面规定中小学校必须开展资优教育教学服务，并提供财政拨款外，部分州还建立了由州财政负担的专门性的资优学校。这种专门为资优生成立的特殊学校，是分轨教学的极端形式，即将资优生安置在同一所学校中接受教育。

"州长学校"（Governer's School）的创建最早来自于州长的提议与推动，且由州财政提供办学经费，州教育部及合作单位共同负责学校的运营、管理与人员聘用，因而它们被形象地称为"州长学校"①。州长学校主要提供高中阶段的资优教育，其面向全州招生并实行寄宿制。根据学制长短的不同，州长学校分为两类，一类是暑期制州长学校，这些学校的教育主题比较单一，一般在3~8周的时间里，为高中资优生提供 STEM 学科、艺术、领导力、创意写作等领域中的某一领域的、兼具深度和广度的学习体验。

另一类是提供高中学历教育的学年制高中，可颁发高中毕业文凭，因此，本书直接称之为"州长高中"②，以区别于仅开展暑期教育的州长学校。州长高中的学制不等，有的学校提供 10~12 年级教育，有的仅提供 11~12 年级教育，它们大多重视 STEM 领域的资优教育，也有个别学校侧重于人文学科或艺术学科的教育。在美国，暑期制的州长学校数量较多，个别州甚至建有多所州长学校。而州长高中则为数不多，这些学校以本州资优生为教育对象，是开展资优教育的资优高中。本书第四章"美国高中资优教育发展的实践现状"将把州长高中作为美国高中资优教育的机构之一进行重点论述，此处不予赘述。

州长学者项目（governor's scholars program）与州长学校类似，也是由州政府部门成立的旨在为资优生提供的专门化资优教育服务。肯塔基州立法启动了州长学者项目，主要为学术资优生提供丰富的教育项目，旨在培养他们成为下一代政治和经济领域的领导者，该教育项目成为教育卓越的典范。该州法律规定，州长学者项目的运营、人员解聘与管理以及项目的执行与实施，由州长办公室负责，并由州长任命的 5 位办公室人员直接管理。州长学者项目需要向州长办公室、财政内阁等部门提交季度和年度报告。同时，州长办公室对其年度财政状况进行监

---

① 1963 年，北卡罗来纳州州长特里·桑福德（Terry Sanford）创建了第一个暑期寄宿制资优学校——北卡罗来纳州长学校（Governor's School of North Carolina, GSNC）。1980 年成立的第一所学年制州长高中北卡罗来纳科学与数学高中，也是由时任州长提议建立的。

② 与州长学校相似，州长高中同样具有州立并面向资优生进行教育的性质，美国学者一般把州长高中称为学年制州长学校（Academic-Year Governor's Schools）；由于这些州长高中以数学和科学教育为主，有些学者称其为"寄宿制数理高中"或"寄宿制 STEM 高中"。本书统一使用"州长高中"一词，凸显其州立且开展高中学历教育的特征。详见 Jarwan F A, Feldhusen J F. Residential schools of mathematics and science for academically talented youth: an analysis of admission programs[R]. The national research center on the gifted and talented, 1993; Jones B M. Profiles of state-supported residential math and science schools[J]. Journal of Advanced Academics, 2009, 20: 472-501; Olszewski-Kubilius P. Speical schools and other options for gifted STEM students[J]. Roeper Review, 2010, 32(1): 61-70.

督[①]。总之，州长学校、州长高中以及州长学者项目都是各州实施的面向资优生教育举措。由州财政直接拨款建立这些资优教育项目，体现了各州对资优教育特别是高中资优教育的重视与支持。

（三）社会机构的资优教育实践

在美国，社会机构[②]开展的资优教育实践是对学校资优教育服务的有益补充。一些大学成立的资优教育中心，开设了许多面向中小学资优生的教育项目，其教学时间灵活，利用周末或暑期时间进行教学，为学生提供了丰富和有深度的学习体验。以约翰·霍普金斯大学为代表的六所大学资优教育中心实施"才能搜索项目"，是美国面向中小学资优生的最普遍的校外资优教育实践。该项目以 SAT/ACT/EXPLORE 测试等标准化考试成绩为主要选拔方式，同时结合教师推荐或家长推荐，进行资优生的选拔。经过识别的资优生可以利用周末或暑假时间参加这些教育项目。

对于社会机构资优教育实践的支持也是联邦及各州资优教育政策中的重要内容。各州政府大多对于社会机构的资优教育实践持支持性的政策态度。以"才能搜索项目"为例，虽然各州没有明确提出为这一校外资优教育项目提供政策或资金上的支持，但多个州从政策层面允许学生参加校外的"才能搜索项目"，如亚拉巴马、亚利桑那、得克萨斯、俄亥俄、堪萨斯、肯塔基、明尼苏达、北卡罗来纳以及西弗吉尼亚等州，间接推动了校外资优教育实践的发展。

三、财政资金支持

资优教育的实施离不开财政资金作保障，是否提供资金支持也是资优教育政策需要考虑的重要内容。联邦及各州政府颁布的政策文本中大多对资优教育的资金支持进行了说明。

（一）联邦政府的财政资助

虽然联邦政府自 20 世纪 50 年代就开始关注资优生的发展，但引发联邦政府为资优教育提供连续性财政支持的，是 1972 年发布的《马兰德报告》。该报告揭示了全国资优教育的发展情况，指出联邦政府应在资优教育发展中发挥重要作用，提供资金支持是其中的一个方面。

1988 年颁布的《1988 年贾维茨资优生教育法案》，是推动联邦政府资助资优教育的实质性举措。该法案提议，实施贾维茨资优生教育计划，并建立"贾维茨基金"用于资助各州开展资优教育研究、教师培训以及资优生的教育服务项目等，

---

① Kentucky Legislature SB134[EB/OL]. http://lrc.ky.gov/RECORD/05RS/SB134.htm，2015-12-25.
② 本书提及的社会机构是除中小学校（包括公立学校和私立学校）之外的机构。

进而推动资优教育的发展。贾维茨基金的拨款采取申请制，全国范围内的 LEA、公立学校和私立教育机构都可以提出申请。贾维茨资优生教育计划优先资助那些能够增加低社会经济地位、低收入群体学生及其他弱势群体学生在资优教育项目中的参与率的项目[①]。

　　法案颁布之后，联邦政府对资优教育的财政资助主要通过贾维茨基金下拨。自法案颁布到 2010 年（2008 年除外），联邦政府每年都为资优教育提供不同数额的拨款。由于受到国内追求教育公平的影响，一定时期内，联邦政府在加大对弱势群体儿童以及学业成绩落后学生的关注与资金投入的同时，往往会削弱对资优教育的资金支持。联邦政府对资优教育年度拨款直接反映了这一特点。2011~2013年，联邦政府没有为贾维茨资优生教育计划提供财政支持，资优教育在艰难中行进。近年来，在资优教育倡议者的努力下，联邦政府加大对资优教育的财政拨款，《2014 年综合拨款法》提出向贾维茨基金投入 500 万美元。2015 年，联邦政府对贾维茨基金的投入高达 1 000 万美元[②]。2016 年，拨款金额又上升至 1 200 万美元（表 3-5）。

表 3-5　联邦政府资优教育年度拨款汇总（单位：万美元）

年份	联邦政府拨款	年份	联邦政府拨款	年份	联邦政府拨款
1972	29	1985	—	1997	500
1973	5 000	1986	—	1998	650
1974/1975	6 000	1987	—	1999	650
1976	256	1988	790	2000	650
1977	256	1989	790	2001	750
1978	256	1990	988	2002	1 125
1979	250	1991	970	2003	1 117
1980	183	1992	970	3004	1 111
1981	183	1993	960	2005	1 102.2
1982	0	1994	960	2006	960
1983	0	1995	470	2007	960
1984	0	1996	300	2008	0

---

① Jacob K. Javits gifted and talented students education program [EB/OL]. http://www2.ed.gov/programs/javits/index.html，2015-11-20.

② Increased funding for Javits Program[EB/OL]. http://www.nagc.org/resources-publications/resources-university-professionals/jacob-javits-gifted-and-talented-students，2015-06-09.

年份	联邦政府拨款	年份	联邦政府拨款	年份	联邦政府拨款
2009	746	2012	0	2015	1 000
2010	746	2013	0	2016	1 200
2011	0	2014	500		

注：该表格的数据结合多份资料汇总整理，其中个别年份的数据缺失，用"—"表示

资料来源：Jacob K. Javits gifted and talented students education program [EB/OL]. http://www2.ed.gov/programs/javits/index.html. 2015-11-20；Council for Exceptional Children. Federal outlook for exceptional children fiscal year 2015 [EB/OL]. http://www.cec.sped.org/~/media/Files/Policy/Funding/Budget%20Book%202015.pdf, 2015-06-06；Harrington J, Harrington C, Karns E. The Marland report: twenty years later[J]. Journal for the Education of the Gifted. 1991,（15）：31-43；Stephens K R. Applicable federal and state policy, law, and legal considerations in gifted education[A]//Pfeiffer S I. Handbook of Giftedness in Children—Psychoeducational Theory, Research, and Best Practices[C]. New York：Springer, 2008：392；Zettel J J. The education of gifted and talented children from a federal perspective[A]//Ballard J, Ramirez B A, Weintraub F J. Special Education in America: Its Legal and Governmental Foundations[C]. Reston：Council for Exceptional Children, 1982：51-64；Gifted education federal polices[EB/OL]. http://www.davidsongifted.org/Search-Database/region/Sl0000, 2015-01-06

（二）州政府的财政拨款

联邦政府的财政拨款反映了其对资优教育发展的政策态度。然而，每年联邦政府的专项拨款（个别年份除外）对于美国的 300 万①资优生而言，只是九牛一毛。统计数据表明，联邦政府投资教育的每 100 美元中只有 2 美分用于资优生的教育②。相比之下，各州教育部门承担着发展资优教育的重任。特别是在联邦政府财政拨款缺位的年份，资优教育发展的财政压力完全落在州政府身上。因此，各州的资优教育财政拨款政策，直接影响着资优教育机会的分配以及资优教育的发展③。

例如，加利福尼亚州早在 1961 年就立法为资优生提供资金支持；得克萨斯州 1977 年通过了第一项关于资优生教育的法案，1979 年该州设立资优教育专项资金。亚拉巴马州立法要求州教育部为公立学校开发新资优教育项目提供为期两年的启动基金（这一基金具有竞争性，其资助学校数量取决于当年教育部的财政状况）④。鉴于各州经济发展状况以及对待资优教育态度的区别，各州的财政投入政策有很大差异，主要体现在三个方面：一是是否从法律或政策上规定开展资优教育项目以及是

---

① NAGC 的统计数据显示，当前美国约有 300 万名资优生在接受学校教育。本书援引这一数据，详见 NAGC 官网：http://www.nagc.org。

② National Association for Gifted Children. State of the nation in gifted education: how states regulate and support programs and services for gifted and talented students[R], 2009.

③ Baker B D, Friedman-Nimz R. State policies and equal opportunity: the example of gifted education[J]. Educational Evaluation and Policy Analysis, 2004, 26（1）：39.

④ Code of education in Alabama [EB/OL]. http://web.alsde.edu/legislativebills/2014Regular/SB0118_OR.pdf#search=gifted，2016-01-12.

否提供财政资助；二是财政拨款的方式不同；三是财政拨款的对象有差异。

　　首先，各州资优教育财政拨款政策的内容不同。根据 2014~2015 年各州资优教育政策的统计，有 34 个州（共有 40 个州提供财政信息）立法规定为本州资优教育发展提供全部或部分资助。其中，艾奥瓦、佐治亚、俄克拉荷马以及密西西比 4 个州要求 LEA 开展资优教育项目并提供全部资助；18 个州在制定相关政策的同时为资优教育提供部分资助；12 个州虽然有政策要求却并没有提供任何财政资助。各州资优教育财政拨款政策的不同导致拨款金额差异巨大。2014~2015 年，只有 22 个州实际下拨了资优教育专项经费（表 3-6）。其中，得克萨斯州①的经费投入远远高出其他州，资助金额为 1.57 亿美元；投入最低的是爱达荷州，仅拨款 15 万美元资助该州资优教育的发展。此外，有 12 个州对资优教育的资助为零，其他 16 个州的信息不详②。

表 3-6　2014~2015 学年美国部分州资优教育财政拨款情况（单位：美元）

州	财政投入	州	财政投入	州	财政投入
得克萨斯	157 197 147	密苏里	24 870 000	怀俄明	2 627 926
北卡罗来纳	77 880 694	印第安纳	12 548 096	犹他	2 619 314
俄克拉荷马	46 833 773	科罗拉多	11 907 091	内布拉斯加	2 300 000
弗吉尼亚	46 445 277	堪萨斯	11 370 281	亚拉巴马	1 100 000
路易斯安那	42 686 106	华盛顿	9 677 000	特拉华	450 000
艾奥瓦	37 675 133	肯塔基	6 300 000	爱达荷	150 000
阿肯色	35 986 289	内华达	5 174 243		
南卡罗来纳	26 628 246	缅因	4 982 980		

　　其次，各州采取的资优教育财政拨款方式也不相同。有些州为特定的资优教育服务提供专项拨款；有些州则以发放补助金的形式向 LEA 拨款；有些州是通过一般教育财政拨款向资优教育提供资金。具体而言，各州主要采取以下几种固定资金分配方式：①基于资优生权重的资助（pupil weights funding），即先设定资优生较之普通学生的权重，根据资优生的人数确定拨款金额。例如，得克萨斯州规定对资优生的财政拨款是普通学生的 1.12 倍。②固定财政拨款（flat grants funding），即划定资优生占全体学生的比重以及生均资助金额，再计算对资优教育

---

　　① 《2012—2013 年美国资优教育州情报告》显示，2012~2013 年，佐治亚州的资优教育经费投入高达 3.67 亿美元，同时，2011~2012 年以及 2010~2011 年的财政投入分别是 2.75 亿美元和 3.01 亿美元，投资数额居全国之首。然而，在 2014~2015 年的全国调查中，佐治亚州并没有提供该州的资优教育经费信息，因而《2014—2015 年美国资优教育州情报告》中并没有佐治亚州的统计数据，本书主要援引 2014~2015 年的数据，故认为得克萨斯州的经费最高。

　　② National Association for Gifted Children, Council of State Directors of Programs for the Gifted. 2014-2015 state of the states in gifted education: policy and practice data[EB/OL]. http://www.nagc.org/sites/default/files/key%20reports/2014-2015%20State%20of%20the%20States%20%28final%29.pdf, 2015-11-23.

的拨款总额。例如，纽约州按照占全体学生 3% 的比例计算资优生的数量，并按生均 196 美元的标准下拨资金。③基于资源的财政拨款（resource based funding），主要是依据资优教育教师、资优班级等教育资源的数量进行资助。例如，弗吉尼亚州规定每千名学生配备一名专职资优教育教师，拨款金额由资优教育教师的数量决定，密西西比州根据经国家认证的资优教育教师数量进行拨款。④比例均等拨款（percentage equalization funding），主要是根据上一年资优教育项目的支出情况决定第二年的拨款金额。⑤酌情拨款（discretionary grants funding），即酌情考虑各个地区的资金申请情况再决定拨款金额①。

最后，各州资优教育财政拨款的对象也有一定差异。以 2014~2015 学年各州资优教育财政拨款情况为例，AP 课程或 IB 课程、ACT/SAT 等各类测试获得的资助最多，有 14 个州向其拨款；随后是 STEM 学校（10 个州）、暑期州长学校（9 个州）、虚拟高中（8 个州）、人文艺术学校（8 个州）以及学年制州长高中（1 个州）②，如图 3-3 所示。从各州拨款对象的汇总发现，各州的资优教育拨款主要流向高中资优教育，AP 课程或 IB 项目、州长高中以及州长学校都是高中阶段的资优教育实践形式。

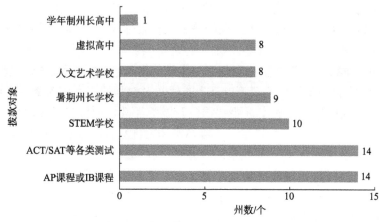

图 3-3　2014~2015 学年各州资优教育财政拨款对象汇总（n=23）

总之，除联邦政府的财政拨款之外，大部分州都为资优教育提供了一定的资金支持。联邦政府主要通过贾维茨资优生教育计划为全国范围内的资优教育项目提供竞争性资金支持。各州对资优教育的财政拨款，在资助金额、资助方式以及

---

① Baker B D, Friedman-Nimz R. State policies and equal opportunity: the example of gifted education [J]. Educational Evaluation and Policy Analysis, 2004, 26（1）: 44.

② National Association for Gifted Children, Council of State Directors of Programs for the Gifted. 2014-2015 State of the States in Gifted Education: Policy and Practice Data[R/OL]. http://www.nagc.org/ sites/default/files/key%20reports/ 2014-2015%20State%20of%20the%20States%20%28final%29.pdf, 2015-11-23.

资助对象方面都存在差异。由于各州政府承担着资优教育的主要职责，州政府的财政拨款在资优教育发展中发挥着主导性作用。

四、教师专业发展

资优教育教师是以资优生为教育对象，并为其提供资优教育服务的教师。资优教育教师是开展资优教育教学服务的重要保障，资优教育教师识别以及教育资优生的能力，决定着资优生的学习需求得到满足情况，也影响着资优教育的质量。按照教育对象范围的不同，资优教育教师分为两类群体，一类是以资优生为专门教育对象并提供资优教育服务的专职资优教育教师；另一类是以资优生为部分教育对象的普通教育教师，这些教师主要进行正规课堂教学，由于班级中资优生群体的存在，这些普通教育教师也应具备开展资优教育的能力。资优教育教师资格认证以及普通教育教师的资优教育能力培训，是资优教育政策的重要内容。

（一）联邦政府政策

通过查阅联邦政府层面的资优教育政策文本发现，这些政策只是概括性地提及以资优生为教育对象的资优教育教师的专业发展，并未进一步区分专职的资优教育教师与以资优生为部分教育对象的普通教育教师。《1988 年贾维茨资优生教育法》提出实施贾维茨资优生教育计划，开展基于科学的研究与实践项目，以期建构和提升中小学校满足资优生特殊教育需求的能力[①]，其中包括提高资优教育教师的教育能力。此后颁布的相关政策也都把资优教育教师的能力作为重要内容。2015年《让每个学生成功法》提出，要"积极开展资优教育项目与资优教育研究，提高资优教育教师[②]识别资优生的能力，以及利用资优教育服务、资源与教育方法来为所有学生服务的能力"。这些政策内容体现了联邦政府对资优教师能力发展的重视；同时也反映出联邦政策主要发挥倡议、指导与建议的作用以及尊重各州在制定具体政策内容方面拥有决定权的特点。

联邦层面的政策或报告并没有对资优教育教师的资格认证与专业培训做出具体规定。全国性的资优教育协会与研究机构弥补了这一政策空白。2006 年，美国国家教师教育认证委员会（National Council for Accreditation Teacher Education）批准了《NAGC-CEC 资优教育教师知识与技能标准》（"NAGC-CEC teacher knowledge and skill standards for gifted and talented education"）。该标准由 NAGC 与美国特殊

[①] Jacob K. Javits gifted and talented students education program[EB/OL]. http://www2.ed.gov/programs/javits/index.html，2015-11-20.

[②] 政策原文为"人员"（personnel）一词，意指所有资优教育的工作者，结合政策上下文内容，笔者认为翻译为资优教育教师比较符合前后语境。参见 Every student succeeds act[EB/OL]. https://www.gpo.gov/fdsys/pkg/BILLS-114s1177enr/content-detail.html，2015-12-10.

儿童委员会（Council for Exceptional Children，CEC）联合修订，对资优教育教师提出了知识与技能要求，被认为是资优教育教师职前培训的国家标准。2013 年，两大机构又对这一标准进行修改与补充，合作制定《NAGC-CEC 资优教育教师培训标准》（"NAGC-CEC teacher preparation standards in gifted education"）；同年颁布《资优教育教师高级培训标准》（"advanced standards in gifted education teacher preparation"），该标准对资优教育教师的专业发展与培训提出了更高要求[①]。

（二）州政府政策

与联邦政策在资优教师范围界定方面的模糊不同，州层面的教师专业发展政策区分了专职的资优教育教师以及部分开展资优教育服务的普通教育教师。多数州的政策只对专职从事资优教育服务的教师（即资优教育教师）做出规定，部分州的政策也涉及普通教育教师以及其他学校管理人员的资优教育能力培训。

1. 资优教育教师的资格认证与专业发展

作为资优教育实施的重要保障，资优教育教师的资格认证是保证资优教育质量的前提条件。《2014—2015 年美国资优教育州情报告》指出，在资优教育教师的资格认证方面，给予调查反馈的 29 个州中，只有 19 个州要求资优教育项目专职教师获得相应的资格认证。

例如，纽约州要求所有资优教育教师必须获得资优教育拓展证书（gifted certificate extension），而获得该证书的前提是参加并通过资优教育内容专业测试（gifted education content specialty test），完成 50 小时的资优教育实习，并在经州资格认证的资优教育研究生教育项目中获得 12 学分。其中，专业测试的目的在于评价资优教育教师灵活调整课程内容与教学方式、运用不同资优教育教学模型的能力，以满足学生的个性化学习需求、提升其自尊和独立的意识，激励学生实现个人潜能；而关于资优教育教师的教育项目则旨在确保教师获得资优教育的相关知识与技能，内容涉及资优生的不同学习特点，识别和评价资优生的不同工具与方法，课程设计的知识，规划、协调和评估差异化教学环境的知识与能力，以及与学校教师、家庭和社区沟通的能力等[②]。

阿肯色州规定，资优教育教师走上教学岗位之前必须经过资格认证并通过州级评估测试，同时还要达到该州教育专业资格认证部门可能提出的更高要求[③]。

---

① NAGC resources for university professionals [EB/OL]. http：//www.nagc.org/resources-publications/resources-university-professionals，2015-08-24.

② Matthews D J. How do you get to carnegie hall? Gifted education in New York city [A]//Shavinina L V. International Handbook on Giftedness[C]. Berlin：Springer Netherlands，2009：1365-1384.

③ Arkansas Department of Education. Gifted and talented program approval standards 2009[EB/OL]. http：//files. eric.ed.gov/fulltext/ED509314.pdf，2015-06-07.

佛罗里达州规定，资优教育教师上岗前必须满足两项要求：其一，必须获得某一学科的学士或更高水平的学位；其二，接受 15 课时（semester hour）的资优教育培训，其中 5 大方面内容各占 3 课时，分别是：①了解资优生的个性特征以及认知、社交和情感方面的需求；②掌握资优生的课程与教学策略，包括调整课程内容、改变教学过程、改善学生学业结果和学习环境；③了解关于资优生的指导与咨询，内容主要涉及资优生的动机、自我认知、人际交往技能和职业选择；④关注特殊资优生群体的教育，包括少数民族、低成就、残疾及其他处境不利资优生，了解他们的性格特点，并灵活调整教学策略；⑤了解创造力的理论及其发展，熟悉创造力的要素，如流畅性、灵活性、原创性和详尽性[1]。

得克萨斯州规定，资优教育教师在上岗前必须接受至少 30 小时的专业培训，包括了解资优生的特点和需求、能够评估学生的学习需求以及掌握资优生的课程与教学策略等，此外，资优教育教师每年要接受至少 6 小时的专业发展教育[2]，部分州资优教育教师入职要求见表 3-7。

表 3-7 部分州资优教育教师入职要求

州	资优教育教师入职要求
纽约	参加并通过资优教育内容专业测试；完成 50 小时的资优教育实习；在经过州资格认证的资优教育研究生教育项目中获得 12 学分
阿肯色	经过资格认证并通过州级评估测试；达到该州教育专业资格认证部门可能提出的更高要求
佛罗里达	必须获得某一学科的学士或更高水平的学位；接受 15 课时的资优教育培训
得克萨斯	接受至少 30 小时的专业培训

虽然许多州制定了资优教育教师资格认证政策，但各州的政策实施情况有所差异。在"现有资优教育教师是否获得资格认证"这一问题上，各州实施情况不一。有 5 个州表示该州具有确切统计数据，14 个州表示只能提供估计值，还有 11 个州从未统计过具备资优教育教师资格认证的教师数量，这一结果反映了政策制定与政策实施的"割裂"。当前，艾奥瓦州与佐治亚州获得资格认证的资优教师比例最高，100%的资优教育教师都取得了任职资格；其次是北卡罗来纳州和犹他州，两州实际获得资格证书的资优教育教师比例为 95%；此外，尽管是估计值，密西西比州和密苏里州取得资格认证的资优教育教师比例也达到了 95%。

获得资格认证之后，资优教育教师在上岗后还要接受一定的专业发展与培训，

[1] Specialization requirements for the gifted endorsement–academic class beginning July 1, 1992（6A-4.01791）[EB/OL]. https://www.flrules.org/Gateway/View_notice.asp?id=1056153, 2015-06-06.

[2] Gifted education state policies—Texas [EB/OL]. http://www.davidsongifted.org/db/state_policy_texas_10044.aspx, 2015-01-06.

亚拉巴马、阿拉斯加、内布达斯加、北卡罗来纳、俄克拉荷马、得克萨斯及弗吉尼亚 7 个州明确要求资优教育教师每年必须接受一定的在职培训。例如，内布达斯加州规定，资优教育教师每年须接受 12 小时的资优教育培训；得克萨斯州提出 6 小时的培训要求；而亚拉巴马、亚利桑那、北卡罗来纳、弗吉尼亚 4 个州[①]也对资优教育教师提出了在职培训要求，但没有明确规定培训内容或时间。

2. 普通教育教师的资优教育培训

上文提及，普通教师的资优教育能力是影响资优生学习效果的重要因素。当前，只有个别州把资优教育相关内容纳入全体教师的职前培训中。例如，内华达州要求所有学校教师在入职前接受资优教育方面的职前培训。艾奥瓦州早在 1988 年制定教师培训标准时，就把满足超常学习者(包括残疾学生和资优生)的学习需求作为新入职教师的必备能力[②]。阿肯色州要求所有教职工必须首先了解该学区的资优教育需求情况和资优教育规划，同时掌握资优生教育的相关内容，包括资优生的特点与需求、资优生识别程序、课程与教学策略、创造力、社区资源的利用、项目评估、学区的教育理念与资优生教育项目、该州对资优教育的要求[③]。而关于在职培训方面，有 5 个州要求普通教育教师接受有关资优教育知识的在职培训，只是没有规定培训方式和培训时间；另有 5 个州把决定权交给 LEA。

除了担任教职的教师外，一些州还向学校管理人员提出资优教育培训的要求，特别是，个别州把关于识别资优生的特征与需求方面的培训，作为考察学校管理者或咨询师是否具备任职资格的条件之一。例如，得克萨斯州要求资优教育项目的管理者与学校咨询师每年至少接受 6 小时的培训，包括资优生的特征与需求以及资优教育项目的主要内容；加利福尼亚州、佐治亚州、艾奥瓦州与俄克拉荷马州要求，学校管理人员如果要获得资格认证必须接受关于资优生特点与需求的培训，才能获得管理资格认证。同时，加利福尼亚州、伊利诺伊州、艾奥瓦州与俄克拉荷马州[④]把接受关于资优生的特征与需求方面的培训作为咨询师资格认证的前提条件。

---

① National Association for Gifted Children, Council of State Directors of Programs for the Gifted. 2014-2015 state of the states in gifted education: policy and practice data [EB/OL]. http://www.nagc.org/sites/default/ files/key%20reports/2014-2015%20State%20of%20the%20States%20%28final%29.pdf, 2015-11-25.

② Davison J. Meeting state mandates for gifted and talented: Iowa teacher preparation programs [J]. Roeper Review, 1996, 19 (1): 41-43.

③ Arkansas Department of Education. Gifted and talented program approval standards [EB/OL]. http://www.arkansased.gov/public/userfiles/Learning_Services/Gifted%20and%20Talented/2009_GT_Revised_Program_Approval_Standards.pdf, 2015-01-20.

④ National Association for Gifted Children, Council of State Directors of Programs for the Gifted. 2014-2015 state of the states in gifted education: policy and practice data [EB/OL]. http://www.nagc. org/sites/default/files/key%20reports/2014-2015%20State%20of%20the%20States%20%28final%29.pdf, 2015-11-25.

五、管理与服务

涉及管理与服务的资优教育政策包括两方面内容：①是否配备资优教育项目的协调与管理人员；②是否对该州资优教育项目实施有效的管理、监测与评估。联邦层面的资优教育政策没有涉及这两部分内容，因此，在管理与服务方面，本书主要考察各州的相关政策。

根据历年 NAGC 开展的资优教育州情调查，能够了解各州是否配备专职人员负责该州资优教育项目的管理与协调工作。2002 年，49 个州中有 21 个州的教育部门配备了专职的资优教育负责人[①]。《2012—2013 年美国资优教育州情报告》指出，44 个州中有 23 个州的教育部门至少配备 1 名专职人员负责资优教育事项，另有 20 个州规定由相关人员兼职负责该州的资优教育事务[②]。到了 2015 年，仅有 17 个州表示配备负责人处理该州的资优教育事务，同时，有 10 个州要求 LEA 安排人员处理学区内的资优教育事务，其中没有一个州要求资优项目管理者必须全职。这表明，各州资优教育项目管理的专业性并不高。

合理的项目规划是各地方学区及学校有效实施资优教育项目的重要保证。北卡罗来纳州的资优教育政策要求，州教育委员会必须制定该州资优教育发展规划，内容包括资优生识别、差异性课程、教师专业发展及项目评估方法等，同时要求地方教育委员会制定当地的资优教育发展规划[③]。从全国范围来说，2015 年，美国 40 个州中仅有 18 个州要求 LEA 提交资优教育项目规划。NAGC 颁布的《PreK-12 年级资优教育项目标准》（"PreK-Grade 12 gifted education programming standards, 2010"），规定了资优生教育项目的实施标准并提供了行动指南。然而，这一标准在各州的落实情况并不乐观，美国有 53.6% 的小学资优教育项目采用 NAGC 标准来指导资优生教育项目，初中资优教育项目采用这一标准的比例只有 39.1%，高中阶段更低，只有 27.5%[④]。

同时，有 24 个州表示，LEA 会定时向州教育委员会汇报当地学区资优教育的实施情况，其汇报的内容包括资优教育服务的类别（18 个州汇报此项内容）、资优教育教师培训情况（15 个州）、项目评估情况（12 个州）、资优生成就或表现（7

① Swanson M. National survey on the state governance of K12 gifted and talented education[EB/OL]. http://giftedtn.org/tiger/docs/tigersurvey2002.pdf, 2002-08-15.

② National Association of Gifted Children. 2012-2013 state of the states in gifted education[R]. Washington D. C., 2013.

③ North Carolina State Board of Education, Department of Public Instruction. Academically or Intellectually Gifted [EB/OL]. http://www.dpi.state.nc.us/aig/, 2015-10-20.

④ National Research Center on the Gifted and Talented. National surveys of gifted programs 2014（executive summary）[EB/OL]. http://www.nagc.org/sites/default/files/key%20reports/2014%20Survey%20of%20GT%20programs%20Exec%20Summ.pdf, 2015-10-05.

个州）、其他方面的服务（9 个州）①。此外，实施有效的监测或审计也是资优教育项目管理的重要组成部分，然而，仅有 21 个州表示对各学区的资优教育项目进行监测或审计，其他州并未制定相关政策。

由此可见，无论是在政策制定，还是政策执行方面，各州对资优教育项目的管理比较松散。大多数州在资优教育项目实施与进展方面缺乏严格的绩效考核。这一状况，一方面导致各州开展资优教育的态度不积极，另一方面也会导致各个学区在实施资优教育项目的过程中，因缺乏监督而执行不力。

除此之外，一些州还提及要加强学校、社区与学生家长在资优教育过程中的联系，共同为当地资优教育的实施提供良好的环境。以北卡罗来纳州为例，该州要求地方学区成立由学生家长、学校教职工、社区代表及其他利益相关者组成的地方教育委员会，共同制定当地的资优教育规划，包括资优教育的目标、资优生的识别与教育、资优教育项目的监测与评估等，其目的主要在于实现当地资优教育的全员参与以及相关信息的共享。

第三节　资优教育政策的特点

美国资优教育政策的发展，反映了自 20 世纪初以来联邦政府对待资优教育的政策态度及其变化，同时，联邦及各州政府在资优生识别、财政资金支持、教育教学服务、教师专业发展以及管理与服务等方面的政策，呈现了美国资优教育发展的政策现状。概言之，美国资优教育政策发展呈现出以下特点。

一、重视资优教育发展

国家是否重视资优教育、制定有效的资优教育政策，对于资优教育发展而言至关重要。从宏观层面而言，美国高中资优教育发展有赖于政府提供有益于资优教育理论研究与实践发展的政策环境；从微观层面而言，资优教育政策的多方面

① National Association for Gifted Children, Council of State Directors of Programs for the gifted. 2014-2015 state of the nation in gifted education[EB/OL]. http://www.nagc.org/sites/default/files/key%20 reports/2014-2015%20State%20 of%20the%20Nation.pdf, 2015-11-25.

注：另外一项由杰克·肯特·库克基金会（Jack Kent Cooke Foundation）资助的各州资优生受教育状况的调查表明，有 28 个州教育部门对 LEA 的资优教育项目进行审计、监督或撰写进度报告。这一结果与 NAGC 的调查结果有出入。其原因可能是，在 NAGC 开展的调研中，个别州也许对资优教育项目进行了监测或审计，但没有向调查组进行反馈，因此统计结果可能与实际的情况有出入。参见：Plucker J, Giancola J, Healey G, et al. Equal talents, unequal opportunities：a report card on state support for academically talented low-income students[EB/OL]. http://www. jkcf.org/assets/1/7/JkCF_ETUO_Executive_Final. Pdf, 2015-07-08.

内容是高中资优教育的实践指南。

纵观美国资优教育政策的历史发展与现状，联邦及各州政府表现出高度重视与支持的态度。1950 年以来的几个政策节点反映了美国资优教育政策的发展趋势：1956 年《国防教育法》呼吁加强资优教育并提供大量财政资助；1972 年《马兰德报告》提出资优生的界定并呼吁为全国范围内的资优生提供资优教育服务；1983年《国家在危机中：教育改革势在必行》提出教育卓越的目标并强调重视资优教育；1988 年第一部专门推动资优教育发展的法案《1988 年贾维茨资优生教育法》颁布，成立资优教育发展专项基金——贾维茨基金；1993 年《国家卓越报告》围绕资优生识别与教育、资优教育教师发展等多个方面提出发展建议，因其内容之翔实被称为资优教育"白皮书"。

进入 21 世纪以来，联邦政府继续支持资优教育的发展，《不让一个孩子掉队法》有专门条款（被称为《2001 年贾维茨资优生教育法》）提及资优教育。同时，联邦政府的其他宏观教育改革政策直接或间接地影响着资优教育的发展。不论是《提高美国竞争力计划》（2006 年）与《美国竞争法》（2007 年），还是《力争上游法》（2009 年）和《改革蓝图：重新授权〈初等和中等教育法〉》（2010 年），其中提及的课程政策、教师教育政策、加强 STEM 教育政策以及其他 K~12 阶段的教育政策，间接推动着资优教育的发展，包括增加资优生的受教育机会、提高资优生的学业成绩。2014 年以来，联邦政府进一步加大了对贾维茨资优生教育计划的拨款力度。这些政策举措表明，联邦政府能够意识到，资优教育是符合国家利益的，资优教育的发展有助于提高教育质量、培养卓越人才以及进一步提升国际竞争力。

在联邦政府的倡导与号召下，美国大部分州也制定相关政策，支持本州资优教育的发展。对各州资优教育政策与实践情况调查表明，2014~2015 年，有 35 个州立法要求学校等教育机构开展资优教育服务，34 个州立法为资优教育提供财政支持，这体现了州对资优教育发展的支持。由于美国实行教育分权制，发展资优教育的重任直接落在各州肩上。州层面的资优教育政策体现了各州对资优教育、特别是高中资优教育发展的鼓励与支持态度。一方面，许多州成立由州教育财政支持的、专门面向高中资优生的州长学校和州长高中，并支持高中学校实施提前升学、双注册项目、提前安置等教育项目；另一方面，高中资优教育项目是许多州资优教育财政拨款的主要对象，包括 AP 课程或 IB 课程、暑期州长学校、学年制州长高中以及 ACT/SAT 测试等（图 3-3）。

然而，正如一些资优教育倡导者指出的，美国资优教育政策存在的最大问题在于，联邦政府没有从法律上授权开展资优教育，其对资优教育的支持力度还有待加强。

一方面，从横向对比来说，联邦政府对于资优生的重视程度远远不及对残疾学生等弱势群体学生的重视程度。联邦政府没有从法律上要求各州学校开展资优教育项目[①]，相比之下，联邦政府对于残疾学生等处于不利地位学生的教育给予了高度重视。1975 年《所有残障儿童教育法》（*Education for All Handicapped Children Act of 1975*）对特殊教育做出明确规定，为残疾学生随班就读、享受与普通学生同等的教育机会提供了法律保障，该法案意味着政府要向残疾学生投入比普通学生更多的人力、物力等教育资源，甚至还包括配套的基础设施建设。《不让一个孩子掉队法》致力于让每一个孩子都能具备基本的阅读和数学能力，并将教师和学校的考核与低绩效学生的学业进步情况挂钩。相比之下，资优生并没有得到这样的待遇。

另一方面，从纵向发展而言，联邦政府对待资优教育的政策态度有所反复。当面临"内忧外患"时，追求卓越成为教育发展的优先事项，进而带动了对资优生及其教育的重视。例如，1957 年苏联卫星上天，引起了美国举国上下对教育，尤其是资优生教育的极大重视。而当危机局势缓解或消失，抑或国内经济快速发展时，教育公平则上升为国内教育发展的主要矛盾，并成为教育政策发展的焦点，教育资源更多地向学业成绩落后或弱势群体学生倾斜。然而，当危机再次出现时，教育卓越又重新回到联邦政策的视野。美国教育政策在卓越与公平之间的"摇摆"，造成不同时期资优教育政策缺乏连贯性，并影响到联邦政府对资优教育的财政支持。同时，联邦层面的教育政策是各州教育政策的风向标，联邦政府对待资优教育的"摇摆"态度直接导致一些州发展资优教育的积极性不高。

二、政策内容较为全面

联邦政府及各州资优教育政策内容较为全面，是美国资优教育政策的又一特点。通过本章的总结发现，美国现有的资优教育政策涉及资优生的识别、教育教学服务、财政资金支持、教师专业发展、管理与服务等多个方面，基本覆盖了资优教育领域的各个方面。

资优生的识别方面，联邦政府及各州政府对资优生的界定，分别为资优生识别提供了宏观指导与实施标准。历年来，联邦政府对资优生的界定有所变化，但都强调，资优生是在智力、特定学科、创造力、领导力以及视觉与表演艺术等一个或多个领域具有卓越表现或潜能的学生，其核心在于强调资优是多元的，不仅包括"智力资优"或"学术资优"，还包括"艺术资优""创造力资优""领导力资优"等。受联邦政府政策的影响，各州也纷纷提出对资优的界定，据统计，当前美国有 48 个州提出了各自的资优概念，成为本州资优生识别的依据。

---

① 联邦政策只是提及"资优生应该接受有别于普通学生的教育服务"，或是通过财政拨款鼓励各州开展资优教育服务，但并没有从立法层面要求各州必须开展资优教育项目。

教育教学服务方面，联邦政府出现了政策"缺位"（即没有做出具体规定），仅发挥了政策倡议的作用。相比之下，各州层面有关资优教育服务的政策内容较为具体。按照实施机构的不同，现有政策涉及校内资优教育实践、专门的资优学校及校外资优教育实践。同时，根据教育形式的差异，各州资优教育政策分别表明了该州对不同的加速学习形式的态度。

财政资金支持方面，自 1972 年《马兰德报告》呼吁为资优教育提供资金以来，联邦政府基本提供了对资优教育的资金支持（个别年份除外）。特别是，《1988 年贾维茨资优生教育法》提出建立"贾维茨基金"，自此，资优教育发展具备了专项发展基金。虽然每年联邦政府的财政拨款总额平均到全国 300 万资优生身上显得微乎其微，但其至少表明了联邦政府的支持态度。同样，大部分州也立法规定为本州资优教育的开展提供资金支持。

教师专业发展方面，联邦政府一直强调加强资优教育教师的能力建设，《1988 年贾维茨资优生教育法》、2001 年的《不让一个人孩子掉队法》以及 2015 年的《让每个学生成功法》都提出，提高教师的资优教育能力、运用资优教育的教育资源和教学方法为全体学生服务的能力。各州层面的政策内容更为具体，有些州规定了资优教师的上岗要求，包括学历要求与能力要求。有些州要求资优教师必须获得资格认证，且每年接受一定时限的在职培训。此外，个别州还提出对所有教师进行资优教育能力培训。

管理与服务方面，各州政策涉及是否配置专职的资优教育项目负责人、是否要求各州制定资优教育规划、是否对资优教育项目进行监测与评估等多方面的内容。总之，联邦政府及各州政府的资优教育政策比较全面，在推动美国国内相关教育实践发展方面发挥着一定作用。

然而，当前的政策内容也存在一些不足。上文已经提及，一直以来，联邦政府并没有从法律或政策层面要求学校开展资优教育服务，导致资优教育项目的合法性以及资优生的受教育权利得不到有效保障。联邦政府对资优教育的财政拨款首当其冲。在《贾维茨资优生教育法》的推动下，"贾维茨基金"成为联邦政府向资优教育提供资金支持的稳定通道，但现状表明，联邦政府每年对贾维茨基金的拨款金额并不固定，且容易出现资金缺位。当政府教育经费充裕时，资优教育项目是最后获得财政支持的，而当联邦政府教育经费短缺时，资优教育项目又是最先被削弱的[1]。2008 年以及 2011~2013 年，联邦政府对资优教育的财政拨款为零。联邦政府没有对资优生的识别与教育、资优教育项目的实施等方面做出政策规定，是造成这一局面的重要原因。

---

① Sternberg R J. The sound of silence: a nation responds to its gifted[J]. Roeper Review, 1996, 18（3）: 168-172.

三、各州政策存在差异

州层面的资优教育政策受联邦政府的政策态度的影响，是对联邦政府教育意志的部分表达与执行。鉴于美国地方分权的教育体制，州教育部门或 LEA 承担着该州或该地区资优教育发展的主要责任。联邦政府没有从法律上要求各州学校开展资优教育项目，也未对资优教师培训、资优教育的课程与教学、教育项目的评估等多个方面做出规定，导致各州在发展资优教育方面具有极大的自由度和灵活性。

同时，受本州财政经济状况、教育发展情况以及对待资优教育态度的影响，各州资优教育政策内容存在差异，在资优生识别、财政资金支持、教育教学服务、教师专业发展、资优教育项目的管理与服务等方面都有所体现。再加上，许多州倾向于把资优教育的决策权交由 LEA，由它们自行决定是否识别资优生以及以什么识别资优生、提供哪些资优教育服务、如何开展资优教师培训等。这种情况进一步加剧了各州之间甚至同一州的不同学区之间资优教育政策与实践方面的差异。

具体而言，首先，各州之间的政策差异，在资优生的识别与教育服务方面表现明显。表 3-2 对各州资优教育政策内容的汇总，直观呈现了各州之间资优生的概念以及资优生识别标准方面的差异。这一差异可能导致出现"地理性资优"现象，即同一学生在本州或本学区被识别为资优生，到另一州或学区就不是资优生了[①]。这样一来，如果资优生因家庭搬迁等转学至其他学区或其他州，就可能因识别标准的差异而无法接受适当的教育。此外，一些州的政策限制，也阻碍着资优生在不同学校之间的流动，如该州不认可在其他州已经被识别的资优生，甚至同一州内的不同学区也不认可其他学区的资优生。

调查结果显示，2014~2015 年，只有 12 个州要求学区接收并认可同一州内其他学区的资优生。而在资优生的教育服务方面，大部分州立法要求为资优生提供教育服务，但仍有一部分州并没有做出此类要求。同时，各州对待不同资优教育形式的态度也是不同的。资优教育教师的能力是影响资优教育实践质量的重要因素，在资优教育教师的资格认证以及专业发展方面，许多州并没有做出明确规定，那些制定相关政策的州的政策也呈现出一定差异。

其次，各州在财政拨款方面也呈现不均衡的状态。2014~2015 年，投入资金最多的是得克萨斯州，高达 1.57 亿美元，最低的是爱达荷州，只有 15 万美元。总体而言，提供实际资助的 22 个州中，资助低于 100 万美元的有 2 个州，8 个州的资助金额在 100 万~999 万美元，5 个州的资助额度在 1 000 万~2 999 万美元，3 000

---

① Borland J H. Gifted education without gifted children: the case for no conception of giftedness[A]//Sternberg R J, Davidson J E. Conceptions of Giftedness[C]. 2nd ed. New York: Cambridge University Press, 2005: 7.

万~4 999 万美元的也有 5 个州，5 000 万美元以上的有 2 个州。从本质上来说，资金投入的多寡反映了各州对待资优生的态度。此外，各州每年的财政拨款总量也有变化，2014~2015 学年与 2012~2013 学年相比，有 14 个州增加了财政拨款、5 个州维持了同等水平，还有 2 个州缩减了财政拨款。财政拨款政策的不一致也进一步造成各州资优教育发展状况的差异。

最后，各州在资优教育管理方面的政策规定也有差异。对于资优教育项目的规划、监测、审计与评估，各州的政策态度不同。2014~2015 年，仅有 10 个州要求 LEA 安排固定的管理人员处理学区内的各类资优教育事务；有 18 个州要求 LEA 制定资优教育项目规划，有 21 个州对辖区内的资优教育项目进行监测或审计。此外，各州普遍缺乏关于资优教育项目的绩效考核政策，仅有 7 个州要求学区提交关于资优教育与资优生成就的报告、记录资优生每年的学术进步以及汇报资优生服务的类型与质量[1]。一些州及学区不记录或不公开资优教育绩效信息的做法，使得父母、教师、项目管理者和政策决策者无从了解所在州或学区资优教育实践的情况，也无从了解该州或学区资优教育的质量与有效性。

四、积极回应理论研究

教育理论对于教育政策具有指导作用，教育研究的开展能够为政策的制定提供理论依据，同时，政府为保证政策的价值、效率与效果，也需要以科学的理论研究作为指导。美国资优教育政策的制定体现了对教育理论研究的借鉴与回应。

纵观美国历年来的资优教育政策，其政策发展历程与理论研究的趋势是一致的。1972 年的《马兰德报告》提出关于资优的"马兰德定义"（后于 1978 年得到修订），反映了研究领域对"资优"认识的深化，即从最初认为"资优"是高智商，转而看做学生在一个或多个领域的杰出表现或潜能。马兰德定义将资优看做不断发展的能力与才能，指明了教育领域促进资优生能力与才能发展（开展资优教育）的可能性与必要性。《马兰德报告》也呼吁联邦政府关注资优生的发展现状，并为资优生提供差异化的教育服务。1993 年的《国家卓越报告》吸纳了兰祖利等所倡导的才能发展理论[2]，指出，资优生的才能与潜力发展，对于实现国家发展与提升综合国力至关重要，呼吁政府更加重视资优生的教育，从政策、资金等多个方面为其提供有效支持。可见，政策内容的更新反映了研究领域的不断深入。

此外，联邦教育政策还对资优教育研究领域关注的重要问题——处境不利资

---

① National Association for Gifted Children, Council of State Directors for Programs for the Gigted. 2014-2015 state of the nation in gifted education[EB/OL]. http://www.nagc.org/sites/ default/files/key%20reports/2014-2015%20State% 20of%20the%20Nation.pdf, 2015-11-23.

② Barker B D. Gifted children in the current policy and fiscal context of public education: a national snapshot & state level equity analysis of Texas[J]. Educational Evaluation and Policy Analysis, 2001, 23（3）: 229-250.

优生在资优教育中的平等参与问题——做出回应。面对现实情况下，处境不利资优生以及少数民族资优生在资优教育中参与度不高的问题，《马兰德报告》、《1988年贾维茨资优生教育法》及其修正案、《国家卓越报告》等都呼吁关注少数民族、社会经济地位低下等弱势群体的资优生，加强对这部分学生的识别与教育。当然，结合上文对联邦资优教育政策变迁的分析，这些政策内容，一方面体现了联邦政府对资优教育理论研究的回应；另一方面也说明了联邦政府对国内平等与多元化的传统理念以及公平这一教育目标的考量。

虽然资优教育政策借鉴了资优教育理论研究的成果，但是，政策推进与理论发展的步调存在一定的不协调，这一特点突出地表现在教育教学服务方面的政策。在理论研究领域，对"资优"的多元化认识已经成为共识——与普通学生相比，由于资优生在一般智力、领导力、创造力、特殊学科领域等一个或多个方面具有杰出能力或发展潜力，进而表现出较高的教育需求，需要有别于正规学校教育之外的教育服务。这一点在联邦政府及许多州政府关于"资优"的界定中都有所体现。但联邦政府始终未从立法层面要求各州为资优生提供适合其能力发展的资优教育服务。同样，部分州也没有从政策上要求所辖学区进行资优生识别以及提供相关教育服务。截至 2015 年，仅有 35 个州从政策上要求本州开展资优教育项目。

本章内容全面呈现了美国联邦政府及各州政府的资优教育政策，从纵向来看，在不同时期联邦政府教育政策的影响下，资优教育政策经历了关注期、摇摆期、稳定期与深化期四大发展阶段；从横向来看，联邦及各州的政策内容涵盖了资优生识别、财政资金支持、教育教学服务、教师专业发展及管理与服务五大方面。全面的政策内容体现了联邦及各州政府对资优教育发展，特别是高中资优教育发展的重视，也让我们洞悉了各州（或学区）之间的政策差异，更为各州（或学区）的资优教育实践提供了政策支持与实践指导。然而，对资优教育政策内容的呈现与分析只是本章的主要目的，下文将进一步探讨当前美国高中资优教育发展的实践现状并进行分析。

第四章　美国高中资优教育发展的实践现状

分析美国高中资优教育政策发现，联邦政府及各州对资优教育的重视，为高中资优教育发展营造了支持性的发展环境，也为高中资优教育实践提供了政策指南。高中生在智力水平、思维方式和心智成熟度等方面较初中生和小学生有所增强，已经养成了较强的学习自主性与对特定学科的学术兴趣[①]，这就决定了高中资优教育与初中和小学资优教育在教育形式和教育策略方面存在一定的差异。高中教育肩负着为学生的大学学习和未来生涯发展作准备的重要使命与职责。当前，美国高中阶段的资优教育项目大多在学校现有的课程安排框架下进行，这一点与小学和初中阶段的资优教育不同。具体来说，一些专门招收资优生的资优高中，以培养和教育资优生为使命，成为高中资优教育的主阵地；资优高中之外的"一般高中"[②]，借助 AP 课程、IB 课程等资优教育项目为资优生提供了适切的教育机会；此外，一些社会机构的资优教育项目也是高中资优教育实践的重要组成部分。本章对高中资优教育的实践机构、内容及其特点进行整体分析，以期呈现美国高中资优教育发展的实践现状。

第一节　高中资优教育的实践机构

一、高中资优教育机构概述

资优教育是美国教育事业的重要组成部分，高中资优教育必定在美国高中教育的整体框架下进行。在美国，高中有公立和私立之分，它们共同承担着高中教育的重任，也是美国高中资优教育的重要机构。根据办学模式和特点的不同，本书将这些高中划分为资优高中与一般高中。同时，一些社会机构也为学生提供高

---

① Bruce-Davis M N, Gubbins E J. STEM high school administrators', teachers', and students' perceptions of curricular and instructional strategies and practices[J]. Journal of Advanced Academics, 2014, 25（3）: 272-306.

② 为了行文简洁，本书把美国除"资优高中"之外的所有公立和私立高中都称为"一般高中"。同样，下文把我国除示范性高中之外的高中称为"一般高中"。

中资优教育服务。因而，三者都是高中资优教育的实践机构。

（一）美国高中学校概述

在美国，高中教育属于免费义务教育阶段，这与我国高中教育非义务且收费的性质不同。就学校层面而言，美国高中阶段公立高中与私立高中并存，二者的区别在于办学经费来源与管理体制。其中，公立高中是由联邦、州和地方政府的公共资金支持的学校（资金大部分来自本地居民缴纳的地产税），并由州教育部门或 LEA 管辖。私立高中则主要由私人、基金会或宗教团体创建，其运营主要依靠私人投资、学生学费及个人和社会捐赠，学校的管理则由董事会或委员会负责。另外，按照办学模式与特点的不同，公立高中与私立高中内部又分为不同的学校类别。

1. 公立高中分类

综合高中（comprehensive high school）是在美国占主导地位的高中教育机构。其实施就近入学，开放性地接受所在学区的高中适龄学生，为高中生提供全纳性的教育。综合高中不仅提供普通高中教育的必修课程，还开设严格的学术类课程以及为职业生涯作准备的职业技术类课程，同时发挥着普通高中教育、大学预备教育及中等职业教育三种职能。

磁石高中（magnet high school）[①]，也称"有吸引力的高中"，指的是由学区或市教育部门成立的、学生可跨学区择校的公立高中。这些学校通过开设富有特色的课程或采取特色化的教学形式与方法，吸引不同种族和社会经济背景的学生[②]。磁石高中面向全市所有学生招生，其中，部分磁石高中通过抽签摇号的方式随机选拔学生；另有一些学校则设有严格的招生程序和入学标准，要求学生提供标准化考试成绩或平时学业成绩，具有高选拔性，这部分高中属于本书界定的考试高中。

特许高中（charter high school）是由公共教育经费资助，但由学生家长、教师、社区组织或营利性机构管理运营的公办民营高中，其目的在于，改进公立高中的教育质量，提高学生的学业成就。特许学校在教职工聘任、经费使用、课程设置及教育改革的实施方面享有高度自主权，同时，这也意味着要对学生的学业成就担负更大的责任。特许高中办学规模较小，一般通过抽签摇号的方式对入学申请者进行筛选，但有些特许高中则以严格的学业标准选拔学生。

考试高中（exam high school）并不是由美国官方界定的学校类别，而是由学

---

① 磁石高中是高中阶段的磁石学校，特许高中是高中阶段的特许学校，因为本书重在研究美国高中教育和高中资优教育，对各类学校的讨论直接聚焦于高中阶段，下文出现的特许高中、STEM 高中同样如此。

② U. S. Department of Education, Office of Innovation and Improvement. Successful magnet high schools[R], 2008.

者提出的，以考试成绩为录取标准的高选拔性高中[①]，本书界定的"考试高中"，即以入学考试成绩、SAT/ACT 成绩、平时学业成绩等一个或多个成绩为标准，招收成绩优异学生的高选拔性高中。

州长高中是指由各州政府兴建的、专门为资优生提供适合其发展水平的高选拔性高中。其办学资金来自各州教育财政，并面向全州范围进行招生。州长高中普遍实行寄宿制，其学习期限长短不一，有的学校设有 10~12 年级，也有学校仅提供 11~12 年级教育。不同州长高中的管理结构和学校规模各异，其目的都在于为智力、特定学科或艺术领域的资优生提供在一般高中无法享有的丰富和挑战性的教育经历。州长高中具有严格的招生选拔标准，综合考察学生的 SAT/ACT 成绩、平时学业成绩及行为表现等。严格来说，州长高中也属于考试高中的类型，但由于州长高中的州立、面向全州范围招收高中资优生的特点，本书分别对州长高中与考试高中进行单独研究。

2. 私立高中分类

私立高中是由私人、社会集团或机构创办的高中学校，其办学不受美国联邦教育政策的约束，同时，受各州教育政策的管理也比较有限[②]。鉴于其收费的性质，私立高中须凭借优秀的办学条件、先进的教育理念和方法、高教育质量与升学率来吸引生源，一直以来，私立高中把帮助学生升入大学作为重要目的，因而又被称为大学预备学校[③]。按照是否隶属于宗教教会，私立高中内部有独立学校

---

① 彻斯特·芬恩（Chester E. Finn）和杰西卡·霍克特（Jessica A. Hockett）在《考试学校：美国高选拔性高中》（*Exam Schools: Inside America's Most Selective Public High Schools*）一书中，提及美国有 165 所专门以学生考试成绩（包括平时学业成绩、SAT 成绩或专门的入学考试成绩等）作为招生标准的高选拔性高中，并将其称为"考试学校"。他们曾于 2009~2010 年在美国全国范围内进行调研，通过研究美国各类顶尖高中排行榜［包括《美国新闻与世界报道》（*U.S. News and World Report*）、《新闻周刊》（*News Week*）、《华尔街日报》（*Wall Street Journal*）、《华盛顿邮报》（*Washington Post*）等制定的美国高中排行榜）］，分析高中学校的 SAT 或 ACT 成绩；咨询几大资优教育专业研究机构，包括 NAGC、全国 STEM 高中联盟（National Consortium of secondary STEM Schools, NCSSS）等；访问不同州或地区的网站并访谈相关工作人员；对高中学校进行问卷调查等，确定了 165 所考试学校。这些学校来自美国 29 个州与华盛顿哥伦比亚特区，且大多分布在大城市，如纽约、芝加哥、费城等。芬恩和霍克特选择学校的标准包括：①不收学费的公立学校；②提供 12 年级教育且在调查当年没有毕业班；③学校自主运营，而不是其他学校的"校中校"（school-within-school）或附属教育项目；④学校的课程与教学主要为学生的升学作准备；⑤招生过程具有学术选拔性；⑥招生过程具有学术竞争性。参见：Finn C E, Hockett J A. Exam Schools: Inside America's Most Selective Public High Schools [M].Princeton：Princeton University Press, 2012：22-23.

② 各州教育政策对私立高中的管制主要体现在学校办学方面，即对私立学校的安全设施、交通、学生健康与保护等方面做出了明确要求，同时，在课程设置与考试方面，也有一些基本规定，如纽约州要求所有非公立学校学生高中毕业时必须通过该州的统一能力测试（Regents competency testing program）。详见：U. S. Department of Education. State regulation of private schools[EB/OL]. http://www2.ed.gov/admins/ comm/choice/regprivschl/index.html, 2009-07-12.

③ 预备学校或大学预备学校（college preparatory school, university preparatory school）曾经是私立高中的专属称谓。近来，越来越多的专门招收高学业成绩学生、重视学术课程的公立高中成立，这些公立高中也被称作预备学校。

（independent school）和教会学校（parochial school）之分。其中，独立学校是相对于隶属教会并开展宗教教育的教会学校而言的。最初创办的私立学校大都带有宗教目的并且依附于教会，而独立学校则是独立于教会而存在、重视学生学术能力发展的私立学校，其往往成为新教育理念和教育方法的试验田。

鉴于私立高中的"私立"性质，人们会误以为所有私立高中都是教学质量一流的精英学校。然而，私立高中并不等同于精英高中，只有那些具有卓越办学理念以及优良师资和教学设施的学校，才称得上精英高中。又因为学校的"收费"性质，人们可能会认为，只有富裕家庭的孩子，才会进入这些学费昂贵的高中，甚至只要经济负担得起，就能就读于这些高中。事实上，私立精英高中具有较高的选拔性，其招生标准十分严格，只有达到一定的学业要求，并通过复杂的面试之后，才能被录取。享有私立精英高中"美誉"的学校为数不多，美国"十校联盟"和"八校联盟"①成员学校可谓是私立精英高中的杰出代表。相比之下，除私立精英高中之外的一般私立高中的招生标准并不严格，这些不同类型学校的特征及选拔标准可具体参见表 4-1。

表 4-1　美国高中学校类型

分类	名称	学校特征	选拔标准
公立高中	综合高中	开设高中必修课程、学术课程与职业课程，实行就近入学的高中	就近入学
	磁石高中	由学区或市教育部门成立的、学生可跨学区"择校"的公立高中	学业成就/抽签摇号
	特许高中	公共教育经费支持但由学生家长、教师、社区组织或营利性机构管理运营的一类公办民营高中	学业成就/抽签摇号
	考试高中	以考试成绩（入学考试、标准化考试或平时学业成就）为主要招生标准的选拔性高中	考试成绩为主/综合素质
	州长高中	由各州兴建的，专门为资优生提供适合其发展的教育经验、提供学历教育的选拔性高中	考试成绩为主/综合素质
私立高中	教会高中	隶属于教会并开展宗教教育的私立高中	学费/考试成绩/综合素质
	独立高中	独立于教会的重视学生学术能力发展的私立高中	学费/考试成绩/综合素质
	精英高中[1]	办学质量优异、招生标准严格的高选拔性私立高中	考试成绩/学费/综合素质

1）"精英高中"主要是为了凸显其办学质量优异以及高选拔性的特点，精英高中并不是一个单独的私立高中类别，独立高中、教会高中、寄宿制高中和走读高中里都存在精英高中

---

① "十校联盟"（Ten Schools Admission Organization，TSAO）是 1956 年成立的、由美国十所顶尖的私立预备学校组成的联盟，这些学校基于共同的目标和传统，重视实施全人教育。其成员学校分别是霍奇基斯高中（Hotchkiss School）、乔特罗斯玛丽霍尔高中（Choate Rosemary Hall）、迪尔菲尔德高中（Deerfield Academy）、希尔高中（Hill School）、劳伦斯维尔高中（Lawrenceville School）、卢米斯查菲高中（Loomis Chaffee School）、圣保罗高中（St. Paul's School）、菲利普斯埃克斯特高中（Phillips Exeter Academy）、安多佛菲利普斯高中（Phillips Academy Andover）以及塔夫特高中（Taft School）。"八校联盟"（Eight Schools Association，ESA）最初组建于 1973~1974 年，并于 2006 年正式成立，该联盟中有 7 所学校是"十校联盟"的成员，另外 1 所成员学校是北野山高中。

（二）资优高中与一般高中

综合以上所有高中类别，按照是否具有学术选拔性，所有高中又分为两大类，一类是以入学考试、SAT/ACT 等标准化考试或平时学业成绩为录取标准，招收高学业成绩学生的优质高中，包括私立精英高中、考试高中与州长高中。资优生是在一般智力、特殊学科、创造力、领导力、艺术等一个或多个领域具有卓越表现或发展潜力的学生，而学业成绩优异的"学术资优生"自然是资优生的重要组成部分。从这一层面来说，私立精英高中、考试高中和州长高中都是招收高中资优生的资优高中，其成为美国高中资优教育的主阵地。另一类是不以学业成绩为选拔标准的"一般高中"，包括实行就近入学的综合高中。随机选拔学生的特许高中、磁石高中以及普通的私立高中。这些学校占美国高中学校的大多数，面向大众学生招生。

美国联邦资优教育政策指出，应该为资优生提供能够满足其学习需求和适合其能力发展的资优教育。联邦政府也通过政策和资金支持，鼓励（但没有从法律上规定）各州或 LEA、私立教育机构等开展资优教育服务。同时，许多州从政策上要求LEA 开展资优教育服务。在这一政策背景下，许多中小学校都开展了不同的资优教育实践。在高中阶段，除了资优高中之外，综合高中及其他不具备学术选拔性的磁石高中、特许高中与非精英化私立高中等一般高中，主要借助 AP 课程、IB 项目与双注册项目等教育形式，为那些具有高学习能力与高学习需求的学生提供适合其发展的教育。由于资优高中招生数量的限制，许多资优生可能因考试成绩不理想而被拒绝在资优高中的门外；同时，一些学生可能因距离家庭住址较远等地域问题，放弃就读资优高中的机会，而选择离家较近的综合高中。

一般高中的资优教育实践在满足这些"没有在资优高中就读的资优生"的教育需求方面发挥了重要作用。与资优高中不同的是，一般高中的资优教育项目并不是"有意而为之"。在招生过程中，一般高中没有严格地按照入学考试成绩、SAT成绩或平时学业成绩等标准区分出资优生与非资优生，也没有专门划分重点班与非重点班对资优生进行特殊分组。学生是否选修 AP 课程或 IB 课程，不是学校或教师安排的，而是学生自主选择的。所有学生（包括资优生在内）可以根据个人的学习能力和学习需求选择是否选修以及选修哪些 AP 课程或 IB 课程。

（三）社会教育机构

美国高中教育的发展从来不局限于学校教育，各种社会力量为资优教育发展提供了重要的服务与资金支持。这一方面源于美国具有重视教育与人才培养的文化；另一方面是互联网与信息通信技术的发展，使得"正规"学校教育与"非正规"教育的边界已经不再明晰。包括企业、民间机构、非政府组织、大学等在内的社会机构是实施高中教育的重要力量。社会机构开展的高中教育往往能够打破时间、地域、学龄和学制的限制，为所有愿意接受高中教育的学生提供教育服务。

　　社会机构也是实施高中资优教育的重要力量。基于资优教育的社会价值，美国的一些高科技企业、基金会组织尤其重视推动资优教育的发展，并积极开展资优教育实践项目。因而，这些社会机构的高中资优教育项目是美国高中阶段资优教育的重要组成部分。由此，美国高中阶段呈现出学校教育与社会教育并举、面向大众学生的普通教育与面向部分学生的资优教育兼顾的教育图景（表 4-2）。下文将具体对各类开展高中资优教育的机构进行说明。

表 4-2　美国高中资优教育发展概况

教育分类	学校教育	社会机构教育
面向大众学生的普通教育	综合高中；非选拔性的特许高中、磁石高中；一般私立高中	普通教育项目
面向部分学生的资优教育	州长高中；考试高中；私立精英高中；一般高中的资优教育项目	资优教育项目

二、资优教育的专门学校：资优高中

　　资优高中是美国实施高中阶段资优教育的主力军，包括传统的私立精英高中、老牌名校的考试高中和方兴未艾的州长高中这三类高中。本节首先简要介绍这三类资优高中。

（一）传统的私立精英高中

　　研究美国高中资优教育，绕不开历史悠久的私立精英高中。私立精英高中是美国高中教育的典范，因其培养了美国大多数总统而被称为"总统的摇篮"。私立精英高中最早成立于 17 世纪的新英格兰地区，1635 年，波士顿拉丁文法学校成立，其主要为当时的哈佛大学输送人才以及培养公职和神职人员。自成立之初，私立精英高中就把将学生输送到常青藤名校作为重要使命，并获得"常青藤预备校"的美誉。百年来，私立精英高中一直以培养社会精英为己任，为了实现这一目的，私立精英高中致力于教育学生成为知识与品德兼备、心智与体魄同健的社会精英。从建筑风格到学校管理，从办学理念到课程设置，私立精英高中都借鉴了英国公学的模式，秉承了精英教育的传统。

　　随着社会民主化发展，精英的阶级意识逐渐淡化，私立精英高中的教育对象也逐渐多元化，其主要以严格的招生标准选拔品学兼优的学生。时光荏苒，这些私立精英高中的办学理念与教育经验在历史的长河中积累沉淀，精华得以保存，糟粕则被抛弃。近百年来，美国教育发展经历了多重改革，但私立精英高中在这些改革浪潮中独树一帜、历久弥新，保留着悠久的教育传统和较高的学术标准，并取得了丰硕的教育成就，成为美国追求教育卓越、开展高中资优教育的重要力量。

　　鉴于其"私立"学校的性质，私立精英高中的管理相对独立，学校的日常管理、课程设置与教学工作不会受到联邦政府及各州教育部门的限制①。学校设有自治的董事会或管理者委员会，负责制定学校的发展规划与各类规章制度，董事会任命校长负责掌管学校的大小事务。因而，私立精英高中在课程设置、教师聘任、教学方法的选择方面具有绝对的自主权。一些私立精英高中因坚持独特的教育理念或教学方法，成为各种教育理念或教学方法的试验田，为资优生教育做出了重要贡献，而"十校联盟"成员学校是其中的典范，见表4-3。

表 4-3 2016~2017 学年私立精英高中"十校联盟"办学情况概览

学校	创建年份	学生数/人	教师数/人	生师比	具有硕士以上学历教师比例/%	平均班级规模/人	开设课程数/门	AP课程数/门
安多佛菲利普斯高中	1778	1 150	218	5∶1	81	13	300+	—
菲利普斯埃克斯特高中	1781	1 000+	—	5∶1	78	13	450+	—
劳伦斯维尔高中	1810	818	112	8∶1	78	12	—	—
希尔高中	1851	520	74	7∶1	66	12~14	—	30
圣保罗高中	1856	531	—	5∶1	71	11	—	—
佩蒂高中	1864	564	109	6∶1	75	12	150	34
卢米斯查菲高中	1874	675	179	5∶1	60	12	250+	—
乔特罗斯玛丽霍尔高中	1890	862	119	6∶1	67	12	300+	27
塔夫特高中	1890	594	126	5∶1	72	11	200	32
霍奇基斯高中	1891	627	155	5∶1	84	12	220+	—

注：该表格中的数据均来自各所学校官网提供的 2016~2017 学年统计数据，"—"表明学校官网没有相关信息，其中课程中"300+"表明是 300 多门课程

（二）老牌名校的考试高中

考试高中是指以入学考试成绩、标准化考试成绩或平时学业成绩为主要招生标准的高选拔性高中。考试高中的历史最早可以追溯到 1821 年在波士顿成立的第一所公立高中——波士顿英语古典学校（Boston's English Classical School），后来更名为波士顿英语高中（Boston English High School）。建校之初，学校只招收年满 12 周岁的男生，学生只有通过严格的阅读、写作、英语语法和基本算术的考试才能被录取②。有些考试高中则是由原来的非选拔性高中转型过来的，如 1904 年成立的纽约市史岱

---

① 对于私立精英高中而言，其免受联邦教育政策的约束，但会受到各州教育政策的制约；如在学校办学方面，各州教育政策对私立学校的安全设施、交通、学生健康保护等方面做出了明确要求，同时，在课程以及考试方面，也有一些基本规定，如纽约州要求所有非公立学校学生高中毕业时必须通过州能力考试。详见：U.S. Department of Education. State regulation of private schools[EB/OL]. http://www2.ed.gov/admins/comm/choice/regprivschl/index.html, 2009-07-12.

② Reese W F. The Origins of the American High School[M]. New Haven, London：Yale University Press，1995：14.

文森高中，其最初只是一所专门招收男生的手工业培训学校，1920 年之后，逐渐发展成为美国最好的以数学和科学教育见长的选拔性高中[①]。

鉴于不同城市教育系统的差异，考试高中的称谓也有所不同，一些城市还有官方称谓。例如，纽约市有 8 所 "特殊高中"（specialized high school）[②]，纽约州 1971 年颁布的《赫克特-柯兰多法案》（*Hecht-Colandra Bill*）规定，特殊高中依据学生参加市教育部统一组织的 "特殊高中入学考试"（specialized high school admissions test，SHSAT）的成绩选拔学生；芝加哥市有 11 所 "选拔性招生高中"（selective enrollment high schools），学生须参加全市统一的 "选拔性招生高中入学考试"（selective enrollment high schools exam，SEHSE）才有入学资格；波士顿市有 3 所 "考试学校"，也把学生参加市 "独立学校入学考试"（independent schools entrance exam，ISEE）的成绩作为重要招生标准[③]。本书统一将这些以学生的学业成就为选拔标准，面向全市招生的高选拔性高中称为考试高中。

考试高中的高选拔性，决定了考试高中往往聚集着全市学业成绩最好的学生。同时，考试高中大多汇集了全市最优秀的师资力量和办学条件，相对于其他公立高中，考试高中学生的学业成绩更高，毕业率也更高[④]。因而，这些考试高中（特别是其中的佼佼者）被誉为美国的 "公立精英高中"，享有极高的声誉，也饱受一定的争议[⑤]。

严格来说，以考试成绩为主并综合其他招生标准的州长高中也属于考试高中，本书将州长高中单独列出，目的在于突出州长高中由州政府集全州优质教育资源办学的特征。相比之下，考试高中则多由各市教育部门管辖，带有 "市辖" 高中的特点。

（三）方兴未艾的州长高中

高中资优生具有区别于一般学生的特点，包括学习速度更快或思考问题更加深入等。而美国大多数公立高中的教育教学主要面向普通学生，为了更好地满足

---

① 付艳萍. 美国公立精英高中是如何炼成的？——访谈美国史岱文森高中校长张洁女士[J]. 基础教育，2015，12（3）：70-77.

② 纽约市共有 9 所特殊高中，其中 8 所特殊高中完全依据学生的 SHSAT 考试成绩招生，另外 1 所为艺术类高中，其招生并不依据学生在 SHSAT 考试的成绩，而是采取试镜等招生标准。

③ 与纽约市以 SHSAT 成绩为唯一的录取标准不同，芝加哥综合学生的 SEHSE 成绩。7 年级核心课程（包括阅读、数学、科学和社会研究等）的平时学业成绩、7 年级参加由西北评估协会（Northwest Evaluation Association，NWEA）组织的学业进步评价测试（Measures of Academic Progress，MAP）的成绩作为录取依据，三者各占 300 分；而波士顿市的 "考试高中" 则同时参考学生的 ISEE 成绩与高中平时学业成绩。

④ 德比（Will Dobbie）和罗兰德·弗莱尔（Roland G. Fryer）等研究了纽约市三所考试高中对学生学业成就的影响，发现考试高中的学生比其他学校的学生学业成绩更高，如史岱文森高中的学生在州举办的 8 年级数学和英语考试中的平均成绩比纽约市所有高中学生的平均成绩高 2.0 个标准差，而布朗斯科技高中和布鲁克林科技高中分别高出 1.7 个和 1.5 个标准差；同时考试高中的学生毕业率更高。详见：Dobbie W，Fryer R G. Exam high schools and academic achievement：evidence from New York City[R]. NBER working paper. No.17286，2011.

⑤ 这些公立考试高中以考试成绩为主要招生标准的做法，被公众认为有违教育公平。本书第五章的 "高中资优教育的社会争议" 部分会具体说明。

资优生的学习需求，20世纪80年代，州长高中应运而生。此时正逢美国高中改革时期，作为由各州教育部门创办并负责经营的、面向全州招收资优生的高选拔性高中，州长高中的发展顺应了美国国内教育改革与提高教育质量的潮流，其主要目标在于促进本州高中资优生群体的发展，并通过资优生的培养来带动全州的教育改革，提升教育质量，进而提升本州的竞争力。

1980年，第一所州长高中北卡罗来纳科学和数学高中（North Carolina School of Science and Mathematics；NCSSM）成立。截至2010年，美国已有17个州成立州长高中，这些学校大部分都自认为是STEM高中，即以STEM学科教学为主的高中[①]。根据笔者的统计，当前全美范围内共有25所州长高中，包括18所STEM州长高中及7所人文艺术类州长高中（重视人文和艺术学科教育）[②]。

州长高中的办学经费由州教育财政承担[③]，然而，不同州长高中的组织管理形式存在差异，有的学校由州教育部门直接管理，有的学校则隶属于该州的个别学院或大学。因此按照办学模式的不同，州长高中有"校中校"与独立学校之分。"校

---

① Pfeiffer S I, Overstreet M J, Park A. The state of science and mathematics education in state-supported residential academies: a nationwide survey [J]. Roeper Review, 2010, (32): 25-31.

② 18所STEM州长高中分别包括：亚拉巴马数学和科学高中（Alabama School of Mathematics and Science）、阿肯色数学、科学与艺术高中（Arkansas School for Mathematics, Science, and the Arts）、伊利诺伊数学和科学高中（Illinois Mathematics and Science Academy）、印第安纳数学科学与人文高中（Indiana Academy for Science, Mathematics, and Humanities）、堪萨斯数学和科学高中（Kansas Academy of Mathematics and Science）、肯塔基加顿数学和科学高中（Carol Martin Gatton Academy of Mathematics and Science in Kentucky）、路易斯安那数学科学与艺术高中（Louisiana School for Math, Science, and the Arts）、缅因科学和数学高中（Maine School of Science and Mathematics）、密西西比数学和科学高中（Mississippi School for Mathematics and Science）、马萨诸塞数学和科学高中（Massachusetts Academy of Mathematics and Science）、北卡罗来纳科学和数学高中（North Carolina School of Science and Mathematic）、得克萨斯数学与科学高中（Texas Academy of Math and Science）、佐治亚先修高中（Advanced Academy of Georgia）、佐治亚艺术、数学、工程与科学高中（Georgia Academy of Arts, Mathematics, Engineering, and Science）、密苏里科学、数学与计算机高中（Missouri Academy of Science, Mathematics, and Computing）、俄克拉荷马科学和数学高中（Oklahoma School of Science and Mathematics）、南卡罗来纳科学和数学州长高中（South Carolina Governor's School for Science & Mathematics），以及弗吉尼亚州的托马斯·杰斐逊科技高中（Thomas Jefferson High School for Science and Technology）。7所人文艺术类州长高中分别是：亚拉巴马艺术高中（Alabama School of Fine Arts）、密西西比艺术高中（Mississippi School of the Arts）、北卡罗来纳艺术高中（University of North Carolina School of Arts High School Program）、弗吉尼亚州的玛吉·沃克政府和国际研究州长高中（Maggie L. Walker Governor's School for Government & International Studies）、阿波马托克斯艺术和技术区域州长高中（Appomattox Regional Governor's School for the Arts and Technology）、南卡罗来纳艺术与人文州长高中（South Carolina Governor's School for the Arts and Humanities）以及得克萨斯人文领导力高中（The Texas Academy of Leadership in the Humanities）。注：除了笔者统计的25所州长高中外，NAGC网站上还提及田纳西数学和科学州长高中（Tennessee Governor's Academy for Math and Science），但经笔者核实，该学校已于2011年关闭，故本书不再列出。见：Statewide public high schools for advanced students[EB/OL]. http://www.nagc.org/resources-publications/gifted-state/statewide-public-high-schools-advanced-students, 2015-04-07. 鉴于笔者查找和获取资料的来源有限，对州长高中的统计可能有所遗漏。

③ Cross T L, Hernandez N R, Coleman L. Governor's schools: an idea whose time has come[J]. Gifted Child Today, 1991, 14 (4): 29-31.

中校"是指州长高中设在大学校园内，其管理和办学都隶属于大学系统，学校资优生可以充分利用大学的基础设施、实验室、图书馆等教学资源，选修由大学教师讲授的大学课程。相对而言，独立学校拥有独立校址，并且在课程设置、人员聘任等教育教学事务上具有自主管理权限。不同州长高中的学校使命、组织结构、招生人数各异，但其目的都在于为学术和艺术领域的资优生提供有别于一般学校的丰富和具有挑战性的教育经历①。

三、具有资优教育项目的教育机构

上文提及，除了三类资优高中之外，其他一般高中也存在一定的资优教育项目；同时，一些社会机构也提供大量的高中资优教育项目，这些一般高中与社会机构，也是美国资优教育的实践机构。

（一）一般高中

在高中阶段，资优高中之外的一般高中，主要借助 AP 课程、IB 课程与双注册项目等，为那些具有高学习能力与学习需求的学生提供适合其发展的教育。由于资优高中招生数量的限制，许多资优生可能因考试成绩不理想而无法就读于资优高中。同时，一些学生会因距离家庭住址较远等地域问题，而放弃就读资优高中的机会，选择离家较近的综合高中。一般高中的资优教育项目在满足这些"没有在资优高中就读的资优生"的教育需求方面发挥了重要作用。

1. AP 课程

AP 课程最早成立于 1954 年，旨在为那些有能力学习大学课程的高中生提供选修大学课程并获得大学学分的机会。AP 课程比一般的高中课程难度大，选修 AP 课程意味着这些高中生具有较高的学习能力和较强的学习动机，因而被作为满足高中资优生教育需求的资优教育形式之一，学生选修 AP 课程的数量与考试成绩也逐渐成为大学招生的重要标准之一。

AP 课程囊括了艺术、英语、历史与社会科学、数学与计算机科学、科学、世界语言与文化共六大学科的 34 门课程，课程的内容设计、AP 教师的培训以及 AP 考试的组织都由大学委员会负责。近来，大学委员会又设立了 AP 顶层课程项目（AP capstone program），包括 AP 研究课程与 AP 研讨会课程②。为获取 AP 课程学分，学生必须参加学期期末的标准化考试，每门考试的成绩有 5 个等级（1~5）。AP 项目具有一定的灵活性，每个学区或学校可根据自身的师资条件决定开设 AP 课程的

① McHugh M W. Governor's school：fostering the social and emotional wellbeing of gifted and talented students[J]. Journal of Secondary Gifted Education，2006，17（3）：178-186.

② AP course overview[EB/OL]. https://apstudent.collegeboard.org/apcourse/，2015-06-30.

门类与数量。

AP 课程是美国重要的高中资优教育形式，对高中资优教育发展具有推动作用[1]。首先，AP 课程最初就是为资优生而建立的，其强调加速的课程形式符合资优教育的需求，而其较高的课程难度也适于智力资优或学业成绩优异的资优生。其次，从课程实施的角度出发，AP 课程没有明确的准入条件，每位高中生（包括资优生）可以根据自己的能力和需求，自行选择是否选修以及选修哪（几）门 AP课程。AP 课程在教育过程中对资优生进行自动识别的方式，有助于更多的学生接受资优教育，特别有助于那些就读于一般高中的资优生接受适合其自身发展的资优教育，进而扩大了资优教育的对象。最后，AP 课程的开展体现了高中与大学的合作关系，有助于提升资优教育的质量。

美国联邦政府及各州政府支持 AP 课程的发展。2006 年，小布什总统签署 AP促进项目资助方案，各州也通过为开设 AP 课程的学校提供财政拨款、增加 AP 课程教师的培训和进修机会及其他待遇、减免 AP 考试费用等措施，推动 AP 课程的发展[2]，阿拉斯加、印第安纳、肯塔基、密西西比、俄亥俄、俄勒冈、弗吉尼亚等州甚至立法要求本州所有高中必须开设 AP 课程[3]。

2. IB 课程

IB 项目由日内瓦国际学校的教师于 1968 年开发而成，目的是为不同国家的跨国和跨文化流动学生提供统一的优质教育，其特色在于建立一个得到国际认可的优质和创新性课程体系，以培养学生成为知识渊博、乐于探究、关心和尊重他人、能够独立做出判断和选择的世界公民。经过多年的发展，IB 项目已经成为教育卓越的象征。截至 2015 年 5 月，全球共有 143 个国家的 2 795 所学校开设了 IB 项目[4]。IBDP 项目[5]（International Baccalaureate Diploma Programme），是国际文凭组织专门为 11~12 年级高中生（16~19 岁）设计的、具有挑战性的两年制大学水平课程，是高中阶段的 IB 项目课程。本书主要研究高中阶段的资优教育实践，故本书提及的 IB 课程指的是专门面向高中生的 IBDP 项目课程。

与 AP 课程相同，IB 课程因其挑战性的课程，成为美国高中资优教育项目之

① 王小慧，杨广学. 先修项目对我国超常教育的启示[J]. 中国特殊教育，2010，（12）：43-46.

② 任长松. 追求卓越：美国高中 AP 课程述评——兼议近年来美国高中教育质量的提高[J]. 课程·教材·教法，2007，（12）：81-86.

③ Klopfenstein K, Thomas M K. The link between advanced placement experience and early college success [J]. Southern Economic Journal, 2009, 75（3）: 873-891.

④ Key facts about the DP [EB/OL]. http://www.ibo.org/en/programmes/diploma-programme/what-is-the-dp/key-facts-about-the-dp/, 2015-06-30.

⑤ 根据学段划分，国际文凭组织开设了不同的教育项目，包括小学项目、中学项目、大学预科项目和 IB 生涯项目，统称为 IB 项目。

一。IB 课程分为六大学科课程和三大核心内容，其中，六大学科包括语言与文学研究、语言习得、个人与社会、科学、数学及艺术，每个学科下设多门课程（表4-4），每门课程都又分为高级课程（higher level，HL）和标准课程（standard level，SL）两个等级。三大核心内容包括知识理论（theory of knowledge），拓展论文（an extended essay），以及创造力、行动与服务（creativity，action，service）。为了获得 IB 文凭，学生必须在六类学科中分别选择一门课程①，包括三门高级课程（至少 240 个课时）和三门标准课程（至少 150 个课时）。除了课程方面的要求外，学生还需要围绕某一项独立研究撰写 4 000~5 000 字的论文，并完成一项创新性活动或社会服务活动。在通过学期期末的课程考试之后，学生即可获得 IB 文凭②。虽然国际文凭组织提出了获得 IB 文凭的要求，但没有规定学生选修 IB 课程的条件，即并没有规定必须是经过识别的资优生才能选修 IB 课程，能否选修 IB 课程主要取决于学区或学校的选拔程序③，而最重要的标准还是学生的意愿。

表 4-4　IB 课程概况

六大学科	课程门类
语言与文学研究	语言 A：文学；语言 A：语言与文学；语言与表现（SL）
语言习得	语言初级（SL）；语言 B；古典语言（拉丁语或古希腊语）
个人与社会	经济管理；经济学；地理；全球政治；历史；全球化社会中的信息技术；哲学；心理学；社会与文化人类学；世界宗教（SL）
科学	生物；计算机科学；化学；设计技术；物理；球类、锻炼与健康科学（SL）；环境系统与社会
数学	数学研究（SL）；数学（SL）；数学（HL）；高阶数学（HL）
艺术	舞蹈；音乐；电影；戏剧；视觉艺术

注：表中标注 SL 或 HL 的课程，表明该课程只有一个等级，其他未标注的课程都有 SL 与 HL 两个等级
资料来源：International baccalaureate diploma programme curriculum [EB/OL]. http://www.ibo.org/en/programmes/diploma-programme/curriculum/, 2015-06-12

IB 项目对项目学校提出了一定要求。开设 IB 项目的学校必须得到国际文凭组织的授权，并配备专门的 IB 项目协调员。同时，教授 IB 课程的教师必须参加培训以获得教学资格。当前，IB 项目主要在综合高中实施，并成为提升综合高中教育质量、改革综合高中的重要途径。相比之下，书中提及的资优高中，包括州长高中和考试高中，很少开设 IB 项目，其原因在于，一方面，学校获得国际文凭组

---

① 学生也可以多选修一门科学、个体与社会或语言课程，来取代艺术课程的学习。

② Hertberg-Davis H, Callahan C M. Advanced placement and international baccalaureate programs[A]//Plucker J A, Callahan C M. Critical Issues and Practices in Gifted Education[C]. Waco：Prufrock Press Inc., 2008：32-33.

③ Callahan C M. Advanced placement and international baccalaureate programs for talented students in American high schools：a focus on science and mathematics[R]. The National Research Center on the Gifted and Talented, 2003.

织的资格认证须花费一定资金，IB 项目具有独立的课程体系且对教师提出特定的培训要求；另一方面，这些高中已经开设了严格而丰富的课程（如 AP 课程等）。由于强调跨学科学习、独立学习与探究性学习，IB 课程对学生的能力要求较高，这样一来，在综合高中内部实施的 IBDP 项目，成为专门为具有高学业能力的资优生群体提供的特殊教育项目，类似于大学校中的小学校，即"校中校"。

3. 双注册项目

双注册项目（dual enrollment）指的是，学生在高中学校注册并学习高中课程的同时，选修大学课程并获得相应学分①。双注册项目由高中学校与大学或学院合作开展，为那些学有余力的高中资优生们提供了提前学习大学课程并获得学分的机会。较之 AP 课程和 IB 课程，双注册项目有一定的不同。首先，在课程性质方面，参加双注册项目的学生选修的是大学阶段的课程，而 AP 课程和 IB 课程则是难度达到大学水平的高中课程；其次，在上课地点方面，由于不同双注册项目的要求有别，选修双注册项目的学生须到大学学习相关课程或直接在高中接受大学教师的教育，而选修 AP 课程和 IB 课程的学生只需在所在高中听本校老师上课。美国大部分州对双注册项目持支持态度，有 29 个州立法要求高中学校实施双注册项目，允许学生在高中注册的同时可以进入大学学习，其他州则大多由 LEA 决定是否开展双注册项目②，这为双注册项目的实施提供了政策保障。

需要说明的是，AP 课程、IB 课程及双注册项目不只在一般高中实施，它们也是资优高中的重要教育实践形式。与资优高中不同，一般高中的资优教育项目并不具有高选拔性。在招生过程中，一般高中没有严格地以入学考试成绩、SAT 成绩或平时学业成绩等标准区分出资优生与非资优生，也没有专门对资优生进行特殊分组或分班。是否选修 AP 或 IB 课程取决于学生的自主选择。所有学生（包括资优生在内）可以根据个人的学习能力和学习需求选择是否选修以及选修哪些 AP 或 IB 课程。

（二）社会机构

在美国，社会机构在推动资优教育的理论研究与实践发展中发挥着重要作用。按照机构性质与职能的不同，其主要包括大学、基金会及其他社会机构。其中，大学与高中合作实施的提前升学项目为资优生提供了在高中阶段选修大学课程并获取大学学分的机会，而其利用周末与暑期时间面向（高中）资优生开设的教育

---

① Community College Research Center. What we know about dual enrollment: research overview[EB/OL]. http://files.eric.ed.gov/fulltext/ED530528.pdf，2012-02-01.

② 除了 29 个明确要求开展双注册项目的州之外，在美国其他 21 个州中，有 5 个州的政策规定由地方教育局决定是否实施双注册项目；7 个州和哥伦比亚特区没有相关政策，决定权则直接落在地方教育局手中；另 9 个州的政策不详。详见：Gifted education policy [EB/OL]. http://www.davidsongifted.org/db/StatePolicy.aspx，2015-01-06.

教学项目也是其接受资优教育的重要机会。此外，一些基金会组织通过提供资金支持、举办数学和科技类竞赛等形式，也为高中资优生提供了进一步学习的机会。社会机构开展的资优教育项目是美国高中资优教育的重要组成部分。

大学是美国主要的教育与研究机构，也是资优教育领域的重要科研与教学力量，兼具理论研究与实践教学的双重职能。特别是一些大学成立的资优教育中心，其依托大学主体的科研力量和师资，对资优教育领域的理论与实践问题进行研究；同时，积极开展资优教育实践的探索和先行试点。一些大学实施的资优教育项目成为资优生在校外接受高中资优教育的重要途径。美国现有主要的大学资优教育中心包括：普渡大学资优教育资源研究院（Gifted Education Resource Institute，GERI）、约翰·霍普金斯大学资优青少年中心、艾奥瓦大学贝林-布兰克国际资优教育与才能发展中心（the Belin-Blank International Center for Gifted Education and Talent Development）、威廉玛丽学院资优教育中心（the Center for Gifted Education at the College of William and Mary）、康涅狄格大学尼格资优教育与才能发展中心（the Neag Center for Gifted Education and Talent Development）、西北大学才能发展中心（the Center for Talent Development at Northwestern University）以及杜克大学的才能识别中心（the Talent Identification Program at Duke University）等。这些资优教育研究中心积极发挥自身的研究优势，开展各类资优教育实践，在为资优生提供多样化教育服务的同时，也为资优教育研究者和实践者提供了专业发展机会与教育教学资源。这些大学资优教育中心的具体信息，包括成立时间、主要职能及网站信息见表4-5。当前，大学开展的资优教育项目包括提前升学项目、暑期学校和网络教育项目。

表 4-5　美国主要的大学资优教育中心

机构名称	成立时间	主要职能	网站
普渡大学资优教育资源研究院	1974 年	致力于发现、研究和开发学生的潜能，为资赋优异的、有创造力的青少年提供丰富教学项目；为未来的学者和领导者开设研究生教育项目；为资优教育实践者提供专业发展机会	http://www.geri.education.purdue.edu
约翰·霍普金斯大学资优青少年中心	1979 年	为世界范围内的 K~12 阶段资优儿童与青少年提供适合其发展的学习机会，包括网络课程、暑期教育项目等	http://cty.jhu.edu
杜克大学的才能识别中心	1980 年	开展资优生的识别与教育，为资优生提供挑战性的个性化教育服务，包括暑期教育项目、网络课程等	https://tip.duke.edu
西北大学才能发展中心	1982 年	为资优生提供才能的识别与发展服务；开展资优教育的理论与政策研究；为资优生开设网络课程，暑期教育项目等	http://www.ctd.northwestern.edu/

续表

机构名称	成立时间	主要职能	网站
艾奥瓦大学贝林—布兰克国际资优教育与才能发展中心	1988年	开设资优教育专业发展课程与工作坊；开展面向资优生的教育教学服务；提供资优生的评估与咨询服务；举办资优教育会议或工作坊	http://www.education.uiowa.edu/centers/belinblank/home
威廉玛丽学院资优教育中心	1988年	为资优教育实践者提供专业发展及其他服务，开设资优教育专业的研究生教育；开发资优教育课程，为资优生提供教育服务	http://www.cfge.wm.edu

1）提前升学项目

提前升学，指的是让资优生在未完成高中阶段学习或没有经过高中学习的情况下提前升入大学，是一种加速教育形式。亚利桑那、俄亥俄、堪萨斯等州还规定，高中生通过双注册项目或提前升学项目获得的大学学分可以算作高中课程学分，即学生在学习大学课程的同时，还能获得高中学分，进而获得高中毕业文凭。

根据 NAGC 的统计，截至 2013 年，美国全国范围内开展提前升学项目的大学包括 21 所[①]。以华盛顿大学为例，当前，华盛顿大学设有两个提前升学项目[②]：一个是青年学者研究中心的提前升学项目（early entrance program of Halbert and Nancy Robinson Center for Young Scholars），该项目成立于 1977 年，招收一些年龄不到 15 岁的资优青少年，使他们提前学习大学阶段课程；另一个是 2001 年成立的青年学者学院（Academy for Young Scholars），所有完成 10 年级学业的高中资优生都可以申请进入该学院学习大学课程。两个提前升学项目在招生时主要参照学生的 ACT 成绩、平时学业成绩、教师推荐信和范文等。这两个早期升学项目为资优生们提供了挑战性的学习环境和学习内容，帮助学生获得了适合其自身发展水平的教育。

加利福尼亚州立大学的早期升学项目（early entrance program at California State University）成立于 1982 年，该项目允许 16 岁以下的资优学生以全日制学生的身份提前升入大学，每年招生 130 名左右。加利福尼亚州立大学的早期升学项目使得那些在现有教育体系中教育需求无法得到满足的学生，获得学习具有挑战性的大学课程的机会，同时给予学生必要的咨询与指导服务[③]。

2）暑期教育项目

暑期教育项目（也称暑期学校）是美国从农业经济向工业经济转型的产物，

---

① 详见：University programs for K-12 advanced learners[EB/OL]. http://www.nagc.org/sites/default/files/Gifted-by-State/Programs%20for%20Advanced%20Students2013.pdf，2013-09-25.

② Noble K D，Childers S A，Vaughan R C. A place to be celebrated and understood：the impact of early university entrance from the parents' points of view[J]. Gifted Child Quarterly，2008，（52）：256-268.

③ Early entrance program：about EEP [EB/OL]. http://www.calstatela.edu/academic/eep/aboutEEP.php，2015-08-26.

随着工业的大规模发展，更多的家庭不再务农，而是外出工作，原本需要在暑假期间帮持农活的学生就赋闲在家，有人就提出通过暑期学校的形式为学生提供更多的学习机会。最初，暑期教育项目主要为那些学业成绩落后学生提供补偿性教育。直到 1959 年，科南特向美国教育委员会提出建议，暑期教育项目不仅应为学业落后学生提供补偿性教育，还应为那些需要更灵活和更丰富学习机会的资优生提供适合其发展的教育。于是，暑期教育项目逐渐成为学术资优生或具备其他才能的资优生接受增益教育的途径之一①。

实施资优教育的暑期教育项目，通常以大学为基地，借助其教育师资，招收对某一领域擅长或感兴趣的资优生。高中资优生可以充分利用高校的优良师资、实验室、图书馆等教育资源，发挥自身的特长或发展新的学习兴趣。比较著名的暑期教育项目就是约翰·霍普金斯大学、西北大学、杜克大学、普渡大学、艾奥瓦大学、威廉玛丽学院等六所大学实施的"才能搜索项目"，该项目采取以标准化测试成绩（SAT/ACT/EXPLORE 测试）为主、综合考虑教师推荐或家长推荐的方式，识别和选拔资优生。经过识别的资优生可以利用暑假时间（或者周末时间）参加"才能搜索项目"的教育活动。如今，全美已经形成了由 4 大才能发展中心分别负责不同地区"才能搜索"工作的局面，其中，西北大学才能发展中心负责北部各州、约翰·霍普金斯大学资优青少年中心负责西部和东北部各州、杜克大学的才能识别中心负责南部和中部各州、区域性聪明儿童中心负责西北部的多个州②。研究表明，每年有近 24 万③学生参加人才搜寻的测试。

同时，艾奥瓦大学贝林-布兰克国际资优教育与才能发展中心的暑期资优教育项目也具有较大的影响。该中心分别成立了面向小学生、初中生和高中生的暑期资优教育项目。面向高中生的项目包括创新研究院项目（Innovation Institute Program）、国家学者研究院项目（National Scholars Institute Program）和中学生培训项目（secondary student training program）④。其中，创新研究院项目是为期两周的科技与创新领域的寄宿制教育项目，该州所有 9~11 年级学生可以自荐参加。该项目通过开设 STEM 学科的创新课程来提升学生在 STEM 学科领域的创新和创业

① Cooper H. Summer school: research-based recommendation for policymakers[R]. Serve: Southeastern Reginal Vision for Education, 2001. 注：本书提及暑期教育项目是高中资优教育的重要途径，然而并不是所有的暑期教育项目都是专门面向资优生的，仍有其他性质的暑期教育项目。

② 聪明儿童中心的前身为丹佛大学的落基山才能搜索中心（the Rocky Mountain Talent Search at the University of Denver），2007 年，该中心发展成为美国西部地区的区域性才能发展中心，曾更名为创新与资优生中心（Center for Innovative and Talented Youth），后又更名为聪明儿童中心。参见：Western academic talent search: program overview [EB/OL]. http://www.centerforbrightkids.org/wats_ program_ overview.php, 2015-08-30.

③ Seon-Young L, Matthews M S, Olszewski-Kubilius P. A national picture of talent search and talent search educational program[J]. Gifted Child Quarterly, 2008, 52（1）: 55-69.

④ STEM at the Belin-Blank Center[EB/OL]. http: //www2.education.uiowa.edu/belinblank/students/summer/, 2015-08-25.

精神方面的参与能力。国家学者研究院项目为期一周，同样招收 9~11 年级资优生，项目由两部分组成，第一部分课程包括写作工作坊、手机 APP 创作、健康护理之路、高级领导力研讨会；第二部分课程包括天体生物学——宇宙中的生命、经典与当代物理、医学遗传学、视觉艺术工作室等。中学生培训项目为期五周，主要招收 10~11 年级的高中生，在教师的指导下，学生主要在艾奥瓦大学实验室从事科学研究，并完成研究报告。暑期教育项目集中利用暑期时间，为高中资优生提供了某一学科或领域的深度学习体验，是高中资优生在校外接受资优教育的重要选择。

3）网络教育项目

除了"实地"资优教育项目，网络教育项目也是高中资优教育的重要形式。特别是对于那些缺乏资优教育资源和服务的农村地区高中资优生而言，当地的高阶课程和资优教育项目相对缺乏，学生选修大学阶段课程的机会也较少，这种情况下，借助电子信息设备和互联网，传输面向资优生的教育课程的网络资优教育项目，就成为其接受资优教育的重要途径[1]。

斯坦福大学资优青少年教育项目（the education program for gifted youth，EPGY，1992 年）旨在为资优生提供深度的、加速的、个性化学习体验。该项目开展了小学至大学阶段的数学、英语、科学、物理、计算机编程、论文写作等学科的多媒体课程。其中，针对 9~12 年级高中生的课程包括代数、几何、微积分、物理学入门、力学、电磁学、计算机编程入门、计算机编程—算法与技术、计算机编程—复合数据类型与高级主题、Java 教程等[2]。面对资优生的多样化教学需求，西北大学才能发展中心设计了在线教育项目"资优学习链接"（gifted learning links）[3]，项目囊括了面向 K~12 年级资优生的家庭教育项目、核心课程、荣誉课程与 AP 课程，特别是为那些未经识别的高中资优生提供了选修高中课程并获得相应学分的机会。这些大多是加速学习课程，学生可以自行决定学习速度，并能借助邮件、电话或互联网白板等形式与教师进行互动。

杜克大学的才能识别项目为具有较高学习动机与天赋的学生设计了丰富课程光盘（CD-ROM enrichment courses），小小的几张光盘就涵盖了视频课程、互动联系、实验室展示、批判性思维练习、动手活动等内容。此外，为资优生提供网络资优教育服务的还包括约翰·霍普金斯大学、亚利桑那大学、佐治亚摄政大学、哥伦比亚大学教师学院、拉马尔大学[4]等。

① Belcastro F P. Electronic technology and its use with rural gifted students[J]. Roeper Review, 2002, 25(1): 14-16.

② Explore courses [EB/OL]. https://giftedandtalented.com/course-detail/-/course/, 2015-08-25.

③ Northwestern university-online program[EB/OL]. http://www.ctd.northwestern.edu/program_type/online-programs, 2015-08-25.

④ University programs for K-12 advanced learners[EB/OL]. http://www.nagc.org/sites/default/files/Gifted-by-State/Programs%20for%20Advanced%20Students2013.pdf, 2013-09.

由于具有不受时间和地域限制的特点，远程资优教育项目能够为更多的资优生提供便利的教育机会，同时，鉴于高中资优生普遍具有独立自主的学习特点，网络教育项目更好地满足了其个性化的学习需求[①]，成为高中学校资优教育项目的有益补充。

（三）给予资金与服务支持的公益组织

基金会等公益组织在推动美国教育改革与发展中的作用举足轻重。从最早的卡耐基基金会，到后来的比尔及梅琳达·盖茨基金会（Bill and Melinda Gates Foundation），都为美国公立学校改革做出了重要贡献。例如，比尔及梅林达·盖茨基金会推动了纽约市小型化学校改革运动，并发起了大学先修高中计划（early college high school initiative，ECHSI），在一定程度上提升了公立学校的教育质量。因此，对于资优教育的发展而言，基金会等公益组织同样发挥着促进作用。

1. 提供资金与教育服务

一些热心的基金会通过资金和教育服务支持，推动着资优教育的理论与实践发展。杰克·肯特·库克基金会就是其中之一。近些年来，该基金会举办了多种教育项目，通过发放奖学金、开展资优教育项目与加强资优教育宣传等途径，支持那些需要经济资助的资优生的教育与发展[②]。其现有面向高中资优生的教育服务主要是"青年学者计划"和"大学奖学金计划"。根据"青年学者计划"方案，该基金会每年从美国国内选拔 65 名需要经济资助的资优生，为其提供 8~12 年级的综合化教育服务与经济支持，使学生实现个人的学术目标和才能发展。而"大学奖学金计划"的目的是为具有高学业成就的、升入顶尖四年制大学的高四学生提供大学学费[③]。与此同时，杰克·肯特·库克基金会还资助一些资优高中开展相关的教育实践或研究。例如，该基金会曾向缅因数学和科学高中（一所州长高中）提供 3.6 万美元的资助，并为 6 所全国特色高中联盟学校提供 50 万美元资金支持，以期消除处于不利社会经济地位的学术资优生的成就差距等。

另一基金会——约翰·邓普顿基金会（John Templeton Foundation）主要致力于推动数学和科学领域资优生的识别与教育。在美国国内，邓普顿基金会致力于为有能力学生提供加速学习的机会，并对相关研究提供经费资助。同时，基金会的资助对象还包括国际学生，主要资助那些具有超常潜能却因经济条件不足或缺乏教育支持而无法发展其才能的学生，使其参加国际性的学术训练和竞赛[④]。

---

① Olszewski-Kubilius P，Lee S Y. Gifted adolescents' talent development through distance learning [J].Journal for the Education of the Gifted，2004，28（1）：7-35.

② About the Jack Kent Cooke Foundation [EB/OL]. http://www.jkcf.org/about-us，2015-08-24.

③ Scholars programs[EB/OL]. http://www.jkcf.org/scholarship-programs/，2015-08-24.

④ Exceptional cognitive talent and genius [EB/OL]. https://www.templeton.org/what-we-fund/core-funding-areas/exceptional-cognitive-talent-and-genius，2015-08-24.

此外，隶属于美国心理协会（American Psychological Association，APA）的美国心理基金会（American Psychology Foundation）在 1974 年成立了艾斯特·卡茨·罗森基金（Esther Katz Rosen Fund），旨在促进经过识别的资优儿童与青少年的发展；鼓励有潜力的心理学家从事资优教育领域的创新型研究。该基金会致力于推动与资优生知识应用相关的活动，具体包括资优教育研究、试点项目、基于研究的教育项目、改善心理科学教育质量以及在高中资优学校中应用心理科学教育等项目[①]。

2. 举办校外竞赛项目

由社会机构举办的校外竞赛项目也是高中资优教育的形式之一。由于一些竞赛会组织参赛者参加一定的入围训练，这些竞赛甚至被一些资优生父母看做学生受益最大的资优教育机会[②]。通过参加校外竞赛，资优生习得独立学习的技能，得到来自各领域专家的反馈与建议，收获关于学科教育与生涯发展的知识，并获得了解真实世界问题的机会。这些竞赛活动为资优生提供了支持性的学习和社交环境，有效地促进了学生在特定学科领域的发展。

目前，美国主要的竞赛活动包括国内的"英特尔科学人才选拔赛"（Intel science talent search，Intel STS）、"初级科学与人文科学研讨会"（junior science and humanities symposia program，JSHP）以及国际范围内的"英特尔国际数学与工程大赛"（Intel international science & engineering fair，ISEF）。其中，"英特尔科学人才选拔赛"是美国历史最悠久、最权威的高中生科学竞赛项目，其前身是成立于 1942 年的"西屋科学人才选拔赛"（Westinghouse Science Talent Search）。每年全美有 1 800 多名高四学生参加这一赛事，其中，300 名学生入围半决赛，再选出 40 名决赛选手，到首都华盛顿特区参加为期一周的庆祝活动，并角逐最后的奖项——基础研究奖（the basic research medal）、全球善事奖（the global good medal）和创新奖（the innovation medal），每个奖项分别评出冠军、亚军、季军。除获得奖金之外，这些"小科学家"们还有机会与包括诺贝尔奖获得者在内的著名科学家交流互动，以及享受总统或副总统接见的殊荣[③]。

"初级科学与人文科学研讨会"是专门吸引 9~12 年级高中生参与的 STEM 学科竞赛项目。这一科学研究类竞赛项目由美国陆军、海军和空军部（Department of

① Esther Katz Rosen fund grants[EB/OL]. http://www.apa.org/apf/funding/rosen.aspx，2015-07-03.

② 苏映秀，宋蔚. 我们所了解的美国英才教育[A]//戴耘，蔡金法. 英才教育在美国[C]. 杭州：浙江教育出版社，2013：192.

③ Intel science talent search[EB/OL]. http://www.intel.com/content/www/us/en/education/competitions/science-talent-search.html，2015-07-04. 注：这些奖金都是由英特尔公司资助，但自 2015 年 10 月开始，英特尔公司宣布停止资助科学人才选拔赛，此举也引发了美国国内资优教育倡导者的慨叹，被认为是美国资优教育发展的一大损失。详见：Finn C E，Wright B. America's abandoned smart kids [EB/OL]. http://edexcellence.net/articles/americas-abandoned-smart-kids，2015-10-21.

Army，Navy and Force）提供资金支持，并由应用科学研究院（the Academy of Applied Science）与其他高校合作举办，旨在培养和支持学生对 STEM 学科的兴趣，使学生在高中阶段就有机会像科学家和工程师一样，为推进国家的科学与技术发展作贡献。各个地区的参赛学生首先在地区分赛场进行比赛，展示自己在 STEM 学科领域的研究成果，优胜者将继续参加全国范围内的比赛，角逐最后的名次与奖学金。在参赛过程中，参赛者们还有机会参加各类工作坊、讨论会、生涯探讨会、实验室参观等活动，不断丰富个人的科学知识和研究技能，为未来 STEM 学科的本科学习和研究生学习作准备[1]。学生参加竞赛的过程，也是与其他志同道合的高中资优生共同进行科学研究与实践的过程，如提出有意义的问题、理解和分析数据、寻找解决措施。同时，学生还能得到评委和顾问团等专家学者的更有针对性的指导。

总之，大学、基金会等教育机构是支持高中资优教育的重要力量，其开展的资优教育实践为高中资优生提供了在校外接受资优教育的机会。较之资优高中的资优教育实践，校外资优教育项目为资优生提供了与志趣相投的同伴接触与交往的机会，激励着他们获得更高的成就，同时也让他们获得了更多适合自身能力发展的学习机会。

第二节　高中资优教育的实践内容

陶行知先生曾表达对教育的看法，"人像树木一样，要使他们尽量长上去，不能勉强都长得一样高，应当是：立脚点上求平等，于出头处谋自由"[2]。资优教育的目的就在于为资优生提供适合的教育，促进其尽可能的发展。上文提及，包括私立精英高中、考试高中和州长高中在内的资优高中，承担着高中资优教育的主要任务。其他一般高中也有针对资优生群体的教育服务，包括 AP 课程、IB 课程和双注册项目等，满足了不在资优高中就读的资优生的学习需求。同时，社会机构的资优教育服务也是对资优教育的有益补充。由于资优高中是高中资优教育的主阵地，本节主要以三类资优高中为主，总结美国高中资优教育的实践内容。

一、教育目标

资优高中是美国高中资优教育实践的主体，其学校的发展目标能够反映

---

① Welcome to the junior science and humanities symposia program [EB/OL]. http://www.jshs.org，2015-07-04.

② 郭奕龙. 人才搜索计划及相关服务[A]//戴耘，蔡金法. 英才教育在美国[C]. 杭州：浙江教育出版社，2014：53.

出美国高中资优教育实践的目标定位。学校使命是学校自我意识的外在表达[①]，包含了学校的发展目标、办学特色、人才培养、教育教学等多方面信息，回答了学校旨在培养什么样的学生、如何培养学生、学校是怎样发展的、未来又该如何发展等问题。本部分主要以资优高中为对象，分析其学校使命，通过分析这些高中的培养目标、办学情况等多方面信息，进而了解美国高中资优教育的目标。

　　本书主要采用内容分析法，分别选取一些有代表性的私立精英高中、考试高中和州长高中，对其学校使命进行词频分析。在学校样本的选择上，由于私立精英高中与考试高中的数量较多，在此分别选取其中的 10 所代表性学校。其中，私立精英高中主要以"十校联盟"成员为研究对象，考试高中则分别选取了来自纽约市（4 所）、波士顿市（3 所）和芝加哥市（3 所）的 10 所学校[②]。对于州长高中而言，由于全美共有 25 所州长高中，数量较少且分布在不同的州，本书直接以这 25 所学校为研究对象，以呈现州长高中的发展全景。具体而言，首先，从这些资优高中的官网查找其学校使命，提取其中的关键词，并分别统计关键词的词频；其次，对析出的关键词进行分类，并归纳为三级指标；再次，进一步归纳三级指标，析出二级指标；最后，由二级指标提炼出一级指标。

　　通过对这些关键词的分析发现，三类高中在目标定位上具有较大的一致性，特别是在人才培养方面，都强调了全方位人才培养、升学以及社会服务方面的目标。然而，三类高中又具有不同的倾向性，体现出一定的差异性。其中，私立精英高中偏向于"培养全方位人才"；考试高中"为升学作准备"的目标较为明显；而州长高中则突出强调其"服务与贡献社会"的目标，从学生培养与学校发展两个层面，致力于为社会做出贡献。下文分别对三类高中加以说明。需要指出的是，本书分别以私立精英高中、考试高中与州长高中为例，阐释其在全方位人才培养方面、升学以及社会服务方面的倾向性目标，并不否认每类高中对其他两方面目标的重视。

　　10 所代表性私立精英高中学校使命的词频统计如表 4-6 所示。

----

　　① 章立早. 学校使命与使命管理——名校发展的一种路向[J].江苏教育研究，2011，15：8-12.
　　② 这 10 所考试高中分别是：纽约市的纽约城市学院数学、科学与工程高中（High School for Math, Science and Engineering），雷曼学院美国研究高中（High School of American Studies at Lehman College），史岱文森高中、布朗克斯科技高中（4 所）；波士顿市的波士顿拉丁学校（Boston Latin School）、波士顿拉丁学院（Boston Latin Academy）与约翰·布莱恩特数学和科学高中（John D. O'Bryant School of Mathematics and Science）（3 所）；芝加哥市的汉考克大学预备高中（Hancock College Preparatory High School）、雷恩技术高中（Lane Tech High School）与约翰大学预备高中（Johns College Prep）（3 所）。

表 4-6 10 所代表性私立精英高中学校使命的词频统计

一级指标	二级指标	三级指标	关键词	频次/次
人才培养	教育对象	社会背景	国际化	1
			多元化	3
		能力要求	学术能力	1
			德行	1
	培养目标	升学	为升学作准备	3
		终身发展	终身学习	1
			自我实现	5
		全面发展	全人	1
			智力/学识增进	5
			健全体格/身心健康	4
			道德品格（正直/荣誉/友善/独立）	5
			批判性思维/创造力	4
			学习兴趣/激情、好奇心	2
			同情心	1
			国际视野/国际理解	3
		社会服务	领导力/领导者	4
			公民意识/社会责任与服务意识	6
			改善人类境遇/自然环境	4
	教育教学	课程特点	严格	4
			内容广泛	1
		学科重心	通识教育	2
		教学方法	研讨式教学	1
			参与式教学	1
			导师制	1
		学校环境	寄宿制/社区生活	7
			学习/教育共同体	2
			支持性环境	2
			多样化环境	2
			挑战性环境	1

（一）培养全方位人才

私立精英高中的学校使命突出反映了其在人才培养方面的定位。

首先是对"培养谁"（教育对象）的说明。私立精英高中比较注重学生群体具有"国际化"和"多元化"的社会背景，10 所代表性学校中分别有 1 所和 3 所学校提出招收具有"国际化"或"多元化"背景的学生。同时,个别学校对学生的个人能力提出具体要求,在招生时,强调学生应具备较高的"学术能力"和"德行",这两个关键词各出现1次。

其次是在"培养成什么的人"这一培养目标问题上,私立精英高中首先强调了其大学预备的教育性质,10所代表性学校中有3所提及"为升学作准备"的目标,占30%。同时,私立精英高中普遍重视促进学生的终身发展、全面发展以及培养学生为社会服务的责任与意识。其中:强调学生终身发展的关键词出现了6次,分别是"终身学习"(1次)和"自我实现"(5次),其比例为60%;重视学生智力、道德和身体等全面发展的关键词包括:"全人"(1次)、"智力/学识增进"(5次)、"批判性思维/创造力"(4次)、"道德品格(正直/荣誉/友善/独立)"(5次)、"学习兴趣/激情、好奇心"(2次)、"同情心"(1次)、"国际视野/国际理解"(3次)以及"健全体格/身心健康"(4次),共出现25次,频次高达250%,体现了私立精英高中对学生全面发展的重视。此外,这些高中还重视培养学生服务社会的责任与意识,如培养学生成为有担当的"领导者"(4次)、培养学生的"公民意识"与"社会责任与服务意识"(6次),以及为"改善人类境遇/自然环境"作贡献(4次),共计14次,占140%。

最后是在"如何培养"的问题上,即学校的教育教学情况。私立精英高中的学校使命突出反映了该类学校的课程特点、学科重心、教学方法与学校环境等信息。10所代表性学校的使命中,涉及课程特点的关键词包括"课程严格"(4次)、"内容广泛"(1次);涉及学科重心的关键词是"通识教育"(2次);而在教学方法方面,有3所学校分别提及本校采取"研讨式教学"(1次)、"参与式教学"(1次)和"导师制"(1次)的方法;同时,学校十分重视为学生提供良好的教育环境,包括明确提出学校寄宿制的办学特点(7次),建立"学习/教育共同体"(2次),为学生提供"支持性环境"(2次)、"多样化环境"(2次)和"挑战性环境"(1次),相关的关键词共出现14次。

总之,私立精英高中的使命集中反映了其对人才培养的考量。在教育对象的选择上,私立精英高中强调学生群体的多元,"国际化"和"多元化"这两大关键词共出现了4次;大部分学校并没有把对学生的学业要求写入学校使命,但这并不代表学校在招生时不重视学生的学业成绩。在培养目标方面,学校同时强调大学升学的目的(3次),促进学生的终身发展(6次)与全面发展(25次),培养学生服务社会的责任与意识(14次)。特别是,私立精英高中对于学生全面发展的重视并不是流于表面,而是切实强调学生的知识、德行、身体等方面的协同发展。例如,除了强调学生"智力/学识增进"(5次)之外,有4所学校将"健全体格/身心健康"等关键词写入学校使命之中,5所学校将学生"道德品格(正直/荣誉/友善/独立)"的养成写入学校使命,此外,还有学校重视培养学生的"批判性思维

/创造力"（4 次）、"学习兴趣/激情、好奇心"（2 次）、"同情心"（1 次）等。需要强调的是，与私立精英高中重视学生的多元化和国际化背景相一致，学校还注重扩展学生的"国际视野/国际理解"能力（共 3 次），是其国际化办学理念的体现。这一方面则是州长高中与考试高中所欠缺的。

而在如何培养学生方面，私立精英高中一直以来都实施"通识教育"（2 次），通过开设严格（4 次）和"内容广泛"（2 次）的课程，采取强调学生主动和积极参与的教学方法（共 3 次）进行教育。同时，私立精英高中借助寄宿制（7 次）的办学模式，努力营造"学习/教育共同体"（2 次），为学生提供"支持性"（2 次）、"多样化"（2 次）和"挑战性"的教育环境（1 次）。由此可见，私立精英高中的学校使命主要体现了学校对人才培养的考量与定位。其始终把品德教育作为重要的教育内容，在促进学生学识增进的同时，更强调培养学生成为健康、正直、友善、具有社会责任心和使命感的全方位发展的人才，这些教育目标浸润到学校的校园文化中，并通过严格而丰富的通识课程体现出来。

相比之下，私立精英高中的学校使命较少提及学校自身的发展，以及学校与其所在社区或更广范围的社会之间的联系。10 所代表性学校的学校使命并无反映学校发展的关键词。而从另一角度来说，鉴于其私立办学特点，对学生发展和人才培养的重视也是私立精英高中吸引学生的一大亮点。

（二）为升学作准备

考试高中为学生升学作准备的教育目标较为突出。与对私立精英高中的分析相似，本书分别选取了来自纽约市（4 所）、波士顿市（3 所）和芝加哥市（3 所）的 10 所代表性学校，对考试高中的学校使命进行分析。考试高中的学校使命集中反映了人才培养与学校发展两个方面的信息（表 4-7）。

表 4-7　10 所代表性考试高中学校使命的词频统计

一级指标	二级指标	三级指标	关键词	频次/次
人才培养	教育对象	能力要求	资优生	2
	培养目标	升学	大学预备教育	6
		生涯发展	职业准备	2
		终身发展	终身学习者	1
			自我实现	2
			潜能发展	1
		全面发展	智力发展/学识增进	3
			全人发展	
			研究技能/精神	2
			（批判性）思维	3
			道德品格（正直/荣誉/友善/独立）	1
			学习乐趣/激情、好奇心	1

续表

一级指标	二级指标	三级指标	关键词	频次/次
人才培养	培养目标	全面发展	独立的学习者	1
		社会服务	领导力/领导者	3
			公民/社会责任与服务	4
			学术贡献	1
			改善人类境遇	1
	教育教学	学科重心	经典教育	1
			STEM 教育	4
			人文学科	4
			公民教育	1
		课程特点	严格/挑战性课程	6
			多样化/全面课程	3
			综合课程	1
			选修课程	1
		教育环境	支持性环境	1
			学习/教育共同体	2
			多样化环境	1
学校发展	内部发展	教师发展	教师专业技能	1
	外部发展	机构合作	学校与社区之间的合作伙伴关系	1

1. 人才培养

考试高中的学校使命鲜明地体现了其在人才培养上的目标定位，其关键词集中反映了学校的教育对象、培养目标与教育教学等方面的信息。

在教育对象的选择方面，考试高中致力于招收具有较高学习动机和学习能力的资优生，"资优生"（2 次）一词体现了其对学生的能力要求。例如，纽约市布朗克斯科技高中明确提出"为资优生提供独特的教育和社会参与机会"[①]。

在培养目标方面，第一，考试高中为学生升学作准备的特点突出，"大学预备教育"等关键词出现 6 次，其比例为 60%。第二，"职业准备"（2 次）这一关键词体现学校为学生职业生涯发展作准备的目标，占 20%。第三，涉及学生终身发展的关键词包括"终身学习者"（1 次）、"自我实现"（2 次）和"潜能发展"（1 次），共计 4 次，占 40%。第四，考试高中重视促进学生的全面发展，其中，"智力发展/学识增进"（3 次）、"（批判性）思维"（3 次）等关键词凸显了对学生学识或智力能力的重视；而"学习乐趣/激情、好奇心"（1 次）、"研究技能/精神"（2 次）以及"独立的学习者"（1 次）等关键词则体现了对学生学习品质的重视；"全人发展"

---

① 还有个别考试高中的校名直接反映出其开展资优教育的性质，如得克萨斯州的资优生高中（School for the Talented and Gifted）、佛罗里达州的松视资优生高中（Pine View School for the Gifted）。

（1次）和"道德品格（正直/荣誉/友善/独立）"（1次）这些关键词反映了对学生品德发展的重视。总之，与学生全面发展相关的关键词共出现 20 次，比例高达 200%，且主要体现在学识/智力与品德两个方面。第五，考试高中也重视培养学生的社会服务意识，"领导力/领导者"（3次）、"公民/社会责任与服务"（4次）、"学术贡献"（1次）、"改善人类境遇"（1次）等关键词，比例占 90%，反映了其培养学生成为学科领域或社会的领导者，并为相关学科领域或社会的发展作贡献的目标。

在教育教学方面，考试高中的学校使命提及学科重心、课程特点与教育环境三方面的内容。第一，考试高中大都明确提及本校的学科特色，有 1 所学校重视经典教育；有 4 所学校重视 STEM 教育，4 所学校强调人文学科，如历史等的教育；还有 1 所学校强调对学生进行公民教育，即学科特色方面关键词出现的比例为 100%。例如，布朗克斯科技高中旨在促进"数学、科学、工程学、计算机科学及人文科学领域的创新和跨学科方法的研究与发展"，雷曼学院美国研究高中则主要强调历史学科的教学。第二，在课程设置及其特点方面，60%的学校提出要开设"严格的和挑战性的课程"（6 次）；同时，还有学校的课程特点包括"多样化/全面课程"、"综合课程"和"选修课程"，这些关键词分别出现 3 次、1 次和 1 次。第三，在教育环境方面，考试高中注重为学生提供"支持性环境"（1 次）、"多样化环境"（1 次）和"学习/教育共同体"（2 次）。

2. 学校发展

相比于对人才培养的重视，考试高中较少提及学校自身的发展，只有个别学校把这一方面的关键词写入学校使命。其中，有 1 所学校提出要提升"教师专业技能"，反映了对学校内部发展的关注；而在学校外部发展方面，有 1 所学校提出要构建"学校与社区之间的合作伙伴关系"。

总之，考试高中的学校使命突出强调了其在人才培养方面的目标定位，包括教育对象、培养目标与教育教学三个方面。具体而言，在教育对象方面，考试高中主要招收（学术）资优生；在培养目标方面，考试高中同时强调升学、生涯发展、终身发展、全面发展以及社会服务这五大目标，其中，其大学预备教育的定位十分明确，大多数考试高中都提及这一目标；在教育教学方面，考试高中主要开设严格且具有挑战性的课程（其课程内容全面且多样化），并注重为学生提供支持性的多元化学习环境。此外，也有个别学校谈及学校发展的目标定位，包括提升教师的专业技能以及构建学校与社区之间的合作伙伴关系等。

（三）服务与贡献社会

通过对州长高中学校使命的分析发现，不管是从学生发展（即人才培养）层面出发，还是从学校发展层面出发，州长高中突出强调了其致力于社会服务与贡献的发展目标。由于 STEM 州长高中（18 所）和人文艺术类州长高中（7 所）的学科特色不同，本书分别对两类学校进行单独分析[①]，见表4-8。

表4-8　25所州长高中学校使命的词频统计

一级指标	二级指标	三级指标	关键词	频次（18所STEM高中）/次	频次（7所人文艺术高中）/次
人才培养	教育对象	能力要求	学术/艺术资优生	8	5
			高学术动机学生	5	—
			高学术成就学生	3	1
			超常智力学生	3	—
	培养目标	升学	大学预备教育	2	1
			提前升学项目	3	—
		全面发展	创造力	6	—
			道德品质（如正直、荣誉感等）	5	2
			学习兴趣/乐趣	5	—
			好奇心	1	—
		终身发展	终身学习者	4	1
			能力与潜能发展	7	2
		社会服务	领导力/领导者	7	3
			公民/社会贡献	8	5
			改善社会/人类境遇	2	1
	教育教学	课程特点	大学水平课程	2	1
			挑战性课程	2	1
			严格的课程	3	1
		重点学科	STEM	9	—
			人文科学	2	1
			艺术	2	1
		教学方法	探究性学习/研究性学习	1	—
			个性化教学	2	—
		教育环境	支持性环境	2	2
			学习/教育共同体	2	—

---

① 7所人文艺术类州长高中中，分别有2所人文州长高中和5所艺术类高中。其中，人文类州长高中与STEM高中相似，比较重视学生的学术科目的学习，只是其主要强调人文学科的学习；而艺术类州长高中更重视艺术才能的培养。由于两类学校数量较少，本书对其一并进行分析，而不再分成两类。

续表

一级指标	二级指标	三级指标	关键词	频次（18所STEM高中）/次	频次（7所人文艺术高中）/次
学校发展	内部发展	教师发展	教师教育/教师在职培训	3	2
	外部发展	社会贡献	全州资优教育中心	1	2
			全州模范学校	2	2
			推动全州教育发展	6	2
			带动社会发展	2	2
			全球教育网络/教学实验室	2	—

1. 人才培养

在人才培养方面，首先，州长高中以资优生为教育对象的特点尤为明显，并对学生的能力提出了一定要求。18所STEM州长高中的学校使命，多次提及"学术资优生"（8次）、"高学术动机学生"（5次）、"高学术成就学生"（3次）和"超常智力学生"（3次）。而7所人文艺术类州长高中也分别提及"学术/艺术资优生"（5次）[1]和"高学术成就学生"（1次）。概括而言，18所STEM州长高中的使命中，反映以资优生为教育对象的关键词出现多达19次，所占比重为105%，由此可见，STEM州长高中十分看重学生在学术方面的能力与动机，明确把"资优生"这一教育对象写入学校使命。而人文艺术类州长高中的学校使命体现"资优生"的关键词共出现6次，所占比重为85.7%，同样反映出其以"资优生"为教育对象的特点。

其次，这些州长高中的培养目标表现在"升学"、"全面发展"、"终身发展"和"社会服务"四个方面。其中，18所STEM州长高中的学校使命中，体现"升学"的关键词有"大学预备教育"（2次）、"提前升学项目"（3次），共计5次，占27.8%；体现学生"全面发展"的关键词包括"创造力"（6次）、"道德品质（如正直、荣誉感等）"（5次）、"学习兴趣/乐趣"（5次）、"好奇心"（1次），共计17次，占94.4%；反映促进学生"终身发展"的关键词包括"终身学习者"（4次）和"能力与潜能发展"（7次），共计11次，比例为61.1%；而体现培养学生"社会服务"的关键词包括"领导力/领导者"（7次）、"公民/社会贡献"（8次）与"改善社会人类境遇"（2次），共计17次，占94.4%。相比之下，7所人文艺术类州长高中的学校使命中，有关"培养目标"的关键词出现的频次分别为："大学预备教育"（1次）、"终身学习者"（1次）、"能力与潜能发展"（2次）、"道德品质（如正直、荣誉感等）"（2次）、"领导力/领导者"（3次）、"公民/社会贡献"（5次）以及

---

① 其中，关键词"艺术资优生"出现3次，"学术资优生"出现2次。

"改善社会/人类境遇"（1次）。由此，虽然STEM州长高中主要为具有较高学术成就或动机的资优生提供资优教育，但其并没有把升学作为学校教育的唯一目的，在其培养目标中，"升学"所占的比重仅为27.8%。相比之下，这些学校更为重视学生的"全面发展"（94.4%）和"终身发展"（61.1%），并强调培养学生的"社会服务"意识，鼓励学生成为社会的领导者并做出应有的社会贡献，这些贡献不仅在于推进本州或美国的教育发展，还包括增进整个人类的福祉。"社会服务"对应的关键词"领导力/领导者"、"公民/社会贡献"和"改善社会/人类境遇"等所占比重高达94.4%，由此可以看出，STEM州长高中重视培养学生的"社会责任"。人文艺术类州长高中的学校使命同样反映出这一特征。

最后，州长高中的学校使命也反映了教育教学方面的信息，相关关键词涵盖了"课程特点""重点学科""教学方法""教育环境"四个方面。STEM州长高中的学校使命中涉及教育教学的关键词出现了27次，其中，与"课程特点"相关的关键词包括"大学水平课程"（2次）、"挑战性课程"（2次）、"严格的课程"（3次）；体现"重点学科"的关键词包括"STEM"（9次）、"人文科学"（2次）、"艺术"（2次）；反映"教学方法"方面内容的关键词是"探究性学习/研究性学习"（1次）、"个性化教学"（2次）；而与教育环境相关的关键词包括"支持性环境"（2次）、"学习/教育共同体"（2次）。相比之下，人文艺术州长高中的学校使命中与教育教学有关的关键词出现7次，其中，反映"课程特点"的关键词包括"大学水平课程"（1次）、"挑战性课程"（1次）与"严格的课程"（1次）；反映"重点学科"的关键词有"人文科学"（1次）、"艺术"（1次）；反映"教育环境"的关键词是"支持性环境"（2次）。

通过分析发现，STEM州长高中普遍开设严格的、具有挑战性的大学水平课程，个别学校的教育活动本身就是提前升学项目，即全部由大学教授（教师）直接讲授大学课程，学生完成课程学习后可获得大学学分，如佐治亚艺术、数学、工程与科学高中，得克萨斯数学与科学高中，密苏里科学、数学与计算机高中，以及肯塔基加顿数学和科学高中等。值得一提的是佐治亚艺术、数学、工程与科学高中，该校学生完成两年学习任务后，在获得高中毕业证书的同时还可以拿到大专学历（表示该生已经修完两年的大学课程），并且可以转学至四年制大学或学院继续攻读本科学位。另一所STEM州长高中，马萨诸塞数学和科学高中的高四学生可以直接以全日制大一学生的身份就读于伍斯特理工学院（Worcester Polytechnic Institute）。

同时，从学校使命的关键词可以看出，重视STEM学科的州长高中也不忘培养学生在人文艺术学科的兴趣与能力；即便是人文艺术类州长高中，也强调学生学术课程的学习，以期为学生的升学或未来生活打下坚实的知识基础。兼容并包的课程内容与学校培养全面发展的资优生的培养目标是一致的。此外，在教育环境方面，州长高中重视为学校创建支持性的学习环境，努力构建学习和教育共同体、营造良好的教育和学习氛围。

2. 学校发展

25 所州长高中对学校发展给予较多关注。在学校内部发展方面，多所州长高中提及教师发展，其中，3 所 STEM 州长高中的学校使命提及"教师教育/教师在职培训"这一关键词，同时，2 所人文艺术类州长高中也提及"教师教育/教师在职培训"，体现了它们对教师专业发展的考量与重视。然而，我们并没有发现州长高中学校使命中有关"教育研究"的关键词。这一点反映出，作为面向资优生的教育机构，州长高中把如何更好地教育资优生作为主要使命和目标，将更多的精力放在教育教学实践及其改进方面，而不是教育研究方面。

州长高中对学校的外部发展更为重视，并主要体现在"社会贡献"方面，对应的关键词包括"全州资优教育中心"、"全州模范学校"、"推动全州教育发展"、"带动社会发展"以及构建"全球教育网络/教学实验室"等，体现了州长高中在为全州、全美国乃至全球教育发展作贡献的志向与愿望。其中，分别有 1 所 STEM 高中与 2 所人文艺术类高中立志成为"全州资优教育中心"；各有 2 所 STEM 高中与人文艺术类高中希望成为"全州模范学校"；有 6 所 STEM 高中和 2 所人文艺术类高中将"推动全州教育发展"写入学校使命；同时，两类州长高中中各有 2 所学校提及要带动美国社会乃至国际社会的发展；此外，还有 2 所 STEM 高中力求发展成为世界一流的教学实验室，构建全球教育网络。

经上文分析，在人才培养方面，州长高中普遍将资优生作为教育对象；通过提供严格的、具有较高难度和挑战性的大学课程或大学水平课程以及支持性的环境，构建学习/教育共同体；同时，州长高中重视培养学生成为全面发展的、具有社会责任感、能够为社会做出卓越贡献的领导者或领军人才，以期为社会储备优秀的人才。在学校发展方面，州长高中认识到要推动学校的内部发展，关注教师教育与培训，把推动教师发展作为学校发展的重要部分；在外部发展方面，州长高中能够认识到自身在推动本州教育发展和社会发展中的责任与义务，并将其作为学校使命的一部分，进一步带动美国社会的整体发展，同时，州长高中还立志成为全国乃至世界范围内的教学实验室，进而为国家和国际社会的资优教育发展作贡献。

综上对私立精英高中、考试高中与州长高中的分析，三类资优高中的学校使命集中反映了其在人才培养与学校发展方面的概况，体现了资优高中的发展特点。

首先，三类资优高中对人才培养的目标定位一致。三类高中对教育对象的选择具有相似性，重视对学生的能力要求。州长高中直接把"学术/艺术资优生""高学术动机学生""高学术成就学生""超常智力学生"等反映资优生特征的关键词写入学校使命，明确反映了其培养和教育资优生的教育目的。与之相似，考试高中也旨在招收学业成绩优异、具有较高学习动机的资优生。虽然私立精英高中的学校使命中没有提及"资优生"等关键词，但也提出要招收具有高学术能力与德行的学生。需要指出的是，资优教育的理论研究与联邦政策虽已经说明，"资优"并不仅仅表现为高智力能力或特定学科的高学业成就，还表现为学生在创造力、领导力、艺术等方面的卓越表现或潜力，但资优高中以"学术资优生"为主要教育对象的特征仍很明显。

其次，三类高中对培养目标的定位也具有相似性，都把学生的升学、终身发展、全面发展以及社会服务意识的培养作为重要目标。对于这些资优高中而言，升学并不是其唯一的教育目的，相对而言，积极推动资优生的全面发展与终身发展，培育其为国家乃至全世界作贡献的意识与能力，是更为重要的使命。借助词频统计发现，在培养目标具有一致性的同时，三类高中的目标定位各有侧重。其中，州长高中更重视培养全方位的人才，尤其看重学生服务社会的责任与意识，其中不仅包括服务国家的责任，更包括服务国际社会以及改善人类境遇的担当；相对而言，考试高中则更为强调升学的目标。统计数据表明，10 所考试高中有 6 所学校明确提出为学生升学作准备的目标，比例高达 60%，而 18 所 STEM 州长高中仅有 2 所学校把升学写入学校使命，仅占 11%；私立精英高中培养社会精英的使命更为凸显，这一特征从其对学生的品德发展与社会服务意识培育的重视可见一斑。需要强调的是，虽然州长高中和考试高中也具有促进学生全面发展（包括学识/学习品质的发展）的目标定位，特别是 10 所考试高中的学校使命中反映"全面发展"的关键词出现 20 次，比例高达 200%，但私立精英高中的定位更"全面"，其不仅强调增进学生的学识/智力，以及德行的发展——与州长高中和考试高中相似，还重视锻炼学生的体魄与开拓学生的国际视野——与州长高中和考试高中不同。

最后，三类高中的教育教学特点相似。不同高中的学科特色可能有所不同，如以 STEM 学科（如 STEM 州长高中和部分考试高中）或人文艺术学科（如 STEM 人文类州长高中与部分考试高中）为学科重心，或是开展通识教育（如私立精英高中），但这些高中都重视开设全面、严格且富有挑战性的课程，注重为学生提供支持性和多样性的学习环境。这一特点与资优高中促进学生全面发展和终身发展的培养目标相契合。

此外，州长高中和考试高中还提及关于学校发展的目标定位。在学校内部发展层面，二者都重视教师教育以及教师在职培训；而在学校外部发展层面，考试高中突出了社区合作的重要性，号召建立与社区的合作伙伴关系。州长高中则着重强调学校的社会责任，即对该州乃至全社会发展做出应有的贡献，如成为"全州资优教育中心"或"全州模范学校"、"推动全州教育发展"等。

通过词频统计发现，在具有相似性的前提下，私立精英高中倾向于培养全方位人才，考试高中突出强调其为升学作准备的目标，而州长高中则更强调服务与贡献社会的责任。总之，培养全方位人才、为升学作准备、服务与贡献社会是三类资优高中的发展目标，也是美国高中资优教育目标的体现。

二、招生选拔

是优秀的学生成就了学校的伟大，还是精英的学校培养出卓越的学生？这是所有资优高中的教育实践者与研究者需要回答却又不好回答的问题。不可否认的是，资优高中在招生时采取严格的选拔标准，力求招收最优秀的学生，从"入口"和"起点"（即招生选拔）方面对学生提出了要求。与美国大部分公立高中实行按学区"就近入学"的招生做法不同，资优高中的招生对象并不仅限于其所在的学区。考试高中将招生范围扩大到学校所在的城市；由州财政资助并集合全州优质教育资源而成立的州长高中，将招生对象涵盖到全州学生；私立精英高中的招生范围更加广泛，伴随其学校的国际化发展战略，大多面向世界各国招生。这些资优高中都将招生范围扩大，力求选拔出最优秀的学生。

（一）考试成绩为主

资优高中招生的首要标准是考试成绩。私立精英高中的入学申请者需要参加高中入学考试[①]（secondary school admission test，SSAT），该考试是由高中入学考试委员会（Secondary School Admission Test Board，SSATB）组织的标准化测试，以考察学生的学术能力。当前，SSAT 考试中心开发了"在线标准化申请"（standard application online，SAO）系统，上千所私立高中（包括私立精英高中在内）都使用该招生系统[②]。有研究表明，私立精英高中录取学生的 SSAT 成绩平均在 1 800 分以上，意味着只有 SSAT 成绩排名在前 20%的学生才有可能被录取[③]。

州长高中旨在招收全州范围内的资优生，且录取人数较少，因而，其招生具有极高的选拔性。州长高中十分看重学生的考试成绩，所有考生需要提供近一年来的 SAT/ACT 成绩，一些学校还要求学生提供平时学业成绩，考察其已有的学习能力与学业成就。通过统计 18 所 STEM 州长高中的招生标准发现，除 1 所学校招生信息不详之外，16 所学校都把学生的 SAT/ACT 成绩作为重要招生标准，另外 1

---

① SSAT 的适用对象是 3~11 岁学生，该测试分为 3 个水平：初级水平测试适用于申请进入 4~5 年级学习的 3 年级和 4 年级学生；中等水平测试适用于申请进入 6~8 年级的 5~7 年级学生；高等水平测试则适用于申请进入 9~12 年级的 8~11 年级学生。SSAT 由写作、数学、阅读理解和语言方面的选择题组成。

② The standard application online [EB/OL]. http://www.ssat.org/admission/the-sao，2015-12-01.

③ Gaztambide-Fernandez R. What is an elite boarding school? [J]. Review of Educational Research，2009，79（3）：1090-1128.

所高中则完全凭借专门的入学考试成绩录取学生。此外，还有 15 所学校在招生时会参考学生的平时学业成绩。以各类考试成绩为主要招生标准，体现了州长高中对学生学业成就的重视。

与州长高中相似，考试高中同样以各类考试成绩作为唯一或主要的招生标准。例如，纽约市的 8 所"特色高中"完全依据考生参加纽约市"特殊高中入学考试"的成绩选拔学生；芝加哥市 11 所"选拔性招生高中"则综合学生参加"选拔性招生高中入学考试"的成绩、7 年级的阅读、数学、科学和社会研究等学科的平时学业成绩及 7 年级参加 NWEA MAP①的测试成绩的分数作为录取依据；波士顿市的 3 所"考试学校"则结合学生参加波士顿市"独立学校入学考试"的成绩和平时学业成绩选拔学生。

（二）重视综合评价

资优高中在招生时优先考察学生的考试成绩，除此之外，还会对学生进行综合考察。这里主要以州长高中为例进行说明。

尽管州长高中重视学生的标准化考试成绩（ACT/SAT 等）及平时学业成绩，但同时也采取多种方式综合选拔学生。鉴于州长高中的州立性质，报考州长高中的学生需要满足作为本州居民这一前提条件。一些学校还明确提出，考生必须满足一定的课程学习条件，才能被纳入招生的考虑对象。例如，南卡罗来纳科学和数学州长高中只提供 11~12 年级教育，其要求学生在入学前至少修完 10.5 个学分的课程，包括代数 I / II、英语 I / II、地理、一门社会研究课程和一门实验室科学课程，且要求学生具备一定的情感和心理成熟度②；加顿数学和科学高中申请者的数学 ACT 成绩必须达到 22 分或者是数学 SAT 成绩达到 520 分以上③；而马萨诸塞数学和科学高中则根据学生参加招生诊断测试（admissions diagnostic test）的结果，判断学生能否进入申请程序。

根据图 4-1 对 17 所 STEM 州长高中招生标准的统计，除了考试成绩之外，州长高中应用较多的招生标准还包括：教师推荐信/评价表（13 所）、学生论文（5 所）、活动经历（5 所）、面试表现（4 所）、平时行为表现（4 所）与兴趣/动机（4 所）等。学校没有划定最低的分数线，而是综合多重标准择优录取学生。以北卡罗来纳数学和科学高中为例，学校结合学生在 10 年级的 SAT 成绩、9 年级与 10

① MAP 是"学业进步评价测试"（measures of academic progress）的缩写，由美国西北测评协会（Northwest Evaluation Association，NWEA™）研发，适用于 2~12 年级，考试科目包括语文（阅读和语言综合运用）、数学和科学。因此，该测试被称为 NWEA MAP。

② South Carolina Governor's School for Science and Mathematics admission requirement [EB/OL]. http://www.scgssm.org/admissions/residential-admissions，2015-09-18.

③ The Gatton Academy of Mathematics and Science admission [EB/OL]. http://www.wku.edu/academy/admissions/index.php，2015-09-18.

年级第一学期的成绩单、3 封来自教师或咨询师的评价信（至少有一封来自 9 年级
或 10 年级的科学、数学或英语教师）等标准，对学生进行综合评价①。

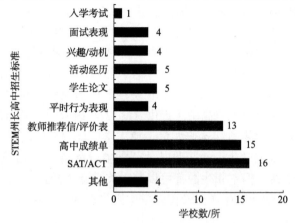

图 4-1　STEM 州长高中招生标准（*n*=17）

美国共有 18 所 STEM 州长高中。由于笔者未查找到佐治亚先修高中的

招生信息，故只统计了 17 所 STEM 高中的信息

资料来源：各所学校官方网站提供的招生信息

相比之下，7 所人文艺术类州长高中对学生学术成就的要求较低，除了得克萨
斯人文领导力高中之外，其他 6 所高中并没有要求学生提供 SAT/ACT 成绩。在要
求学生达到一定的学业标准（如高中每门课程的成绩等级不得低于 B 或 C②）的基
础上，其主要增加试镜环节，考查学生在艺术领域的天赋和才能。州长高中综合化
的招生标准与其致力于培养学生成为全面发展的领导者或领军人物的目标相一致。

（三）兼顾经济要求

除了学业方面的要求外，资优高中（主要是私立精英高中）在招生时还提出
了经济方面的要求。私立精英高中办学质量优越，2005 年，美国公共教育的生均
支出为 8 701 美元，而私立精英高中的生均支出为 46 000 美元，是公立高中的近 6
倍。学校经费的主要来源是学生学费。2008 年，美国私立精英高中的学费和杂费
支出平均为 41 744 美元③。其中，寄宿生学费高于走读生，以安多佛菲利普斯高中

① The North Carolina School of Science and Mathematics academics admissions[EB/OL]. http://www.ncssm.edu/
residential-program/academics/admissions7，2015-09-18.

② 人文类州长高中要求学生的平时学业成绩至少为 B，而艺术类州长高中的学业要求较低，只要求学生最少
达到 C。

③ Gaztambide-Fernandez R. The best of the best：becoming elite at an American boarding school [M]. Cambridge：
Harvard University Press，2009.

为例，2015 年该校寄宿生的学费为 50 300 美元，走读生学费为 39 100 美元[①]。单就学费这一项要求就决定了进入这些学校的学生绝大多数都是美国中上阶层、具有较高经济收入的小部分群体，具有高选拔性。2008 年，美国共有 16 043 名学生就读于精英寄宿高中，这一数量仅占全国 1 600 万中学生的 0.1%。

与私立精英高中相比，州长高中和考试高中的师资配备与教育质量不相上下。由于它们是由政府公共资金支持的公立学校，学生并不需要缴纳任何学费，有些州长高中（实行寄宿制）甚至减免了食宿费用。佐治亚先修高中则是个例外，作为州立公立高中，佐治亚先修高中（提供 11~12 年级教学）是与西佐治亚大学合办的提前升学项目，学生直接选修西佐治亚大学的课程并同时获得大学和高中学分。该校不仅招收本州学生，也招收其他州学生以及国际学生。佐治亚先修高中向所有学生收取学费，但本州生源都可以获得奖学金（涵盖了 15 个学分的学费、杂费和书本费），其他州的生源以及国际学生则没有获奖资格[②]。

三、课程教学

卓越人才的培养需要优质教育资源的支撑，课程是其中的重要一环。三类资优高中以培养资优生为办学目标，鉴于资优生具有高学习能力与学习需求的特点，其普遍开设了丰富且具有挑战性的高水平课程。三类资优高中的课程具有共性特征，本书在论述不同特征时，主要以一类或两类高中举例说明，不再将三类高中的课程情况一一呈现。

（一）课程门类丰富

丰富多样是资优高中的主要课程特点，这一点在私立精英高中的体现尤为明显。按照课程类别的不同，私立精英高中分为不同的系所，包括古典文学系、数学系、科学与技术系、历史系、人文科学系、艺术系、世界语系和宗教系[③]等，分别开设不同难度等级的必修课和选修课程。私立精英高中的代表安多佛菲利普斯高中具有 300 多门课程[④]，其中，一些编号为 500+的课程难度相当于大学一年级水平，其难度已经达到或超出 AP 课程，而那些编号为 600+的课程难度则等同于大学二年级及以上课程，如表 4-9 所示。另一所名校霍奇基斯高中的课程也有 220 多门[⑤]。

---

① Andover Phillips Academy quick facts [EB/OL]. http：//www.andover.edu/About/Pages/FastFacts.aspx. [2015-11-13].

② Advanced Academy of Georgia：future students [EB/OL]. http：//www.westga.edu/admissions/index.php, 2016-02-01.

③ 有些私立精英高中至今保留着宗教课程与学习。

④ Andover Philips Academy：fast facts[EB/OL]. http：//www.andover.edu/About/Pages/FastFacts.aspx, 2015-10-15.

⑤ Hotchkiss Facts & Figures 2016-2017[EB/OL]. http：//www.hotchkiss.org/uploaded/documents/About/Hotchkiss_Facts_Figures_16_17V4.pdf.

表 4-9　2015~2016 学年安多佛菲利普斯高中代表性课程

类别	系所	代表性课程
学术类	英语系	英语入门；文学写作研讨会；创造性写作；诗歌；新闻学
	历史与社会科学系	世界历史；美国历史；民权运动；亚洲历史；中东历史；拉丁美洲历史；欧洲的诞生、运动与战争
	数学、统计学与计算机科学系	代数；几何；微积分；初等函数；AP 微积分（AB/BC）；多变量微积分与线性代数；AP 统计学（Ⅰ/Ⅱ）；网络语言；离散数学与编程；AP 计算机科学（Ⅰ/Ⅱ）
学术类	自然科学系	生物学：生物学入门；动物行为；微观生物学；高级生物学；细胞生物学；进化与生态学
		化学：化学入门；AP 化学；有机化学
		跨学科科学：环境科学；全球气候变化&食品、农业与未来；人类起源；达尔文进化论
		物理学：物理入门；大学物理学；天文学；电子学；基于微积分的物理学
	心理学系	心理学入门；发展心理学；人与大脑
	世界语系*	汉语；希腊语；拉丁语；法语；德语；日语；俄罗斯语；西班牙语
	哲学与宗教研究系	亚洲宗教入门；圣经；伦理学入门；人性观；应用逻辑；法律与道德；正义与全球化
艺术类	艺术	视觉研究；建筑；绘画；电影摄影；纪录片制作；艺术史；制陶术；雕塑等
	戏剧与舞蹈系	表演；灯光；服装；布景设计；戏剧理论与历史；音乐剧；剧本创作；舞蹈表演
	音乐系	音乐理解与创作；爵士乐历史；电子乐；音乐理论与作曲；声乐课程；室内管弦乐
体育类	体育系	体育；越野赛；篮球；曲棍球；游泳与潜水；摔跤；滑雪；冰球；足球；乒乓球；高尔夫球
跨学科研究与多学科课程		史诗传统；古希腊戏剧；巴西文化研究；生物伦理：人类与后基因时代

注：*表示每一类语言下包括不同种类的课程

资料来源：Andover Phillips Academy：course of study 2015-2016 [EB/OL]. http://www.andover.edu/Academics/ProgramInfo/Documents/COS2015-2016.pdf，2015-10-15

　　为帮助学生更好地在高中与大学生活之间过渡，私立精英高中普遍开设 AP 课程，且课程数量较多，大多在 20 门以上。其中，乔特罗斯玛丽霍尔高中和塔夫特高中的 AP 课程数量多达 29 门。同时，除了要求所有学生学习基本核心课程（英语、数学、美国历史等）以应付升学考试之外，有些学校还会开设一些辅导课程，为学生提供课程与写作等技能的培训，帮助学生应对标准化测试。在普通公立高中忙于达到该州的教育标准、完成绩效考核、进而"不让一个孩子掉队"的同时，私立精英高中则将主要精力放在如何更有效地推动学校多样化的课程建设。学校开设什么课程，不是出于满足所在州教育部门的要求或是政客的政治要求，而是综合考虑学生个人的选课需求、精英大学的招生要求以及家长期望的结果。因而，这些私立精英学校往往成为课程创新与实验的理想场所。

课外活动是私立精英高中"没有列入课表的选修课"[1]。学校的课外活动种类丰富，旨在培养学生的综合素质与全方面能力。其中，体育活动占据了一定比重。私立精英高中重视并鼓励学生参与体育活动，既能达到"强健"其体魄的目的，也是为了培养学生勇于竞争和拼搏进取的理念，其体育活动具体包括足球、橄榄球、越野赛、水球、曲棍球、高尔夫球、游泳、篮球、摔跤、体操等。

（二）具有挑战性

具有挑战性是资优高中课程的另一特点。以考试高中为例，在课程设置上，其主要开设了要求严格、具有大学课程水平的 AP 课程。由于 AP 课程比一般的高中课程难度大，选修 AP 课程意味着这些高中生具有更高的学习能力和动机。近年来，选修 AP 课程的数量以及参加 AP 考试的通过率逐渐成为大学招生的重要录取标准，同时，开设 AP 课程的数量及学生的 AP 考试通过率也成为衡量学校教育质量的重要评价标准[2]。笔者对 50 所考试高中课程信息进行统计[3]发现，除了 2 所学校的课程信息不详、5 所学校实施 IB 项目之外，其他 43 所考试高中都或多或少开设了 AP 课程。具体而言，18 所高中开设的 AP 课程数量在 10 门以下，17 所高中的 AP 课程在 11~20 门，6 所高中的 AP 课程在 21~30 门，2 所高中的 AP 课程超过 30 门（图 4-2）。

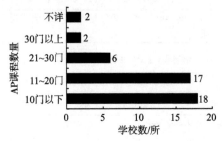

图 4-2　考试高中 AP 课程实施情况（n=50）

州长高中的课程也具有极大的挑战性。相对于其他公立高中，州长高中的课程难度较高。对州长高中学校使命的分析发现，州长高中致力于为学生提供严格且具有挑战性的大学水平课程。与考试高中普遍开设 AP 课程或 IB 课程不同，许多州长高中并没有开设这两类。统计数据显示，2011~2012 学年，在 18 360 所公

---

① 原青林. 揭示英才教育的秘密——英国公学研究[M]. 哈尔滨：黑龙江人民出版社，2006：124.
② 《美国新闻与世界报道》（*U.S. News and World Report*）每年制定的《美国最佳高中排行榜》，借助学生在 AP 课程、IB 项目中的参与度和通过率这两个指标，考察学生的升学准备程度，并将其作为高中学校的评价标准之一。
③ 该统计主要借助 50 所考试高中学校官网发布的 2014~2015 学年课程简介。

立高中中，有 63.8%的学校开设了 AP 课程，3.5%的学校开设了 IB 项目[①]。相比之下，据笔者统计，2014~2015 学年间，17 所 STEM 州长高中只有 5 所提供 AP 课程，其比例只有 27.4%[②]，同时，没有一所州长高中实施 IB 项目。

这一现象受多方面因素影响：第一，有些州长高中隶属于大学系统并"寄居"在大学校园内，学校直接请大学教授（教师）为学生开设大学课程，或者是允许学生也通过双注册项目选修合作高校的大学课程，并获得大学学分。这样一来，学校不必再开设具有大学课程水平但本质上仍属于高中课程的 AP 课程了。第二，自主设置兼具广度与深度的课程是州长高中课程的一大特点，这些课程或作为必修课程，或作为选修课程，充分满足了学生个性化和多样化的学习需求。由于课程重视学生的自主学习与探究学习，其难度早已超过了 AP 课程或 IB 课程的水平，因而，许多州长高中学生的成绩单虽然没有 AP 课程的学分，但在申请大学时仍具有绝对优势。第三，一些州长高中依据自身的师资条件开设一些特色课程，如阿肯色州数学、科学与艺术高中开设的生物医学物理学、免疫学、微生物学、微积分方程、数学建模、计算机编程以及网页应用开发等课程，密西西比数学和科学高中开设的量子力学课程[③]等。这些课程重视学科整合与实践探究，其难度和广度甚至超过了 AP 课程或 IB 课程，如表 4-10 所示。

表 4-10　2015~2016 学年南卡罗来纳科学和数学州长高中课程列表

学科	核心课程	选修课程	
	全年课程	秋季课程	春季课程
生物	AP 生物（Ⅰ/Ⅱ）	脊椎动物生物学[*]；分子生物学[*]；人类模仿与心理生物学[*]	神经系统科学[*]；高级基因学[*]；植物学[*]；生物进化论[*]
化学	化学原理；AP 化学	有机化学；分析化学	AP 环境科学；生物化学
物理	物理基础（Ⅰ/Ⅱ）；AP 物理（Ⅰ/Ⅱ）；AP 物理（C-Ⅰ/Ⅱ）	现代物理[*]；天文学	流体、温度与光学[*]；天文学
数学	高级数学（Ⅱ/Ⅲ）；分析（Ⅰ/Ⅱ）；荣誉微积分；AP 微积分 AB；AP 微积分 BC	线性代数[*]；AP 统计学：概率与统计；多变量微积分[*]；回归分析[*]	AP 统计学：应用统计学；离散结构[*]；数论[*]；常微分方程[*]
计算机科学	AP 计算机科学	计算机绘图入门[*]；运用 C++ 与 Linux 的应用设计与实施[*]；机器人学[*]	使用 Java 的数据结构[*]；使用 iOS 的移动应用[*]；人工智能入门[*]；使用 C++ 与 Linux 制作动画[*]

---

① Bitterman A, Gray L, Goldring R. Characteristics of public and private elementary and secondary schools in the United States: results from the 2011-2012 schools and staffing survey [EB/OL]. http://nces.ed.gov/pubs2013/2013312. pdf, 2013-08-13.

② 这一数据根据笔者汇总各州长高中官网公布的课程信息后统计得来。

③ Atkinson R D, Hugo J, Lundgren D, et al. Addressing the STEM challenge by expanding specialty math and science high schools [J]. NCSSSMST Journal, 2007, 2（2）: 14-23.

续表

学科	核心课程	选修课程	
	全年课程	秋季课程	春季课程
工程	工程原理		工程力学：统计
经济学与金融		科技投资；AP 微观经济学	科技投资；AP 微观经济学；金融分析
英语	初级英语（AP 英语语言）；高级英语（AP 英语文学）	创造性写作入门；戏剧；当代小说；科幻小说主题：文学；自然历史与科学写作	创造性写作研究；诗歌；电影入门；基督教文学；哲学入门；科幻小说主题："星际迷航" [1]
历史	AP 美国历史	AP 欧洲历史Ⅰ；爱尔兰历史；非洲美国人历史；内战与重建；20 世纪中叶的美国	AP 欧洲历史Ⅱ；殖民地时期的美国；第二次世界大战；中世纪；AP 心理学
政治与经济学	政治/经济学	AP 美国政治	
法语	法语Ⅰ/Ⅱ/Ⅲ	法语Ⅳ/Ⅴ；AP 法语（全年课程）	
西班牙语	西班牙语Ⅱ/Ⅲ	西班牙语Ⅳ/Ⅴ；AP 西班牙语；西班牙戏剧*	西班牙语Ⅳ/Ⅴ；西班牙电影*
汉语	秋季：汉语入门Ⅰ；中级汉语Ⅲ；春季：汉语入门Ⅱ；中级汉语Ⅳ		

1）"星际迷航"（Star Trek）是由美国派拉蒙影视制作的科幻影视系列，由 6 部电视剧、1 部动画片、13 部电影组成，是全世界著名的科幻影视系列之一

注：带*的课程表明该课程的难度超过了 AP 课程

资料来源：South Carolina Governor's School for Science and Mathematic course catalog[EB/OL]. http://www.scgssm.org/ sites/ default/files/files/2015-2016course_catalog_11915.pdf, 2015-12-22

　　州长高中课程的挑战性还体现在，这些高中的毕业要求远远高于该州法定的一般公立高中的毕业要求。例如，南卡罗来纳州要求所有高中毕业生需要在四年内获得 24 个学分，然而，该州的南卡罗来纳科学和数学州长高中的毕业要求是，学生在校期间（学制两年）至少需要获得 13.5 个学分。同时，学生还须满足一些额外的要求，包括：11 年级学生每周参加一个小时的研讨会；所有学生每年需要分别参加 83 个小时的社会服务活动和体育活动（表 4-11）。

表 4-11　南卡罗来纳州普通高中与科学和数学州长高中毕业要求对比

南卡罗来纳州普通高中毕业要求（学制四年）		南卡罗来纳科学和数学州长高中毕业要求（学制两年）	
课程	学分	课程	学分
实验室科学	3	实验室科学	2
数学	4	数学	1.5
计算机科学	1	计算机科学	0.5
英语/语言艺术	4	英语	2
外国语	1	外国语	0

续表

南卡罗来纳州普通高中毕业要求（学制四年）		南卡罗来纳科学和数学州长高中毕业要求（学制两年）	
课程	学分	课程	学分
美国历史	1	导师指导的暑期研究	1
美国政治	0.5	社会研究（美国历史/美国政治/经济学）	0.5
经济学	0.5	1月实习	1
其他社会研究	1	STEM选修课	2
体育	1	普通选修课	3
选修课	7	共计	13.5
共计	24	研讨会（额外要求）	11年级每周1小时
		社区服务（额外要求）	每年83小时
		体育活动（额外要求）	每年83小时

资料来源：South Carolina Science and Math Governor's School course catalog[EB/OL]. http://www.scgssm.org/sites/default/files/files/2015-2016course_catalog_11915.pdf，2015-12-22

（三）重视自主探究

资优高中鼓励并要求学生进行科学研究，许多学校将独立研究或研讨会作为必修课程的一部分，学生只有获得关于独立研究的学分，才能达到毕业要求，这是资优高中较之普通高中教育实践的重要特色。以州长高中为例，学校把学生参与独立或合作研究作为基本课程要求。例如，得克萨斯数学与科学高中[①]要求学生每个学期必须参加研讨会以获得相应学分。南卡罗来纳科学和数学州长高中[②]把学生参与独立研究作为毕业要求之一：学生必须在高三暑假期间参加为期 6 周的暑期研究项目，并撰写研究报告；高三期间，学生每周须参加至少一个小时的研讨会。密苏里科学、数学与计算机高中也将研讨会（面向高三学生）和学术报告会（面向高四学生）作为学生的必修核心学科。托马斯·杰斐逊科技高中也要求学生必须在毕业时完成一项科学研究或项目设计。

同时，州长高中还积极利用学校自身优良的教育设施或外部条件，来保障学生顺利进行相关研究。由于一些州长高中隶属于大学或寄居在大学校园内，这些学校的学生可以利用大学实验室等便利条件，在大学教授的指导下开展研究。例如，肯塔基加顿数学和科学高中的学生可以在西肯塔基大学进行相关科学研究。而一些有条件的学校则建立自己的实验室。托马斯·杰斐逊科技高中校内大量先

---

① Requirements for graduation with the TAMS Diploma[EB/OL]. https://tams.unt.edu/ academics/academic-program#standard，2015-09-17.

② Missouri Academy core curriculum requirements[EB/OL]. http://www.nwmissouri.edu/masmc/academics/ corecurr.htm，2015-09-18.

进的研究实验室是其主要特色，这些实验室包括天文学实验室、自动化与机器人实验室、生物科技与生命科学实验室、化学分析与纳米实验室、通信系统实验室、海洋学与地理系统实验室、能源系统实验室、计算机系统实验室、杰斐逊大学新生多学科项目实验室、微电子学实验室、神经系统科学实验室、移动与网站应用开发实验室、工程设计实验室、量子物理与光学实验室、模型设计与工程材料实验室[①]。该校学生既可以在这些实验室开展研究，也可以通过学校的导师制在合作大学的实验室进行科学研究。南卡罗来纳科学和数学州长高中则更多地倾注了师资方面的支持，学校规定，只要有 3 名以上学生对某一学科感兴趣，就可以要求教师指导进行这一学科的独立研究。高中科研活动的开展，一方面使得学生深化了对学科知识的认识与理解，将知识转化为动手实践技能；另一方面通过独立或合作研究，激发了学生的探索意识和乐趣。

与研究性课程相匹配，在教学过程中，资优高中比较重视学生的自主探究学习。有别于传统的教师教什么学生学什么、教师主导课堂的教学形式，资优教育的课堂则更重视学生的"学"，而不是教师的"教"。教学的目的不是传授更多的知识与技能，而是培养学生的主动性和探索精神，不断强化提升学生的独立性和责任感，促进学生个性的发展。因此，资优高中的课堂教学主要以资优生的主动学习为主，教师则发挥激发、鼓励、建议和帮助的作用[②]。

以私立精英高中为例，其小班化教学的特点首先为自主探究学习的实施提供了前提条件。私立精英高中班级规模一般在 11~14 人，这一规模远远小于公立高中，学校的师生比最高为 1∶7，有些学校的师生比为 1∶5，甚至更低。与公立高中"工厂式"的教育模式相比，私立精英高中更像是"手工作坊式"的教育模式。在教学方法上，私立精英高中以课堂研讨为主要教学方法。该教学方法以学生自主学习和讨论为主，教师教授为辅，强调学生的自主性和探究性。同样，州长高中和考试高中的班级规模也相对较小，教师采取能够充分发挥学生自主性的基于项目的教学、探究性教学或研究性教学，倡导学生的自主学习、动手实践与深度体验。根据芬恩和霍克特对 56 所考试高中教学方法的问卷调查[③]，89%的学校都没有简单地采取说教式教学方法。在总结学校采取的主导性教学方法时，学校管理者的回答包括基于问题的教学（4%）、基于项目的学习（7%）、探究性教学（14%）、差异化教学（14%）、经验学习（5%）与合作学习（7%）等，如图 4-3 所示。不论是基于问题/项目的学习，还是探究性教学、经验学习或合作学习，这些教学方法

---

① Thomas Jefferson High School for Science and Technology research lab [EB/OL]. https://www.tjhsst. edu/research-academics/research-labs/index.html，2015-12-21.

② Margolin L. A pedagogy of privilege [J]. Journal for the Education of the Gifted，1996，19（2）：164-180.

③ Finn C E, Hockett J A. Exam Schools：Inside America's Most Selective Public High Schools [M]. Princeton, Oxford：Princeton University Press，2012：55.

都重视学生主动学习的态度与自主学习的能力，强调学生在"动手"实践和做项目的过程中不断学习。

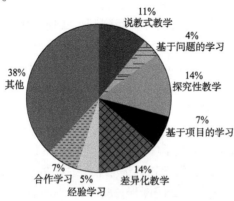

图 4-3　考试高中主导性教学方法（$n=56$）

（四）内容文理兼备

对于州长高中而言，其大部分学校都以 STEM 学科为教学重点，25 所州长高中里以 STEM 州长高中居多（18 所），占总数的近四分之三。这些学校围绕数学、科学、工程与技术等学科，开设了大量必修课程与选修课程，包括独立研究。与此同时，STEM 州长高中也十分重视人文和艺术学科的教学，大部分学校要求所有学生必须获得人文艺术学科的必修课学分，个别学校将其作为选修课学分的要求，还有的学校将 STEM 学科的内容与人文学科课程相整合，开设跨学科课程。以阿肯色数学、科学与艺术高中为例，它虽然是 STEM 高中，但学校人文与艺术系的规模最大，该系的课程除了不同层次的英语写作与外国语课程、历史与文学课程以及演讲等各类专门课程之外，还有各类跨学科课程。例如，人文艺术系与科学系合作开设了包括摄影艺术与科学、历史与文化中的传染病等多门课程[①]。与之相似的还有俄克拉荷马科学和数学高中，该校人文系的课程规模最大，提供各类人文科学与社会科学课程。此外，比较典型的还有伊利诺伊数学和科学高中的科学史课程、北卡罗来纳科学和数学高中的科学艺术课程等。文理兼备的课程特点与州长高中的学校使命是紧密联系在一起的。州长高中把促进学生的全面发展和终身发展作为人才培养的目标，致力于培养学生成为具有公民责任和奉献精神的领导者。而实现这一重要目标，要求学校提供广泛的课程内容与学习机会，使学生兼顾 STEM 学科与人文、艺术学科的学习，为学生打下坚实的知识基础。

---

① Arkansas School for Mathematics，Science，and the Arts：humanities and arts [EB/OL]. http://asmsa.org/academics/humanities-and-arts，2015-06-20.

（五）广泛应用科学技术

当前，信息技术向课堂的不断涌入是美国高中教育改革的驱动因素之一。网络学习打破了原有课堂教学的时间和空间限制，实现了优秀教学资源的共享。作为扩大资优教育机会的重要举措，资优高中也积极吸取了网络学习的教学方式。自 2008 年始，北卡罗来纳科学和数学高中启动了网络学习项目，为就读于当地学校的资优生提供有挑战性的学习体验。该项目的课程设置旨在为高中生进入大学作准备，由北卡罗来纳科学和数学高中的教师利用周末时间进行远程授课，并借助北卡罗来纳州所有公立学校体系采用的"帆布"（canvas）移动通信系统，为资优生们提供互动学习体验。入选网络教学项目的学生可以从 STEM、化学、计算机科学、环境科学、全球研究、艺术、数学和科学等学科中选择一个或多个作为专攻领域，每学期从 30 多门课程中选择 1~2 门课程，完成两年学习后即可获得北卡罗来纳科学和数学高中的毕业证书[①]。北卡罗来纳科学和数学高中网络教学项目并没有因为其网络在线学习的性质而降低课程的难度或要求，为那些没有机会就读于资优高中的资优生提供了重要的教育机会。

另一所州长高中南卡罗来纳科学和数学州长高中也建立了网络课程项目——"加速"（acceleration）。该项目由南卡罗来纳科学和数学州长高中与该州的高校合作开发，为那些在家学习或在地方高中就读的 10~12 年级高中生提供创新性的工程教育方面的网络直播课程。通过这些严格和优质的学术课程学习，学生在 12 年级毕业时最高可获得 43 个大学学分。由于该课程项目影响广泛，被誉为"南卡罗来纳州的工程学发射台"[②]。

总之，资优高中开设丰富且有挑战的课程，集中反映了美国高中资优教育普遍以加速学习和丰富学习为教学形式的重要特征。上文提及，高中阶段的加速学习形式主要包括 AP 课程、提前升学和双注册项目（高中生同时选修大学课程），三者的本质都在于让高中资优生加速学习，提前学习大学课程。资优高中或是开设大量的 AP 课程，或是自主设置难度和广度远远超过 AP 的课程，抑或是允许学生直接选修大学课程，充分体现了加速制的教学形式。

同样，丰富学习也是资优高中的教学形式之一，主要体现为丰富的学习内容以及多样化的学习形式。较之普通高中，资优高中的课程可谓是极其丰富。私立精英高中的各类必修与选修课程大多在 200 门以上，有的学校多达 300 门。公立的州长高中和考试高中而言，也开设了多样化的必修和选修课程供学生选择。由于州长高中大多数是 STEM 高中（25 所学校中有 18 所 STEM 高中），其 STEM 学

---

① North Carolina School of Science and Mathematic：Academics [EB/OL]. http://www.ncssm.edu/online- program/ academics，2015-12-12.

② Accelerate：South Carolina's engineering launch pad[EB/OL]. http://www.scgssm.org/virtual，2015-12-23.

科课程的数量、广度与深度，是其他高中难以望其项背的。在一些学者的调研中，13 所州长高中开设科学课程的平均数量为 34 门，最低的 19 门，最高的为 60 门；数学课程的平均数量为 21.11 门，各学校的数学课程数在 10~50 门[①]。除了学习内容的丰富之外，学习形式也多种多样。仍以州长高中为例，州长高中普遍重视学生的独立与自主研究，并将其作为毕业要求的一部分。资优生们并没有把自己的研究局限在本校的课堂或实验室，还通过导师制的形式与高校合作导师共同开展研究。此外，一些实地调查、校外实践、竞赛、讲座和研讨会也丰富了学生的学习与科研经验。

四、教师资源

一直以来，教师被认为是学校教育教学改革的关键。教师教学能力的高低影响着学校的教育质量与学生的学习效果。对于资优高中而言，优秀的教师是学校教育工作顺利开展的保障。三类资优高中教师普遍具有高学历、教学能力强且教学经验丰富的特点。

（一）学历高

优秀的教师是资优高中取得卓越成就的重要因素，其中，教师学历高是首要表现。私立精英高中、州长高中和考试高中的教师普遍具有高学历，大部分教师都具有硕士及以上学历，获得博士学历教师的比例也远远超过其他公立高中。其中，私立精英高中具有硕士及以上学历的教师占到全体教师的 60%以上，个别学校具有硕士学历及以上教师的比例高达 80%以上（表 4-3）。

汇集全州优质教育资源的州长高中的师资毫不逊色，几乎所有州长高中的教师都具有硕士及以上学历，甚至个别学校的教师全部具有博士学位。以伊利诺伊数学和科学高中为例，该校教师全部具有硕士及以上学历，其中具有博士学位教师的比例高达 47%[②]。

考试高中教师的学历水平也不相上下。史岱文森高中是一所名副其实的考试高中，学校因培养了 4 位诺贝尔奖获得者、多位普利策奖获得者以及各行各业的领军人物而名扬海内外。该校现有全职教师 160 人，辅导员 15 人，行政管理人员 12 人，100%的教师具有硕士及以上学历，其中 17 人具有博士学历[③]。同样，另一所考试高中代表——布朗克斯科技高中，其教师学历水平之高也使一般公立高中

---

① Pfeiffer S I, Overstreet M J, Park A. The state of Science and Mathematics education in state-supported residential academies：a nationwide survey[J]. Roeper Review，2010，（32）：25-31.

② IMSA quick facts 2014[EB/OL]. https://www.imsa.edu/sites/default/files/upload/quickfactsjune2014.pdf，2015-05-13.

③ 数据来源于对校长张洁女士的访谈资料。参见：付艳萍. 美国公立精英高中是如何炼成的？——访谈美国史岱文森高中校长张洁女士[J]. 基础教育，2014，（3）：70-77.

难以望其项背。总之，高学历教师是资优高中教育质量的重要保障。

（二）教学能力强

私立精英高中、考试高中和州长高中以资优生为教育对象的特点，决定了这些学校的教师需要具备较高的教学能力。资优生普遍具有高学习能力与需求，这一特点对资优高中的教师提出了更高的要求。首先是对资优教育专业知识与技能的要求。针对资优生的教学，不仅需要教师具备广博的知识与某一学科领域的专长，还需要教师具备关于资优教育的知识与技能，包括了解资优生的特征与行为表现、开发高阶认知思维能力的技能、了解资优生的情感和认知需求、开发资优生学习材料的能力、运用个性化教学策略与教育技术的能力以及为资优生及其父母提供指导和咨询的能力等[①]。其次是对教师教学能力的要求。资优高中主要采取项目式教学、探究性教学或课堂研讨等以学生为中心的教学方法，倡导学生的自主学习与动手实践，而教师主要发挥引导与建议的作用，看似轻松的教师职责，其实比一般的课堂讲授更考验教师的教学能力，如具备广博的知识、灵活的教学策略、恰当运用教学材料的能力、善于指导的能力等。最后是对教师个性特征的要求。资优生个个具有创造力、质疑和探索精神，教师要能够应对学生的质疑和挑战。

（三）教学经验丰富

教学经验丰富这一特点在州长高中教师身上尤其明显。由于个别州长高中隶属于大学系统，学生直接在合作高校中选修大学课程，故其教师全部是大学任教教师。其他州长高中的教师也大都任职于当地的学院或大学。例如，佐治亚先修高中提供 11~12 年级的教育，但其本质上是提前升学项目，学生全部在西佐治亚大学选修大一和大二课程，该校的教师也全部是西佐治亚大学的任职教师；得克萨斯数学与科学高中的教师全部来自北得克萨斯大学（University of North Texas）。除此以外，一些州长学校在全国范围内搜寻杰出的教师，设有访问教师项目或访问学者项目，邀请大量来自工商业的企业家、大学或科研院所的教授和研究人员，以访问学者或导师的身份，通过授课、讲座、实验指导等方式给予学生指导。这些教师往往具有在工业企业工作的丰富实践经验，明确各个行业最前沿的知识与发展方向。以伊利诺伊数学和科学高中为例，该校的教师和客座讲师有总统奖章获得者，也有畅销书作家，每个人都是其所从事专业领域的精英，他们丰富的阅历和经验，为胜任资优生教学提供了保障。

（四）重视自主发展

教师的自主发展是其不断丰富专业知识、提升专业能力的过程。资优高中教

---

① Margolin L. A pedagogy of privilege [J]. Journal for the Education of the Gifted, 1996, 19（2）: 164-180.

师普遍重视自主发展，通过参与各种学术会议和教育研讨活动提高个人的能力，实现自我完善与自我提升。美国各类资优教育协会及其他专业研究机构举办的全国或地区性会议以及创建的资优教育交流社区，成为资优高中教师获取资优教育资讯、分享教育心得、提升专业技能的重要平台。事实上，资优高中的教育对象也决定了资优高中教师必须重视自主发展。面对精力旺盛、跃跃欲试去探索广阔的未知世界的资优生，资优高中的教师们不得不通过持续地学习和自我提升，以期"跟得上"学生前进的脚步。

　　与此同时，资优高中也努力为教师提供在职培训和学习的机会。以伊利诺伊数学和科学高中为例。学校定期举办一系列会议和讲座，主要围绕当下与教师和学生发展相关的教育主题，为本校教师进一步提供丰富教学理念、开拓教学视野、增进教学能力的机会。已有的讲座包括伊利诺伊数学和科学高中最强大脑项目、詹姆斯·汤姆森领导力讲座、理查德·霍维茨道德讲堂等[1]。作为伊利诺伊州唯一一所州长高中，伊利诺伊数学和科学高中在重视本校教师的专业发展的同时，还致力于提升全州教师的教育能力与专业发展水平，学校组织了专业学习日（professional learning day）、工作坊等教学研讨活动，吸引全州的教师参加，从中了解和学习 IMSA 基于探究的教学方法。在过去的十多年间，伊利诺伊数学和科学高中共为全国范围内的两万多名教师提供了专业发展服务。

　　（五）责任感强

　　资优高中的办学性质也对教师的个性特征提出了要求，即教师需要具备较强的责任感。私立精英高中与州长高中实行寄宿制，故两类高中的教师需要工作更长时间。私立精英高中尤其如此，这些学校教师大多与学生一样吃住在学校，许多教师甚至将家安在校园内。教师既是学生学习上的导师，又是生活上的辅导员，承担了许多教学之外的职责。面对繁杂的学生事务，教师需要在时间和情感方面倾注更多的心血，具备更足的耐心与更强的责任感。

　　州长高中和考试高中也同样要求教师在学校事务上尽心尽责。资优高中的教育对象是一个个富有创造和探索精神、思维缜密、行动独立、善于探究新知识和新问题的资优生，他们有着更耀人的学业成绩、更旺盛的求知欲、更积极的探索精神以及更敏锐的思维能力和反应速度。因此，教师需要有强大的内心和包容精神来应对学生对其个人学识和教学能力的挑战，富有责任感地帮助学生解决他们的疑惑以及点燃他们的学习激情。此外，良好的个性特征对于资优教育教师而言也是至关重要的。教师对待资优学生的态度不仅直接影响着这些学生的发展与学业及表现，还影响着资优教育项目的认可度和实施效果，甚至影响着整所学校

---

① Illinois Mathematics and Science Academy lecture series [EB/OL]. http://digitalcommons.imsa.edu/lectures/, 2015-12-13.

的学习氛围①。

五、经费保障

学校的运营需要经费保障。三类高中办学性质的差异，决定了其办学经费来源的不同。当前，美国资优高中的办学经费来源包括政府资助、学生学费和私人捐助。其中，作为公立高中的州长高中和考试高中主要依靠公共资金支持，而私立精英高中的办学则主要依靠学生学费和私人捐赠。

（一）政府资助

美国基础教育经费主要有三大来源——联邦政府、州政府和地方（学区）教育部门，其中联邦政府承担教育经费的比例最低，州次之，学区最高。近年来，州政府增加了对基础教育的财政拨款，以缓解各个学区之间因贫富差距而造成的教育质量差异。作为公立高中的州长高中和考试高中，其办学经费主要来自于政府的财政拨款。其中，州长高中主要由各州州长提议并经该州教育法律通过而建立，"州立"的性质使得其办学经费主要来自于州政府的直接拨款，同时也面向全州范围招生。被录取的学生不用缴纳任何学费，一些州长高中甚至减免了学生的食宿费用。相对而言，考试高中主要由所在城市或所在学区提供办学经费，并面向全市范围招生②，明显带有"市辖"的特点。

"公立"的办学性质决定了州长高中与考试高中的办学经费既是"稳定"的也是"不稳定"的。"稳定"是指学校由政府公共经费支持，学校不必担心资金筹措问题。同时，这种看似稳定的经费来源也包含"不稳定"的因素，即学校办学经费的多寡受到政府财政状况与政策态度的影响。这一特点在州长高中的体现突出。州长高中在全州范围内选拔资优生，致使其经常受到"有违教育公平"的诟病，即利用公共资金为少部分群体服务。此外，联邦政府并未从法律上规定开展高中及其他阶段的资优教育，导致许多州或地方政府对待资优教育的态度模棱两可③，教育经费充足时就对高中资优教育进行资助，教育经费不足时就不再资助了。比较典型的是田纳西州，由于州教育部不再提供经费支持，该州唯一一所州长高中田纳西数学和科学州长高中于 2011 年被迫关闭④。资金来源影响着州长高中和考试高中的可持续性发展，它们不得不考虑如何吸引较多的资源来支持和改进学

① Dettermer P. Attitudes of school role groups toward learning needs of gifted students[J]. Roeper Review，1985，（7）：253-257.

② 一些仅由所在学区资助的考试高中会优先考虑本学区的学生，如纽约市的千禧高中（Millennium High School），该学校招生具有优先性，首先考虑该学区学生，其次是曼哈顿区学生，最后是整个纽约市范围内的学生。

③ Atkinson R D，Hugo J，Lundgren D，et al. Addressing the STEM challenge by expanding specially Math and Science high schools[J]. NCSSSMST Journal，2007，2（2）：14-23.

④ Tennessee Governor's Academy for Math and Science [EB/OL]. http://tga.tennessee.edu，2015-11-13.

校的发展。

（二）学生学费

私立精英高中的"私立"性质，决定了其办学经费主要依靠私人投资，其中大部分来自于学生学费。私立精英高中学费昂贵，学生每年缴纳的学费普遍在 5 万美元左右，其中寄宿生的学费高于走读生。以安多佛菲利普斯高中为例，2015 年该校有学生 1 131 人，寄宿生占 74%，走读生占 26%，其中，寄宿生的学费为 50 300 美元，走读生学费为 39 100 美元[1]。其他私立精英高中的学费大都不相上下。例如，2015~2016 学年，米尔顿高中寄宿生的学费高达 53 330 美元，而走读生的学费为 43 780 美元[2]；希尔高中寄宿生与走读生的学费分别为 54 570 美元和 37 640 美元[3]。为了实现学生群体的多元化、吸引不同社会阶层学生入学，大部分私立精英高中都设置了丰厚的奖学金，为经济困难但品学兼优的学生减免学费，不同学校接受资助的学生比例为 20%~50%[4]。即便如此，学生学费仍然是私立精英高中可观的收入，为其实施独立化办学和管理提供了经济保障。相比之下，"公立"的考试高中和州长高中都不收取学费，因而也没有学费收入（个别学校除外，如佐治亚先修高中）。

（三）社会捐赠

社会捐赠是私立精英高中办学经费的重要来源。首先是个人捐赠。许多私立精英高中的校友、学生家长以及一些社会机构都会以捐赠的方式支持学校的发展，这些私人捐赠成为其办学经费的重要部分。私立精英高中大都设有捐赠基金，专门负责接收和处理各类捐款，校友基金是其中之一。例如，乔特罗斯玛丽霍尔高中的校友基金每年都会收到约三分之一校友的捐款，2012~2013 学年，上千名校友共捐款 490 万美元[5]；美国历史最悠久的女子中学艾玛威拉德女中（Ema Willard School）设有艾玛基金（即校友基金），2014~2015 年，该基金共收到校友捐款 220.8 万美元[6]。同时，专门接收家长捐款的父母基金也是另一重要来源。乔特罗斯玛丽霍尔高中的父母基金是全美私立精英高中中最有成效的父母基金之一，2012~2013 学，该基金向近 65%的学生家长募集捐款超过 160 万美元[7]。

---

① Andover Phillips Academy quick facts [EB/OL]. http://www.andover.edu/About/Pages/FastFacts.aspx, 2015-11-13.

② Milton Academy quick facts [EB/OL]. http://milton.edu/about/quick-facts/, 2015-11-13.

③ Answers to "Frequently asked questions" about the Hill School [EB/OL]. http://www.thehill.org/HillSchoolFAQs, 2015-11-13.

④ Carney S. Access through the ages at an elite boarding school: a case study of phillips academy [D]. Ph. D. Dissertation of Boston College, 2012.

⑤ Choate Rosemary Hall annual giving[EB/OL]. http://www.choate.edu/page.cfm?p=608, 2015-11-13.

⑥ Emma Willard fast facts[EB/OL]. http://www.emmawillard.org/about-emma/fast-facts, 2015-11-13.

⑦ Choate Rosemary Hall annual giving[EB/OL]. http://www.choate.edu/page.cfm?p=608, 2015-11-13.

对于州长高中和考试高中来说，私人捐赠也是其办学经费的一部分。一些州长高中和考试高中也成立学校基金，专门处理校友或其他社会机构的捐款。阿肯色数学、科学与艺术高中（州长高中）是由阿肯色州教育部与阿肯色大学合作建立的，该校成立"阿肯色数学、科学与艺术高中基金"，以吸引校友及其他社会人士、机构向学校捐赠。史岱文森高中组建校友会，通过举办联谊活动鼓励校友向学校进行捐款，其中一些捐款用于支持学校的教育教学工作，一些捐款则用于成立奖学金，以资助有需要的学生①。

基金会、公益组织的捐赠也是资优高中办学经费的来源。作为美国国内专门致力于推动资优教育发展的几大基金会之一，杰克·肯特·库克基金会举办了多种教育项目，通过发放奖学金、开展资优教育项目与加强资优教育宣传等途径，支持那些需要经济资助的资优生的教育与发展。与此同时，该基金会还资助一些资优高中开展相关的教育实践或研究。例如，该基金会曾向州长高中缅因科学和数学高中提供 3.6 万美元的资助，并为 6 所全国特色高中联盟学校提供 50 万美元资金支持②，以期缩小处于不利社会经济地位的学术资优生的成就差距。

第三节　高中资优教育的实践特点

上文提及，包括州长高中、考试高中和私立精英高中在内的资优高中承担着高中资优教育的主要责任，是高中资优教育的主阵地。同时，其他一般高中也有针对资优生群体的教育教学服务，包括 AP 课程和双入学项目等，满足了不在资优高中就读的资优生的教育需求。社会机构的资优教育项目与服务也是有益补充。总结而言，美国高中资优教育实践呈现出以下特点。

一、综合性人才的培养

美国高中资优教育项目，特别是资优高中，主要以入学成绩、SAT/ACT 等标准化考试成绩、平时学业成绩为依据招收资优生。三类资优高中在教育对象的选择上相对一致，并明确提出了对教育对象的学业能力要求。例如，州长高中直接把"高学术动机学生""高学术成就学生""超常智力学生"等关键词写入学校使命，反映了其以学术资优生③为教育对象的主要特征。考试高中和私立精英高中同样旨在招收学业成绩优异、有较高学习动机的资优生。这表明资优高中严把"入

---

① Stuyvesant alumni scholarships [EB/OL]. http://www.stuyalumni.org/spring-2015-scholarships/，2015-11-15.

② About the Jack Kent Cooke Foundation [EB/OL]. http://www.jkcf.org/about-us/，2015-08-24.

③ 个别艺术类州长高中把"艺术资优生"作为招生对象。

口"关，力求招收最优秀的学生。

高中资优教育以学术资优生为主要教育对象的做法，一定程度上受到宏观教育政策的影响。一方面，虽然理论研究层面已经达成共识，即资优体现为学生在智力、领导力、创造力、视觉与表演艺术等一个或多个领域的能力或潜力，但个别州仍然把资优理解为学生的智力或学术能力。政策层面对资优的狭隘界定，导致教育实践过程中以"智力资优生"或"学术资优生"为主要识别对象。另一方面，基于对提升国际竞争力以及维护国家利益的考虑，联邦政府通过政策及资金支持，积极推动 STEM 教育的发展，重视对 STEM 领域资优生的教育。联邦政府重视 STEM 学科教育的政策导向，也导致实践层面以学术资优生作为资优教育的主要对象。

虽然资优高中在招生时极为重视学生的学业成就，但在教育教学过程中，资优高中并没有把实现学生在学科领域的学术成就作为学校教育的唯一目的，而是积极推动资优生的全面发展与终身发展，并培养其为国家乃至全世界作贡献的责任与意识。对三类资优高中学校使命的词频分析发现，资优高中在培养目标的定位上，把学生的升学、终身发展、全面发展以及社会服务意识的培养作为重要目标。以 18 所 STEM 州长高中为例，其学校使命中有关"升学"的关键词仅出现 5 次，占 27.8%，而体现"全面发展"的关键词共计 17 次，占 94.4%，"终身发展"的关键词共计 11 次，比例为 61.1%，重视培养学生"社会服务"意识的关键词比重同样高达 94.4%。相同的情况也反映在考试高中和私立精英高中的学校使命方面，考试高中体现"升学"、"全面发展"、"终身发展"与"社会服务"的关键词所占比例分别为 60%、20%、200% 与 90%，私立精英高中体现这四个关键词的比例分别为 30%、60%、250%、140%。

与此同时，资优高中的课程设置贯彻了综合性人才的培养目标。仍以 STEM 州长高中为例，虽然这些学校把 STEM 教育作为学校特色，但其教学并不仅仅围绕 STEM 学科，在人文学科方面也开设了大量必修课程和选修课程。表 4-10 提及南卡罗来纳科学和数学州长高中的课程门类，除了生物、化学、物理、数学、计算机科学、工程、经济学与金融等 STEM 学科外，还包括历史、政治与经济学、法语、西班牙语、汉语等多个人文学科。

二、富有挑战性的教育

高中资优教育与高中教育的本质区别在于其教育的丰富性与挑战性。其首先体现在课程方面。高中资优教育以具有挑战性的高阶课程为特色，开设具有一定难度与深度的大学水平课程。私立精英高中的课程以 AP 课程为主，课程数量高达 20 多门。对 50 所考试高中课程信息的统计发现，43 所考试高中都开设了 AP 课程，除了两所学校课程信息不详外，其他 5 所学校也开设了同样具有难度的 IB 课程。大部分州长高中（除去艺术类州长高中）并没有开设 AP 课程或 IB 课程，然而，这些学校的课程重视学科整合与实践探究，其难度和广度甚至超过了 AP 课程或 IB 课程。特别是，个别州长高中直接邀请高校教授（教师）讲授大学课程，极大地满足了资优生的学习需求。而校外资优教育项目也旨在为学生提供某一学科或领域的加速学习。

其次是教学方法方面。资优高中的课堂教学主要以资优生的主动学习为主，教师则充当着引路人的角色。其中，私立精英高中实行小班化教学，以圆桌研讨为主要教学方法，强调学生的自主性和探究性；同样，州长高中和考试高中大都采取能够充分发挥学生自主性的项目式教学、探究性或研究性教学，倡导学生的自主学习；而一些面向高中资优生的暑期学校也强调学生的动手实践与深度体验。采取自主探究和动手实践为主的教学方法，既是对资优生的学习兴趣、动机和自主性的尊重，又是对资优生学习能力的挑战。

最后是教师方面。资优生较高的学习能力与学习需求对资优教师提出了更高的要求。其一是对教师专业知识与技能的要求。面向资优生的教学，不仅需要教师在某一学科领域的专长，还要求其具备广博的知识。资优教育教师应具备关于资优教育的知识与技能，包括明确资优生的特征与行为表现、开发高阶思维能力的技能、了解资优生的情感和认知需求的能力、解决创造性问题的能力、开发资优生学习材料的能力、运用个性化教学策略的能力、恰当运用教育技术与材料的能力、为资优生及其父母提供指导和咨询的能力等[1]。其二是对教师个性特征的要求。资优生个个具有创造力、质疑精神和探索精神，教师要能够应对学生的质疑和挑战。其三是对教师教学能力的要求。高中资优教育项目主要采取项目式教学、探究性教学、课堂研讨等教学方法，强调以学生为中心、教师发挥引导与建议的作用。教师职责看似轻松了，但其实比一般的课堂讲授，更考验教师的教学能力。当前，州长高中、考试高中和私立精英高中的教师普遍具有硕士及以上学历，有的学校甚至 80% 以上的教师具有博士学历，远远超过其他公立高中。

三、全方位的政府支持

在美国高中资优教育的发展过程中，联邦及各州政府为其提供了全方位的支持，虽然这些支持措施面向所有基础教育阶段，并没有单独指向高中阶段，但其对高中资优教育的推动作用毋庸置疑。

---

① Margolin L. A pedagogy of privilege [J]. Journal for the Education of the Gifted, 1996, 19（2）: 164-180.

（一）政策层面的支持

首先，联邦政府为资优教育的发展营造了良好的政策环境。自 1950 年《资优生教育》报告颁布以来，联邦政府的一系列政策或报告都呼吁要重视资优教育的发展。1958 年《国防教育法》将教育（特别是资优生教育）放在关乎国家利益的战略地位；1972 年《马兰德报告》通过展现全国资优教育的现实状况，揭示了资优教育发展的必要性；1983 年《国家在危机中：教育改革势在必行》报告进一步引发美国全国上下对资优教育的关注；《1988 年贾维茨资优生教育法》明确了联邦政府在资优教育发展方面的责任，启动了资优生教育计划，并为资优教育领域的研究和实践提供了资金支持；1993 年《国家卓越报告》提出改善资优生教育的七大建议，呼吁关注国内资优生的教育情况；进入 21 世纪以来，联邦政府的多项教育政策推动着资优教育的深化发展；2013 年通过的《TALENT法案》提案再次呼吁加强对资优教育的全面关注。这些教育政策或报告不仅从宏观层面为资优教育提供发展指导，还营造了支持性的政策环境。特别是，联邦政府出于对国家利益的维护，强调 STEM 教育的发展，引导着资优教育领域对学术资优生教育的重视。

其次，联邦及各州层面资优教育政策的相关内容，为资优教育实践的开展提供了具体的指导，涉及资优生的识别标准、财政资金投入、教育教学服务、教师的专业发展以及资优教育项目的管理等多个方面。当前，大部分州都从法律上规定了资优生的识别并为资优生提供适合其发展的教育服务，使得资优教育实践的开展具有政策依据。同时，各级政府对资优教育教师的专业发展以及教育项目管理等方面的规定，也为资优教育实践提供了行动指南。2014~2015 学年，NAGC对美国各州资优教育政策发展状况调查结果显示，在联邦政府颁布的资优教育政策的影响下，有 31 个州表示加强了本州对资优生学习的绩效考核；27 个州表示该州教师实施差异化教学的能力得到提高；25 个州表示联邦政策能够鼓励研究人员开展更多相关研究，开发最佳教育实践并在当地学区实施；还有 19 个州表示，父母在儿童学习或学校教育中的参与度得到了提高[①]。由此可见，联邦及各州资优教育政策的支持，对于各州资优教育的发展而言是有利的推动。

（二）资金层面的支持

1972 年《马兰德报告》向联邦政府提出了为资优教育提供资金支持的要求，之后联邦政府开始拨付专款资助资优教育的发展。《1988 年贾维茨资优生教育法》设立了"贾维茨基金"，除了个别年份以外，每年联邦政府通过该基金向资优教育

---

① National Association for Gifted Children and the Council of State Directors of Programs for the Gifted. 2014-2015 state of the states in gifted education: policy and practice data [EB/OL]. http://www.nagc.org/sites/default/files/key%20reports/2014-2015%20State%20of%20the%20States%20%28final%29.pdf, 2015-11-25.

提供资助。州级政府的拨款也是资优教育发展的重要资金支持。大部分州都从法律上规定为资优教育提供资金支持。2014~2015 年，有 22 个州公布了该州资优教育拨款情况。

当前，各州对资优教育的资金分配方式不同，有些州根据资优生的数量确定财政拨款的金额；有些州则根据资优教师或资优班级的数量确定资助金额；也有一些州根据上一年资优教育项目的支出情况决定当前的资助数额；还有的州则根据各个地区的申请情况决定资金的分配。研究者对 19 个州资优教育项目的对比研究表明，那些没有从政策层面规定开展资优教育项目的州，特别是经济发展欠佳且没有政策规定的州，资优教育项目和服务最不全面[①]，这体现了联邦政府及州政府的政策与资金支持对于各州资优教育发展的推动作用。

（三）研究层面的支持

《1988 年贾维茨资优生教育法》不仅从政策上支持资优教育的发展，还提出建立全国性的资优教育研究机构。国家资优教育研究中心（1990 年）就是在联邦政府贾维茨基金的支持下成立的，其围绕资优教育领域存在的问题，开展了大量相关研究。该中心由康涅狄格大学、弗吉尼亚大学和耶鲁大学合作经营，吸引了全国 329 个学区成为其合作伙伴。截至 2013 年，该中心共开展了 77 项研究，发布了 43 篇政府委托报告，这些研究涉及的范围广泛，包括资优生的界定与识别、资优教育服务、普通班级中学术资优生的教育安置、各类资优教育课程模型与教学模型对学生及教师的影响、差异性课程与丰富教学策略在普通教育中的应用（包括课程压缩、全校丰富教学模式、三元智力理论等）、资优教育教师专业发展及资优教育理念、态度与实践发展中的影响因素等[②]。该中心的研究，紧密结合资优教育发展中的现实问题，其研究成果为相关实践发展与政策制定提供了理论指导。

同时，一些受到政府支持的资优教育协会及其他专业研究机构，也是美国资优教育理论研究的重要力量。美国资优生协会（American Association for Gifted Children，AAGC）、NAGC 以及美国超常儿童委员会资优生协会（The Association for the Gifted of the Council for Exceptional Children，CEC-TAG）等全国性资优教育协会，号召研究者进行有前瞻性和科学性的研究（包括理论、政策与实践研究），既为包括高中阶段在内的各学龄段资优生的识别与教育提供了理论指导，也为政

---

① Purcell J C. Gifted education at a crossroads: the program status study [J]. Gifted Child Quarterly，1995，39（2）：57-65.

② Gubbins E J，Callahan C M，Renzulli J S. Contributions to the impact of the Javits Act by the National Research Center on the gifted and the talented [J]. Journal of Advanced Academics，2014，25（4）：422-444.

策发展建言献策，如表 4-12 所示。据统计，美国有 45 个州[①]都成立了州资优教育协会。

表 4-12　美国主要的资优教育研究机构

机构名称	成立时间	主要职能	网站
美国资优生协会	1946	美国最早的资优教育倡议组织，开发和传播资优教育信息，评估和推广资优教育课程与教学资源	http://www.aagc.org
NAGC	1954	召开每年一届的全国资优教育年会。发行期刊：《资优生季刊》《养育高潜能者》《教育高潜能学生》《今日资优生》	http://www.nagc.org
美国超常儿童委员会资优生协会	1958	推动资优生教育与发展，为资优教育研究者与父母提供资优教育资源。发行期刊《资优生教育》、电子期刊《资优教育中的卓越与多样化》以及内部刊物《TAG 资讯》	http://cectag.com
国家资优生研究中心（National Research Center on the Gifted and Talented，NRCG/T）	1990	该中心由康涅狄格大学和弗吉尼亚大学共同管理，开展关于资优教育领域问题的"消费者导向"研究，影响资优教育的实践与政策	http://www.gifted.uconn.edu
戴维森人才发展研究院	1999	为资优青少年提供多种教育机会；建立戴维森资优教育数据库和资优教育交流群，为资优教育研究者与实践者提供各类信息	http://www.davidsongifted.org

四、校内外机构相结合

校内外教育机构相结合是美国高中资优教育的实践特点之一。一方面，包括私立精英高中、州长高中和考试高中在内的资优高中以高学业标准选拔资优生，实施严格的学历教育，为资优生提供了同质化学习环境，在高中资优生的教育与培养方面发挥着主导作用。同时，一般高中开设的 AP 课程、IB 课程和双注册项目，为那些不能在资优高中就读的学生提供了接受资优教育的机会。另一方面，社会机构的资优教育项目也是高中资优教育实践的有益补充。以大学为代表的社会机构开展的暑期教育项目、提前升学项目、网络教育项目、学科竞赛等资优教育项目，为资优生提供了学校之外的丰富且有深度的学习体验。校内外教育机构的"相结合"集中体现在教育机会、教育形式和教育资金三大方面。

首先，校内外资优教育机构相结合体现为教育机会的"相结合"。社会机构的资优教育项目摆脱了州长高中和考试高中在地域、招生人数与教学时间方面的限制，为高中资优生，特别是那些没有机会就读于州长高中或考试高中的资优生，

---

① 美国 50 个州中，阿拉斯加、佛罗里达、康涅狄格、夏威夷、特拉华这 5 个州以及华盛顿特区没有成立资优教育协会。详见 Gifted education policy[EB/OL]. http://www.davidsongifted.org/db/StatePolicy.aspx，2015-08-16.

提供了接受资优教育的机会，成为其接受资优教育的重要途径。如果说，由于不同地区之间经济发展水平不均衡或学校自身发展状况的优劣，各个学区或同一学区的不同学校之间，资优教育的质量可能存在差异，那么，社会机构的校外资优教育实践则为不同学区或学校的资优生们提供了同等的优质教育机会。

其次，校外资优教育项目的教学形式比较灵活，弥补了资优高中在教学形式方面的不足。资优高中通过入学考试、SAT、平时学业成绩等标准选拔资优生。本质上，这些高中开展的资优教育项目是为表现出高智力水平或学业能力的学术资优生而设计的。与资优高中教育实践关注"资优教育"（借助学业成绩等标准选拔学术资优生，并促进其全面发展，偏向于资优儿童范式指导下的教育实践）相比，校外资优教育项目更侧重于强调学生的"才能发展"（发现资优生在某一领域的特殊才能和能力，并进行培养，偏向于才能发展范式指导下的教育实践）①。校外资优教育项目按照学生对知识的掌握程度而不是生理年龄，对学生进行分组，其基于学生的已有能力实施恰当的教育，以保障学生接受个性化的教育②。从这一层面来说，校内外资优教育相结合，并不仅是资优教育机会的增加，而且是教学形式的"相结合"。

最后，体现在公共资金与私人资金之间的"相结合"。美国校外资优教育项目主要包括由学生个人承担费用的暑期教育项目、提前升学项目和网络教育项目，以及由基金会等组织赞助的资优教育项目。从项目管理与资金投入的角度来说，校外资优教育实践的广泛开展，吸纳了社会力量为资优教育发展提供资金支持。其中，基金会等公益组织发挥了重要作用。杰克·肯特·库克基金会通过发放奖学金、提供资优教育项目以及加强资优教育宣传等途径，帮扶那些需要经济资助的资优生③。其开展了"青年学者计划"，每年从国内选拔 65 名需要经济资助的资优生，为其提供 8~12 年级的综合化教育服务与经济支持④。约翰·邓普顿基金会主要致力于推动数学和科学领域资优生的识别与教育，为国内有能力的学生提供加速学习机会与经费资助⑤。

总之，社会机构的资优教育项目扩大了资优教育的机会、提供了更多的资优教育形式、并吸引了社会范围内的资金支持，是对美国高中资优教育的有益补充。

---

① Assouline S G，Lupkowski-Shoplik A. The talent search model of gifted identification [J]. Journal of Psychoeducational Assessment，2012，（30）：45-59.

② Olszewski-Kubilius P，Thomson D. Gifted education programs and procedures[A]//Weiner I B. Handbook of Psychology：Educational Psychology（Volume 7）[C]. 2nd ed. Hoboken：John Willy & Sons，Inc.，2012：405.

③ About the Jack Kent Cooke Foundation [EB/OL]. http://www.jkcf.org/about-us/，2015-08-24.

④ Scholars programs [EB/OL]. http://www.jkcf.org/scholarship-programs/，2015-08-24.

⑤ Exceptional cognitive talent and genius [EB/OL]. https://www.templeton.org/what-we-fund/core-funding-areas/exceptional-cognitive-talent-and-genius，2015-08-24.

校外资优教育项目与学校资优教育相结合，共同为美国高中资优生提供适合其能力发展与满足其学习需求的教育。

本章内容主要分析美国高中资优教育发展的实践现状。以私立精英高中、考试高中和州长高中为代表的资优高中，是美国开展高中资优教育的主要教育机构。它们以培养高中资优生为主要目标，成为美国高中资优教育的主阵地。同时，其他一般高中的 AP 课程、IB 课程与双注册项目，以及由社会机构实施的暑期学校、网络教育项目与校外竞赛等资优教育项目，也为高中资优生提供了资优教育机会，是高中资优教育实践的重要组成部分。三类资优高中以及其他具有高中资优教育项目的一般高中与社会机构，共同构成美国高中资优教育发展的实践主体。其实践内容具体包括教育目标、招生选拔、课程教学、教师资源与经费保障等多个方面。总结发现，美国高中资优教育实践以培养综合性人才培养为重要目标，实施富有挑战性的教育，并获得全方位的政府支持，同时，学校以及校外教育机构相互合作，共同为美国高中资优生提供适合其发展的资优教育机会。

第五章 美国高中资优教育发展面临的问题

美国资优教育的发展从来都不是一帆风顺的，作为仅仅面向部分资优生的教育（区别于面向所有学生的大众教育），资优教育自出现之初就面临着许多问题，高中资优教育自然无法置身事外。经历多年的发展，高中资优教育面临哪些社会争议，同时，高中资优教育自身是否存在问题以及仍存在哪些问题。本章将对美国高中资优教育在发展过程中遇到的社会争议和内部问题进行探讨。

第一节 高中资优教育的社会争议

资优教育是面向资优生群体的教育，由于其对象的局限性（面向少部分资优生，而不是面向大众学生），一直以来，美国公众对待资优教育的态度可谓"爱憎分明"，支持者把资优教育看做资优生的正当权利，而反对者则认为资优教育是多余的[①]。针对是否开展资优教育以及如何开展资优教育，涌现了一系列社会舆论与争议。高中是资优教育的重要阶段，高中资优教育无疑也引发了社会范围内的诸多争议。这些争议主要涉及高中资优教育的合理性、教育形式、招生标准和教育效果四大方面。

一、合理性的争议

首先是美国社会存在关于高中资优教育合理性的争议。这一争议的根源在于，人们对资优教育是否有违教育公平的认知存在分歧。关于资优教育是否有违教育公平、是否应该开展资优教育，不同学者各持己见。

（一）资优教育是不合理的

较之普通教育，资优教育在教育资源和机会分配方面具有明显的优势。资优

---

① Davis G A, Rimm S B, Siegle D. Education of the Gifted and Talented [M]. 6th ed. Englewood Cliffs: Prentice-Hall, 2011: 118.

生往往拥有着更优质的教育资源与机会，包括教学能力强和教学经验丰富的教师、优良的教育设施与教学环境、更高的教育期望等。由于受到"资赋优异"的肯定，并获得优质的教育机会，资优生的才能禀赋得到进一步发展，与之相伴随的还有自信心的增强、自我效能感的提升、生活目标和理想的提高、社会地位的改善等积极影响。美国的教育发展表明，资优生大多来自于社会经济地位较高的家庭（已经享有一定的社会特权和优势）。在这种情况下，政府将优质公共资源投向资优生教育，将使已经在许多方面优于其他学生的资优生变得更加优秀，引发"马太效应"①，是对特权阶级的维护与"精英主义"的体现。

　　相反，那些没有被识别为资优生的学生，则无法享受优质的教育机会和资源。在教育过程中得不到足够的重视，可能导致其自信心缺乏和自我效能感下降，其成就水平自然也会降低，并进一步导致资优生与非资优生的发展水平的差异以及社会地位和经济地位等身份上的不平等。以至于有学者指出，公立资优教育项目的存在是对其他无法接受资优教育学生的歧视，因而是不合理的。

　　此外，美国社会上存在的错误观念，也加剧了对资优教育合理性的质疑。一些人认为，资优生是生来就具有高智商和高学习能力的"蘑菇儿童"，即使身处恶劣的教育环境，没有外界（教师及其他教育资源）的帮助，资优生也可以独立自主地发展，不需要接受特殊的资优教育②。

（二）资优教育具有合理性

　　针对有关资优教育带有精英主义色彩、有违教育公平的诟病，一些支持者指出，选拔性是资优教育的内在特征。资优教育的目的在于选拔出资优生并帮助其追求更高水平的成就和卓越，只要这一选拔过程是面向所有人的，并且选拔的标准与某一人类活动领域的卓越能力或表现相关，资优教育就不应该受到带有精英主义的控诉③。同时，北卡罗来纳州州长规划委员会（North Carolina Governor's Planning Committee）认为，基于人们的智力水平或学业成就而选拔的"智力精英"并不等同于基于人的出身、经济和政治地位而划分的"精英"④。

---

　　① 《圣经·新约·马太福音书》中提到"因为凡有的，还要加给他，叫他有余；没有的，连他所有的也要夺过来"。1968年，罗伯特·默顿（Robert K. Merton）提出"马太效应"理论，侧重后天优势累积或者说社会因素在造成杰出人物职业成就中的作用。马太效应常常被用来解释或者是谴责针对资优生的教育，认为资优教育是在资优生已经占有天赋优势的情况下，继续给他们提供更优质的教育。参见：康绍芳.美国教育学界精英形成的社会条件和内在机制[J].教育研究，2014，（10）：136-145.

　　② Clark B. Social ideologies and gifted education in today's schools [J].Peabody Journal of Education，1997，72（3~4）：81-100.

　　③ Dai D Y. The Nature and Nurture of Giftedness：A New Framework for Understanding Gifted Education[M]. New York：Teachers College Press，2010：176.

　　④ Rimberg J D，Tubbs M P. American schools that specialize in humanities，science and mathematics，the arts，or social studies[J]. The High School Journal，1989，72（4）：214.

　　罗尔斯（John Rawls）认为，一部分人所具有的较高的天赋能力是自然分配的结果（是任意偶然的），其只是一种客观事实，无所谓正义或不正义[①]。资优教育项目实施的前提在于，存在智力及其他禀赋高于他人的资优生，他们分布在不同的文化、种族和社会经济群体中。资优教育以资优生为教育对象，旨在促进所有高能力（包括智力、创造力、领导力、学习能力等多个方面）学生得到更充分的发展。只要承认人们之间存在能力的差异，包括能力水平和能力结构的差异，就理应为具有更高能力或发展潜力的学生提供额外的教育资源，满足其特殊的教育需求，这是人人受教育权利平等的要求。从教育的本质出发，资优教育具有其自身的合理性和必要性。

　　还有学者从资优生的社会价值出发，证实资优教育的合理性。例如，里德曼（Heiner Rinderman）等以国际数学与科学趋势研究项目（Trends in International Mathematics and Science Study，TIMSS）、国际学生评估项目（Program for International Student Assessment，PISA）与国际阅读素养进展研究项目（Progress in International Reading Literacy Study，PIRLS）等国际评估测验中成绩位于前5%的学生（智商在125及以上）为研究对象，结果表明：这些智商位于前5%的智力优异者的能力价值（ability value）远远大于智商一般及位于后5%的人群，这些能力价值体现在国家的经济发展、科技发展（主要在STEM领域，包括申请专利数、诺贝尔奖、科学家、高科技专家等）以及社会政治发展（治理有效性、民主、法治和政治自由）等方面[②]。同时，鲁宾斯基（David D. Lubinski）和本博（Camilla P. Benbow）对那些在13岁之前就具有杰出数学或言语推理能力的学生进行的30年跟踪研究表明，其中的大部分学生在38岁之前已经在各自领域取得了卓越成就。这一研究证实了具有杰出数学或言语推理能力的青少年是社会进步与繁荣发展的重要人力资源[③]。因此，从维护国家利益的角度而言，开展专门培养和教育资优生的资优教育是十分必要的。

　　此外，从维护教育公平的角度出发，也应实施更多的公立资优教育项目。鉴于公立资优教育项目经常受到公众"有违教育公平"和"精英主义"的指责，出于对社会舆论的考虑，一些州的教育决策者逐渐削减资优教育项目，并减少对资优教育的财政投入，进而把开展资优教育的责任推向校外。特别是在纽约州、新泽西州和宾夕法尼亚州等美国东北部地区，学校内部的资优项目逐渐减少，有资优教育需求的学生及其家庭就只能求助于校外或私立教育机构接受资

---

　　① 罗尔斯 J. 正义论[M]. 何怀宏，等译. 北京：中国社会科学出版社，1998：102.

　　② Rindermann H, Sailer M, Thompson J. The impact of smart fractions, cognitive ability of politicians and average competence of peoples on social development[J]. Talent Development& Excellence，2009，（1）：3-25.

　　③ Lubinski D, Benbow C P. Study of mathematically precocious youth after 35 years[J]. Perspectives on Psychological Science，2006，（1）：316-345.

优教育[①]。然而，校外资优教育项目会引发更多的教育公平问题。与免费的公立学校资优教育项目相比，校外资优教育项目往往要收取学费，且费用较高。当前，以约翰·霍普金斯大学为代表，许多大学利用周末或暑假时间向中小学生开设增益课程或暑期学校等教育项目，这些项目大多收费昂贵。另外，一些大学开展的远程资优教育课程也带有盈利的目的。

如果说，对于以能力导向标准（如考试分数）录取资优生的公立资优教育项目，资优生仅须凭借学力和能力就可获得"参与权"；那么，对于收取学费的私立资优教育项目，除了达到招生选拔所要求的能力标准[②]外，资优生还须具备经济实力才能参与其中。这样一来，政府就把资优教育的责任从公立学校转嫁给了家庭。在公立资优教育项目逐渐减少而校外资优教育项目（私立且收费）逐渐增多的情况下，学费支出就成为影响资优生接受资优教育的重要因素。这将导致尽管不同种族、文化背景和社会经济地位群体的学生中都存在资优生，但只有高收入学区才有公共资金提供资优教育服务，抑或是只有高收入家庭才有经济实力把孩子送入校外资优教育机构，这加剧了不同学生群体间资优教育机会的不平等，扩大了处于不同社会经济地位资优生之间的差距[③]，进而引发了一系列公平问题。相反，如果政府从法律上要求公立学校开展资优教育项目，并增加对资优教育的财政投入，将有助于资优教育机会的公平分配[④]。

二、教育形式的争议

尽管资优教育实践的合理性受到质疑，但大部分学者还是对之持认可的态度，支持资优教育发展的力量占主导，是美国资优教育获得不断发展的原因。当前，美国资优教育的本质在于，为资优生与非资优生实施分轨教学，包括两种形式：一种是直接把资优生群体安置在特殊的资优班级或资优学校，进行差别化对待；另一种是让资优生与普通学生一样在正规班级和学校接受教育，但在一段时间内把资优生单独"拉出来"接受专门的资优教育服务。在高中阶段，第一种形式指的是专门的资优高中，第二种是指一般高中的资优教育项目或是在校外实施的高中资优教育项目。在认可资优教育的实践合理性的基础上，一

---

① Barker B D，Richards C E. Equity through vouchers：the special case of gifted education [J]. Educational Policy，1998，12（4）：363-379.

② 对初中生和高中生而言，要求其出示 SAT/ACT 成绩；对小学生而言，要求其提供参加 EXPLORE 等学业能力测试的成绩。

③ Olszewski-Kubilius P，Thomson D. Gifted education programs and procedures[A]//Weiner I B. Handbook of Psychology：Educational Psychology（Volume 7）[C]. 2nd ed. Hoboken：John Wiley & Sons，Inc.，2013：407.

④ Baker B D，Friedman-Nimz R. State policies and equal opportunity：the example of gifted education [J]. Educational Evaluation and Policy Analysis，2004，26（1）：44.

些学者认为，高中资优教育采取哪种实践形式，成为判断其是否"有违教育公平"的重要依据①。

（一）对于分轨教学的不同看法

分轨教学是指根据学生的个人品质、学业表现或志向，将学生安置在同质化课堂的学校内部选拔系统②。其又可以进一步划分为能力分组和课程分组，其中，能力分组主要是根据学生的智力能力、学习能力或学业表现，为其安排不同难易程度的教学，以满足不同学生的个性化学习需求。课程分组是按照学生不同的兴趣、志向和愿望，为学生提供不同的教学服务，包括升学导向的学术课程或是职业导向的技术课程。课程分组的初衷是让学生按照个人兴趣，选择不同的学术课程或职业课程，然而，学生选择不同课程的背后也隐含着或教师按照智力或学习选拔学生的事实。针对分轨教学的形式，主要的讨论集中在其是否公平这一层面。

有学者指出，开展高中资优教育的本质是实施分轨教学，这一本质加剧了社会不平等。分轨教学"美其名曰"是为了实现不同天赋与能力学生的差异化发展，事实上，资优生大多是社会经济地位较高的学生群体，处境不利学生在资优教育中的参与率较低。而分轨教学又进一步阻碍了那些处于"低轨"的贫困和少数民族学生获得成功。具体而言，"快轨"与"慢轨"的教学方式大相径庭，快轨班级的教师更强调培养学生的主动性和创造力，而慢轨班级的教师总是教导学生"遵守规则""按部就班地学习"等③，分轨教学导致部分学生（非资优生）无法接触到更高水平知识，削减了其进一步学习的机会。

同时，以博兰德为代表的一些学者从对"资优"的界定出发，对分轨教学提出质疑。他们认为，"资优"只是一个社会建构的概念。资优教育的实施，按照人为界定的标准，将学生划分为资优生与非资优生，并实施不同的教育对待，这是不合理的。此外，还有学者提出，分轨教学将资优生安置在同质化的竞争环境下，不利于学生社会情感的发展。

对于分轨教学这一形式，有反对的声音，也有支持的观点。一些学者指出，不同学生在天赋、能力、学习动机、抱负水平等方面具有差异。资优生的特点决定了只有在获得有挑战性的教育、教学方式能够不断激励他们取得高学业成绩的

---

① Neil S. Equity and excellence: the case for mandating services for the gifted child [J]. Journal for the Education of the Gifted, 1988, 12（1）: 4-13.

② Rosenbaum J E. Making Inequality: The Hidden Curriculum of High School Tracking [M]. New York: John Wiley & Sons, Inc., 1976: 6.

③ Oakes J. Keeping track, part 1: the policy and practice of curriculum inequality [J]. The Phi Delta Kappan, 1986, 68（1）: 12-17.

情况下，资优生才能保持较高的学业水平[①]。为资优生与非资优生提供差异化的教育，才真正合乎教育公平原则。有学者从教育效果层面出发，指出分轨教学有助于提升资优生的能力。而对于分轨教学不利于资优生社会情感发展的担心，其指出"是时候抛弃这些观念了"[②]。

（二）对待资优高中的不同立场

资优高中是高中资优教育的重要形式，也是分轨教学的极端体现。资优高中专门招收高中资优生，为资优生提供丰富的、具有挑战性的教育服务，是美国高中资优教育的主力军。从学生发展的视角以及社会公平的视角出发，不同学者表达了对资优高中的看法。

1. 学生发展的视角

许多学者反对成立专门招收资优生的资优高中。科南特是这一观点的重要代表。作为要素主义教育思想的代表人物，科南特对资优教育表现出极大的支持，并认可为资优生提供适合其学习能力和需求的分轨教学，进而主张在综合高中内部开展分班或分组教学。然而，其并不主张建立具有选拔性的资优学校来专门实施资优教育。原因在于，资优高中以学生升学为主要目的，这种专门化的学校隔绝了学生接触具有不同职业兴趣学生的机会[③]。类似的观点指出，专门面向资优生的暑期教育项目已经能够满足他们的学业需求，不需要再创办学年制的资优高中[④]。资优高中提供同质化的竞争性教育环境，对于学生的社会情感发展不利。

同样是从学生发展的视角出发，有学者表达了不同的立场。他们认为，传统高中的班级教学对于资优生发展而言是不利的，一方面，普通班级的课程与教学安排无法满足资优生的学习需求；另一方面，普通班级（或学校）中的教师和其他学生对待资优生的态度是不友善的，缺乏促进资优生发展的良好氛围。而资优高中的出现很好地解决了这一问题，其为资优生创建了一个与相似同伴共同学习、生活的同质化环境，提供丰富而具有挑战性的课程教学，这对他们的智力、心理和社会情感等各方面发展是有利的[⑤]。麦克休（Marcianne W. McHugh）关于州长高中对参与者的学业、社会和情感发展影响的研究表明，这些项目对于参与者情

① Xiang Y, Dahlin J C, Theaker R, et al. Do high flyers maintain their altitude? Performance trends of top students[R]，2011.

② Benbow C P, Stanley J C. An eight-year evaluation of SMPY：what was learned?[A]//Benbow C P, Stanley J C. Academic Precocity：Aspects of Its Development[C]. Baltimore：The Johns Hopkins University Press，1983：205-219.

③ 科南特 J B. 科南特教育论著选[M]. 陈友松译. 北京：人民教育出版社，1984：103.

④ Rimberg J D, Tubbs M P. American schools that specialize in humanities, science and mathematics, the arts, or social studies[J]. The High School Journal，1989，72（4）：214.

⑤ Sapon-Shevin M. Beyond gifted education：building a shared agenda for school reform[J].Journal for the Education of the Gifted，1996，19（2）：194-214.

感方面的影响最为重要，他们与同伴结下深厚的友谊并建立了支持性的关系网络，而在一般学校中，这一情感需求往往得不到满足①。资优教育教师以及资优生父母大都支持成立专门的资优高中，希望资优生能够在专门的学校中接受教育，也正是基于这一原因②。

2. 社会公平的视角

资源分配不公是资优高中饱受诟病的重要原因之一。由于州长高中和考试高中都是免费的公立学校，许多人指责这些资优高中与其他一般公立高中之间存在资金和人力资源方面的不公平竞争。例如，州长高中和考试高中往往拥有全州或全市最优秀的教师与教育资源，并吸引了最优质的生源，其在享有"公立精英高中"美誉的同时，也饱受"消耗普通大众学生的教育资源为少部分资优生谋福利"的诟病③。同时，公立资优高中的学生构成问题又进一步引发人们的指责。公立资优高中的教育对象以白人和亚裔为主，而拉丁裔少数族裔学生及其他处境不利学生所占比例过低。以纽约市的三所特殊高中为例，其非裔和西班牙裔学生所占比例普遍较低，并且这一比例在过去 10 年间呈现下降的趋势④。出于这一原因，那些没有机会就读于这些资优高中的学生家长纷纷表达了对资优高中的不满。

有学者肯定了资优高中在教育质量和办学成效方面的显著成绩，但也指出，与成立专门学校（资优高中）或班级（资优班）的实践举措相比，提高正规课堂教学的质量、使正规课堂满足资优生的学习需求的做法更为合理。这些措施具体包括：建立多样性和差异性的课程环境、采取多样化和多水平的课程、进行教育方法改革（采取合作学习和同伴互助的形式）、为教师提供更多的支持。另一种表达更为直接，"与其挑选社会有利地位学生就读于资优高中，不如帮助其他高中学校有效地教育所有学生并发现他们的天赋"⑤。

对于资优高中有违教育公平的观点，有学者已经进行了辩驳（见上文"合理性的争议"）。在此基础上，还有学者从美国国内的教育现实出发，强调资优高中存在的必要性。基于美国地方分权的教育体制，各个州之间、同一州的不同学区之间，甚至是同一学区的不同学校间，教育质量存在差异，其资优教育服务的质

① McHugh M W. Governor's school: fostering the social and emotional well-being of gifted and talented students [J]. The Journal for the Secondary Gifted Education, 2006, 17（3）: 50-58.

② Martin C, Brodsky R. Serving gifted students through inclusion: a parent's perspective [J]. Roeper Review, 1996, 19（1）: 2-3.

③ Atkinson R D, Hugo J, Lundgren D, et al. Addressing the STEM challenge by expanding specialty math and science high schools[J].NCSSSMST Journal, 2007, 2（2）: 14-23.

④ Mazie S. Equality, race and gifted education: an egalitarian critique of admission to New York City's specialized high schools[J]. Theory and Research in Education, 2009, 7（1）: 5-25.

⑤ Fruchter N, Siegel D. Point/counterpoint: are gifted programs good? No[N]. The Daily News, 2004-11-28,（46）.

量同样参差不齐。资优高中在全市或全州范围内跨学区招生，能够解决不同学区间资优教育质量有别的问题，为资优生提供同等质量的教育。

三、招生标准的争议

当前，美国资优教育项目采取的识别标准主要包括智力测验、SAT/ACT 等学业成就测试以及其他标准化测试[1]。其中，自 20 世纪 20 年代以来，智力测验一直被作为资优教育的主要识别标准。随着后来 SAT 等标准化学业成就测试的提出，智力测验的重要性有所下降，但仍被一些地区沿用。当前，美国小学和初中阶段的资优教育项目大多依赖智力测验或标准化测试来选拔资优生，高中阶段的资优教育实践，则普遍以学生的 SAT/ACT 成绩或其他学业考试成绩，作为主要甚至是唯一的选拔标准。在认可资优教育的合理性与必要性的基础上，一些学者对于资优教育项目的招生标准提出质疑，并认为资优教育的公平性关键取决于招生标准。

（一）关于标准化考试的争议

许多学者指出，高中资优教育项目，特别是公立资优高中（包括州长高中和考试高中）[2]完全或主要以考试成绩选拔资优生的做法，有违教育公平。高中资优教育的目的是为高中资优生提供适合其能力发展的教育。然而，由于选拔标准主要看重学生的学业成就，高中资优教育成为公众心目中对少数"绩优生"的精英教育。受主客观因素的影响，长期以来美国高社会经济地位学生的学业成绩远远高于处境不利学生，这就造成一种现象：资优教育的对象大多来自于社会经济地位较高群体，少数民族、英语熟练程度有限以及其他处境不利学生在资优教育项目的参与度较低。而公立资优高中对"考试成绩"这一学业成就标准的重视，本质上是对白人和亚裔的"偏袒"以及对其他少数民族学生或处境不利学生的"歧视"[3]。与此同时，作为资优高中的组成部分，私立精英高中的招生标准也被认为是"排外"的表现。私立精英高中一般结合标准化测试、论文写作、推荐信以及面试等多种方式选拔学生，这种选拔方式名义上是要选拔满足学校招生标准的学生，而其根本目的在于排除异己，过滤掉不符合私立精英高中身份与阶级地位的学生，并为其排他性寻找"合理"的理由[4]。

---

[1] Fraiser M M, Passow A H. Towards a new paradigm for identifying talent potential[R]. National Research Center on the Gifted and Talented, 1994: 6.

[2] 私立精英高中与州长高中、考试高中的招生标准相似，同样采取以考试成绩为主、多种方式相结合的招生标准。然而，由于私立精英高中收取高昂学费，对于这种"以高学费换取高质量教育"的学校类型，公众并没有什么指责。

[3] Ford D Y. Desegregating gifted education: seeking equity for culturally diverse students[A]//Borland J H. Rethinking Gifted Education[C]. New York: Teachers College Press, 2003: 143-158.

[4] Gaztambide-Fernandez R. The Best of the Best: Becoming Elite at an American Boarding School[M]. Cambridge: Harvard University Press, 2009: 102.

面对对标准化测试合理性的质疑，一些学者做了有力的"辩护"。加德纳（John W. Gardner）指出，尽管能力测试或学业成就测试有各种不完美，其仍旧比其他选拔方式更为公平。智力测验本质上不是在维护特权，而是打破特权[1]。彭达维斯（Edwina Pendarvis）和豪利（Aimee Howley）在《公平行事：资优教育的可能性》一文中也表达了类似的观点。其认为智力测验是广义上的学业成就测试，而不是简单地测量智力水平。学业成就是学生"学得好"的表现，以此作为资优生的标准识别，更有可能选拔出社会经济地位较低的学生，体现了资优教育的公平性。因为那些社会经济地位不高的学生更有意愿接受更长时间的教育、取得更高的学业成就，并通过高学业成就获得更好的工作、更高的社会地位以及更多的薪金，进而打破原有的社会分层，摆脱自身较低的社会经济地位。从这一意义来说，资优教育并没有维护特权阶级的利益，而是为更多处境不利的学生提供了发展机会[2]。

（二）关于非言语能力测验的争议

出于对标准化考试这一识别标准的质疑，有学者提出采取其他替代性识别标准的建议。他们认为，智力测验或学业成绩仅仅是对学生学术资质或能力的考察，高中资优教育项目根据学生的智力和学业表现选拔资优生，只是根据成功的可能性去判断哪些学生能够接受资优教育[3]，带有一定的主观性，特别是造成非裔、西班牙裔学生在资优教育项目中参与比例较低的问题。对此，有学者建议采用非言语能力测验来选拔资优生，认为这一资优生选拔标准能够保证少数民族学生与欧美裔学生具有平等的参与机会[4]。

然而，对于这一建议，洛曼（David F. Lohman）则持保留态度。其指出，大量关于非言语能力测试的研究表明，用非言语能力测试作为资优教育项目的选拔标准，并不能使少数族裔、母语非英语或社会经济地位较低学生在资优教育项目中的比例显著增加，反而会导致那些具有卓越才能或是最有可能在资优教育项目中受益的学生失去教育机会[5]。范德赛尔等也表达了相似的观点，他们对标准化考试（学业成就测验）与表现性评价（即非言语能力测试）两种方法选拔出的学生的成就进行对比发现，采用行为观察法，低收入家庭学生与非裔学生在资优教育

① Gardner J W. Excellence：Can We Be Equal and Excellent Too?[M]. New York：W. W. Norton. 1984：64.

② Pendarvis E，Howley A. Playing fair：the possibilities of gifted education[J]. Journal for the Education of the Gifted，1996，19（2）：215-233.

③ Sapon-Shevin M. Beyond gifted education：building a shared agenda for school reform[J]. Journal for the Education of the Gifted，1996，19（2）：194-214.

④ Naglieri J A，Ford D Y. Increasing minority children's participation in gifted classes using the NNAT：a response to Lohman [J]. Gifted Child Quarterly，2005，（49）：29-36.

⑤ Lohman D F. Review of Naglieri and Ford（2003）：does the Naglieri Novnverbal Ability Test identify equal proportions of high-scoring White，Black，and Hispanic students?[J]. Gifted Child Quarterly，2005，（49）：19-28.

项目中的参与率分别提高了 3%和 5%。然而，采取学业成就测验选拔出的资优生的表现更为优异[①]。这一研究结果表明，虽然非言语能力测验规避了标准化测验所受到的文化等社会环境因素的影响，但传统的学业成就测验在识别资优生方面更有成效。

（三）关于招生配额制的争议

有些学者提出，高中资优教育项目应实施配额计划，即在招生时提前确定不同种族学生参与的比例或数量，并认为，对于州长高中和考试高中这些公立资优高中而言，完全采取单一的考试政策是不合理的[②]。

对于这一提议，也有学者表达了不同看法。其指出，教育平等意味着学生在入学、受教育过程和成就上的机会均等。而实现入学机会均等最为关键的因素是，坚持以个体的学术能力为标准，而不是参照种族、阶层、政治身份等外部特征[③]。只要资优教育项目的招生选拔标准能够保证所有人都有公平的竞争机会，这一标准就是公平的。教育中的公平主要指，所有学生在发展个人潜能上的权利平等。"衡量一个社会公平与否，不在于每个族裔中是否有同样多的人获得成功，而在于有才华的个人是否可以脱颖而出，不管他们来自哪个族裔"[④]。作为专门面向资优生的高中学校，资优高中以学业成绩为主要选拔标准的做法，使得其所在州或城市的所有资优生，不论其社会背景和家庭条件如何，都有公平的机会通过个人努力进入这些高中，这恰恰体现了教育机会的公平，而那种认为"衡量选拔机制是否公平的唯一标准，就是看其结果在人口统计上的平等性"[⑤]，实施不同种族学生享有均等的机会就读于考试高中的配额制，显然带有平均主义的倾向。

四、教育效果的争议

当前，围绕高中资优教育效果的争议，主要集中在资优教育项目对学生学业成就的影响。其中，部分学者的研究肯定了高中资优教育项目在提高学业成就方面的作用。对此，也有学者提出质疑。

克罗斯（Tracy L. Cross）等对州长学校[⑥]的研究指出，州长学校为学生提供了

---

① van Tassel-Baska J, Feng A X, Evans B L. Patterns of identification and performance among gifted students identified through performance tasks: a three-year analysis[J]. Gifted Child Quarterly, 2007, 51: 218-231.

② Mazie S. Equality, race and gifted education: an egalitarian critique of admission to New York City's specialized high schools[J]. Theory and Research in Education, 2009, 7（1）: 5-25.

③ 孙志远. 美国高校选拔性入学体系研究——制度的视角[D]. 华东师范大学博士学位论文, 2015.

④ 亨利 W A. 为精英主义辩护[M]. 胡利平译. 南京: 意林出版社, 2000: 76.

⑤ 亨利 W A. 为精英主义辩护[M]. 胡利平译. 南京: 意林出版社, 2000: 4.

⑥ 上文已经提及，州长学校是一般在暑期实施的为期 3~8 周的、面向高中资优生的寄宿制资优教育项目，也是高中资优教育的形式之一。本书重点介绍了实施学历教育的州长高中，没有过多提及州长学校。

轻松自由的学习环境，这一学习经历有助于提高学生的知识基础与学习技能[①]。Abdulkadiroglu 等分别以波士顿和纽约的三所考试高中为研究对象，对比考试高中学生与一般高中学生学业成就的差异。结果表明，考试高中学生参加 SAT 预考（preliminary SAT）与 SAT 的平均成绩明显高于其他一般高中的学生，同时，这些学生在特定学科的学业成绩也较高[②]。德比(Will Dobbie)和弗莱尔(Roland Fryer)的对比研究也表明，考试高中学生的学业成就更高、参加州高中毕业考试的可能性更大、毕业率更高且升入四年制大学的比例更高[③]。这些研究都肯定了高中资优教育项目对学生学业成绩的影响。

证实高中资优教育效果的研究不胜枚举，质疑声也纷至沓来。其主要集中于对已有研究的信度和效度的质疑。例如，大多数研究都是将州长学校、考试高中或其他高中资优教育项目学生与一般高中生的学业成就进行对比，以突显考试高中等教育项目学生学业成就更高。殊不知，这些资优高中的生源本来就比其他高中更为优秀，而已有研究往往无法区分到底是资优高中或其他高中资优教育项目的教育影响，还是其学生自身素质的影响。由于研究设计或控制组的安排与描述等方面缺乏科学性，现有关于资优教育项目有效性的研究经常备受指责，以至于斯滕伯格指出，资优教育发展面临的重要问题是，资优教育项目的效用没有显现，也没有研究者对其进行有效评估，许多资优教育模型的使用没有经过科学论证[④]。还有学者认为，对于高中资优教育效果的衡量，应该考虑资优教育的投入产出比。例如，在投入相同资金的情况下，让资优生接受特殊的资优教育项目是否比在正规课堂中接受教育获得更大的收益。然而，尚没有人去研究资优教育项目教学的收益[⑤]。总之，对于高中资优教育的效果，美国社会还存在一定争议。

不同学者对于高中资优教育效果的争议，从侧面反映了教育研究与教育实践之间的关系。一方面，有效的教育理论研究能够指导教育实践的开展。如前所述，资优高中与一般高中学生学业成就的对比研究，证明了资优高中对学生学业成就的积极影响（暂不考虑研究的信度和效度），将鼓励资优高中教育实践的进一步展开。另一方面，教育理论研究往往来自于教育实践中的问题，即关于高中资优教育的各种争议，引发了教育研究领域对其有效性的研究，教育研究来源于教育

① Cross T L, Hernandez N R, Coleman L. Governor's schools: an idea whose time has come[J]. Gifted Child Today, 1991, 14（4）: 29-31.

② Abdulkadiroglu A, Angrist J, Pathak P. The elite illusion: achievement effects at Boston and New York exam schools [J]. Econometrica, 2014, 82（1）: 137-196.

③ Dobbie W, Fryer R G. Exam high schools and academic achievement: evidence from New York City[R], 2011.

④ Shaughnessy M F. A reflective conversation with Robert J. Sternberg about giftedness, gifted education, and intelligence[J]. Gifted Education International, 2002,（16）: 201-207.

⑤ Subotnik R F, Rickoff R. Should eminence based on outstanding innovation be the goal of gifted education and talent development? Implications for policy and research[J]. Learning and Individual Differences, 2010, 20（4）: 358-364.

实践。

第二节 高中资优教育的内部问题

虽然具有资优教育理论的指导以及联邦与各州资优教育政策的保障，但美国高中资优教育实践的进行并不是一帆风顺的。社会范围内围绕高中资优教育的争议是其面临的外部问题。与此同时，高中资优教育在发展中还遇到一些内部问题，具体表现为教育对象比较单一，不同地区教育质量存在差异，以及受标准化教育改革的影响等。

一、教育对象较为单一

上文对美国高中资优教育实践的分析发现，其以"学术资优生"或"智力资优生"为主要教育对象的特征明显。这一特征是由多方面原因造成的。在资优教育研究领域，资优的多元化特征已经成为共识，美国联邦政府以及一些州政府也普遍认可了资优表现为人们在智力、特殊学科领域、创造力、领导力以及视觉或表演艺术等一个或多个领域的卓越表现或潜能。然而，仍有个别州把资优理解为学生的智力或学术能力。政策层面对资优的狭隘界定，引发了教育实践过程中资优教育对象的单一。特别是，出于维护国家利益与国际竞争优势的需要，联邦政府通过政策及资金支持，积极鼓励 STEM 教育的发展，重视 STEM 人才的培养，同时，强调智力训练及学科教学的要素主义教育思想与联邦政府的政策态度相契合，成为影响美国教育政策的主导教育思想。这就导致美国的资优教育实践以在智力能力或学术领域具有较高表现的"学术资优生"或"智力资优生"为主要教育对象，具有教育对象比较单一的特点。同时也体现了资优教育理论研究的多元化与现实实践的单一性之间的矛盾。

二、不同地区教育质量存在差异

当前，高中资优教育项目的质量存在巨大差异，其背后有多方面原因。

首先，一直以来，联邦教育政策未从法律上对资优教育服务的标准做出统一规定，实施资优教育项目的重担由各州承担。各州政府对待资优教育的政策态度不同，且各州财政经济发展状况有别，致使各州对资优教育的投入呈现巨大差异，包括资金拨款数额、拨款方式及拨款的对象等多方面。政策与资金支持是高中资优教育发展的重要保障，财政拨款的差异必然导致资优教育质量的不同。在当前各州逐渐加大对公立学校教育机会与教育投入的管理权的情况下，资优教育成为许多州将管理权力下放到地方学区的最后领域①。这一现状进一步加剧了不同资优教育项目质量的差异。

其次，缺乏对资优教育项目及其服务的问责制度，也是造成教育项目质量良莠不齐的重要原因。NAGC 对 2014~2015 年全国资优教育政策及实践发展的现状调查指出，在给予反馈的 40 个州中，只有 21 个州对辖区内开展的资优教育项目进行监测或审计；有 18 个州表示该州教育部门要求 LEA 提交资优教育项目的规划。同时，只有 10 个州要求 LEA 安排固定的管理人员处理学区内的各项资优教育事务，其中没有一个州要求这些管理人员必须是全职。此外，学区内的资优教育项目也不重视进行自我评估。NAGC 的调查表明，只有 24 个州表示 LEA 会向州教育部门汇报当地学区资优教育的实施情况。虽然监督与问责并不一定能有效地保障和提升资优教育项目的质量，但缺乏严格的监督与问责，出现"无处问责"的现象，必然会导致资优教育质量松懈。

最后，各州资优教育教师质量参差不齐也是诱因之一。美国现有的资优教师资格认证制度还不完善，许多州并没有要求进行资优教师资格认证。即便有相关要求，其标准也是比较低的，且州与州之间的政策差异较大。各州资优教育教师在职培训政策的情况与之相似。这样一来，作为教育服务质量的重要一环，资优教师的质量也就难以获得保障。

三、受标准化教育改革的影响

资优教育的发展离不开国家宏观教育的改革与发展。其一，教育改革引发了宏观教育政策导向的变化，改变了资优教育的政策环境（宏观层面）；其二，教育改革对各级各类学校的影响，间接地影响着资优教育实践赖以生存的教育环境（中观层面）。其三，教育改革对教师教育理念与教学能力的要求，将直接引发课程教学的变革（微观层面）。

20 世纪 80 年代兴起的基于标准的改革运动，是美国基础教育领域规模最大、影响范围最广泛的改革之一。面对在国际竞争中处于劣势地位以及国内教育质量遭遇下降的状况，美国提出了基于标准的教育改革措施。1983 年《国家在危机中：教育改革势在必行》报告提出，要致力于使所有学生实现教育卓越，呼吁建立统一的课程体系并提升教育标准。同时，该报告开启了美国教育重视标准化测量的进程，"建议学校、学院和大学对学生的学业成绩和品德采取更严格和可测量的标准，提出更高的要求"②。1991 年，美国教育标准与考试委员会（National Council

---

① Barker B D. Gifted children in the current policy and fiscal context of public education：a national snapshot & state level equity analysis of Texas [J]. Educational Evaluation and Policy Analysis，2001，23（3）：229-250.

② 吕达，周满生. 当代外国教育改革著名文献[M]. 美国卷，第一册. 北京：人民教育出版社，2004：16.

on Education Standards and Testing，NCEST）发布了《提高美国教育标准》（"Raising Standards for American Education"），提倡建立全国性的教育标准与评价体系。同年，国家教育目标委员会（National Education Goals Panel，NEGP）发布《全国教育目标报告》（"National Education Goals Report"），制定了美国基础教育的质量标准和保障体系。1994 年，美国通过《美国 2000 年教育目标法》（*Goals 2000：Educate America Act*），鼓励各州制定各自的质量标准。进入 21 世纪以来，以制定教育标准来提高教育质量仍然是美国教育改革的重心。《不让一个孩子掉队法》的颁布将标准化改革运动推上了新的高度。在《不让一个孩子掉队法》的影响下，联邦政府继续强调教育标准的重要性，积极实施全国统一的标准化测试，并将学生成绩与教师及学校的奖惩"挂钩"。

标准化改革运动首先对课堂教学带来影响。标准化改革运动致力于为所有学生提供优质教育，其初衷是好的。然而，教育政策在执行过程中往往出现"偏差"。为所有学生提供平等学习机会的教育理念，在教育实践过程中则演变为，不管学生的学习能力和学习需求，运用同样的教学策略和教学方法，为所有学生提供具有相同难度水平和内容的课程与教学活动。特别是，受标准化测试以及绩效制的驱动，为保证"不让一个孩子掉队"，许多州纷纷降低了课程标准，正规课堂教学更多的是进行考试内容的训练，以使学生为标准化测试作准备，而较少为学生提供独立探究的机会，致使资优生无法接受适合其发展的、严格且有挑战性的知识和技能，影响其潜能的进一步发挥和发展[①]。其次，绩效制也影响了高中资优教育赖以生存的学校环境。由于学校绩效考核主要取决于学生不断上升的学业成绩（标准化考试成绩），一些学校甚至开展了优质生源之间的竞争，甚至阻止本校的资优生参与其他资优教育项目，如转学至专门招收资优生的州长高中等，完全忽视了这些资优生的教育需求[②]。更重要的是，当整个教育体系都关注学生的学业成绩与绩效考评时，重视资优生多方面才能发展与社会人才培养的资优教育无法发挥其应有的价值[③]。标准化教育改革带来的阻碍，是美国高中资优教育发展面临的重要问题。

本章内容首先呈现了当前美国社会关于高中资优教育的合理性、教育形式、招生标准、教育效果方面的争议。美国高中资优教育面临的最大挑战在于，人们对于资优教育的态度模棱两可。一方面，人们逐渐认识到培养资优生的重要性，特别是培养 STEM 领域人才对于提升国家竞争力的重要意义，即开展资优教育是

---

① Moon T R，Brighton C M，Callahan C M. State standardized testing programs：friend or foe of gifted education [J]. Roeper Review，2003，25（2）：49-60.

② Ward C V. Giftedness disadvantage，and law[J]. Journal of Education Finance，2005，31（1）：45-64.

③ Ziegler A，Stoeger H，Vialle W. Gifted and gifted education：the need for a paradigm change [J]. Gifted Child Quarterly，2012，56（4）：194-197.

必要的。另一方面，人们又认为资优教育致力于少部分资优生的培养，而忽视其他大多数学生，是精英主义和教育不公平的体现。特别是资优高中等公立资优教育项目，占用大量优质公共教育资源，仅仅为资优生谋福利，有违教育公平。同时，当前美国高中资优教育在发展中还遇到教育对象的单一、不同地区教育质量的差异以及受标准化教育改革影响等内部问题。然而，这些内部问题只是影响美国高中资优教育发展的"冰山一角"。本质上，美国高中资优教育发展更多地受到社会环境因素的影响，包括国内存在的不同文化传统、教育思想、政治立场和价值取向。第六章内容将对此作具体讨论。

第六章　美国高中资优教育发展的影响因素

比较教育学大师萨德勒（Michael E. Sadler）曾指出，学校（教育）之外的事情比学校（教育）内部的事情更重要，校外的事情制约并说明着校内的事情①。这些校外之事就是国家的政治、经济与社会文化传统。对于教育背景的分析比仅描述教育及其发展更有助于了解教育，同理，研究美国高中资优教育，除了了解其发展的阶段、现状与问题之外，更重要的是分析其背后的深层原因。美国高中资优教育的发展，本质上是本国不同文化传统、教育思想、政治立场与价值取向四大因素相互冲突与融合的结果。

第一节　文　化　传　统

"教育既是现代的一面镜子，又是它的塑造者；既反映了当代文化的价值观，又向下一代灌输这些价值观。"②教育是国家文化产业的重要组成部分，也是文化传承的重要手段。教育发展必然会受到文化传统的影响，不同教育思想与理念都是文化传统在教育领域的体现与表达，资优教育也不例外。美国高中资优教育的发展，有着深层的文化根源，不同文化传统影响着人们对教育与资优教育的不同认识和看法，进而决定了人们对待资优教育的态度。同时，高中资优教育发展中所面临的不同问题，也都可以从美国文化中找到根源。

美国人类学家米德（Margaret Mead）曾道出了美国国内"相互矛盾"的文化传统。一方面，作为一个民族，美国人习惯于"改变"（fix）不喜欢的环境或事物，而不是改变自己来"适应"（cope）环境或事物，这体现了对个人主义的崇尚及对自由的珍视；另一方面，鉴于美国的移民国家性质，当个人主义遭遇多元文化的社会背景时，他们又习惯于忽视甚至消除价值观的差异与天赋和才能的不同，将

---

① 康德尔 I L. 教育的新时代——比较研究[M]. 王承绪，等译. 北京：人民教育出版社，2001：7

② 亨利 W A. 为精英主义辩护[M]. 胡利平译. 南京：意林出版社，2000：34.

其放置在同一维度，用同一计量单位衡量，体现了对平等的追求①。这一表述，形象地提及了美国典型的文化因素，即自由、平等、个人主义、多元文化等，同时也表达了不同文化传统之间的冲突与矛盾。这些不同文化因素之间的冲突与矛盾，集中表现在精英主义与平等主义、个人主义与多元文化这些不同文化传统的对立与联系之中。

一、精英主义与平等主义

精英主义与平等主义是美国文化的主要来源与重要体现②。二者之间的文化差异与矛盾渗透并影响着美国人生活的方方面面。纵观美国教育发展的历史，精英主义与平等主义是推动美国教育与社会发展的两大希望：一方面，美国社会的发展根植于每个人都有表现其能力、动机和性格品质并获得相应奖励的自由③，都有追求卓越并发挥其才能的机会；另一方面，社会发展的动力还来自对"人人生而平等"④的保障。二者对高中资优教育发展的影响各异，如表 6-1 所示。

表 6-1 平等主义与精英主义对比分析

类型	教育立场	主要观点	公共教育目的	教育资源分配	教学形式
平等主义	教育结果的平等	人的天赋、能力和成就反映了其阶级属性，无论出身背景或天赋高低，人人享有平等的受教育权利和机会；在自由平等的基础上关注弱者	让每个人平等地获得基本的社会技能和参与民主社会的能力	教育资源公平分配，并对弱势群体进行补偿	反对能力分组
精英主义	教育机会的平等	教育应以天赋、能力、成就为标准，将优质教育资源优先给予少数能力强、有杰出才能的人；实行贤人统治	培养并选拔具有杰出才能或表现优异的社会精英，为社会作贡献	能者多得，优质教育资源优先给予能力强、有杰出才能或表现优异学生	提倡能力分组

（一）精英主义及其对资优教育的推动作用

精英主义文化传统在美国具有悠久的历史。早期精英主义认为，精英是指精心挑选出来的少数人或优秀人物，是在能力、财富、权力等方面占有更多资源的社会统治阶层⑤，其对社会发展具有重要的推动作用。美国建国初期成立的共和政

① Mead M. The gifted child in the American culture of today [J]. Journal of Teacher Education，1954，15（3）：211-214.

② 亨利 W A. 为精英主义辩护[M]. 胡利平译. 南京：意林出版社，2000：4.

③ Gardner J W. Excellence：Can We be Equal and Excellent Too? [M]. New York：W. W. Norton，1984：22.

④ Benbow C P, Stanley J C. Inequity in equity：how equity can lead to inequity for high-potential students [J]. American Psychological Association，1996，2（2）：249-292.

⑤ 海伍德 A. 政治学核心概念[M]. 吴勇译. 天津：天津人民出版社，2008：208.

体，秉持的就是"精英治国"的政治形态。共和国精英们指出，只有受过良好教育、具有渊博知识的社会贤能，才能更好地治理国家，进而保障国家和社会的稳步运营①。这种"贤能统治"（meritocracy）的理念奠定了美国精英主义的文化基础。随着社会的进步与民主的推动，"精英"由权力和阶级身份的代表转而成为凭借智力、个人能力，努力奋斗获得一定财富或社会地位的代名词。

"贤能统治"理论是精英主义最直接的体现②。该理论认为，个体在天赋、能力、动机等方面的差异导致个体的贤能（merit）有所不同，那些拥有更多贤能的人能够创造更多的社会财富和社会贡献，因而应获得更大的社会收益，相应地，社会也应该按照人的贤能提供相应的职位③。同时，精英主义还隐藏着另一种含义，即人们的能力越大，承担的责任越大。发展精英主义的目的，正是奖励获得更大的成就、创造出更大的生产力和社会福利的社会杰出人士，进而使整个社会获益④。

精英主义尊重人与人之间在天赋等各方面的差异，并主张使人的天赋得到尽可能大的发展⑤；其尊重个人的努力，并看重因个人努力而获得的成果与收益，重视机会的平等。学校按照一定的选拔标准招生，是精英主义在教育领域的体现。由于教育资源的稀缺性，自成立之初，学校教育主要为统治阶级和贵族服务，带有鲜明的等级性。随着民主理念的发展及受教育机会的扩大，学校教育中的精英主义逐渐由强调政治身份的阶级性和等级性，演变为在权利平等基础上对能力和成就的重视。教育资源分配不再依据人们的身份或社会地位，而是以天赋、能力、成就为标准，把优质教育资源优先给予少数能力强、有杰出才能或表现优异的学生。

精英主义认为，教育的目的是以能力和成就为标准，选拔并培养具有杰出表现和卓越成就的社会精英，这一观点与资优教育理念契合。基于个体在天赋等方面的差异，应该将优质教育资源优先给予那些具有较高能力或有成就表现的资优生；同时，采取分轨教学的教学形式，让资优生获得与其能力相匹配的更高水平的教育，促使其天赋与能力得到最大化发展。学校也应该奖励这些最有才华的学生，给予他们接受更高水平教育并获得更大发展的机会，特别是资助那些家境贫寒的资优生。因而，精英主义文化传统是资优教育发展的推动力。

① 王恩铭. 美国文化史纲[M]. 上海：上海外语教育出版社，2015：107.

② "贤人统治"一词是由英国社会学家麦克·杨（Michael Young）提出并进行阐释。参见：Young M. The Rise of the Meritocracy, 1870-2033: An Essay on Education and Equality[M]. Baltimore: Penguin Books, 1958.

③ Labaree D F. The Making of an American High School: The Credentials Market and the Central High School of Philadelphia 1838-1939[M]. New Haven: Yale University Press, 1992: 23.

④ 亨利 W A. 为精英主义辩护[M]. 胡利平译. 南京：意林出版社，2000：24.

⑤ Resnick D P, Goodman M. American culture and the gifted[A]//Ross P O.National Excellence: A Case for Developing America's Talent. An Anthology of Readings[C]. Washington, D. C.: Office of Educational Research and Improvement, 1994: 110.

（二）平等主义及其对资优教育的阻碍作用

平等是美国社会的重要价值取向，是"美国精神的灵魂"。美国的成立离不开人民追求平等的信念，"人人生而平等"，《独立宣言》开篇指明了美国人对于平等的热爱与追求[①]。平等主义倾向于认为人与人都是平等的，即便认识到人们天赋能力的不同，也将其归因为受家庭环境、社会地位等阶级身份与社会因素的影响。因此，平等主义的鲜明主张是，即使人们的天赋有巨大差异，这种差异也应该为推进社会平等服务。例如，罗尔斯指出的，"人们的天赋是偶然任意的，不是道德上应得的，要把这种天赋看成一种社会的共同资产而不是拥有者个人的资产"[②]，为了提供真正平等的机会，社会应该更多地关注那些天赋较低和社会地位较不利的人们，即"按平等的方向补偿由偶然因素造成的倾斜"[③]。这种平等主义思想与精英主义思想对立，并深深地影响着美国人的社会观念和教育理念。

美国素有重视教育的传统，并把教育作为实现民主和维护民主的重要手段[④]。美国"公立教育之父"贺拉斯·曼（Horance Mann）把教育作为"实现人类平等的伟大工具"，认为教育的作用比任何其他发明都要大得多。在平等主义的影响下，美国把公共教育目标定位于为所有学生提供适切（adequacy）的教育，使人人获得基本的社会技能和参与民主社会的能力，借助公共教育实现维系民主社会的目的。

如果精英主义要求人人具有同样的机会，平等主义者则坚持认为所有成员应该获得同样的结果。受平等主义的影响，美国社会重视残疾人、少数民族及其他处境不利人群的教育，相反，忽视甚至是反对为具有较高天赋和能力的资优生提供差异化教育。在公共教育资源分配方面，平等主义认为教育资源分配应该保障所有学生具有获得同样成就的机会，这就要求，在分配教育资源时，必须对弱势群体学生进行补偿，使其获得与处于有利地位学生同等的教育结果。在教育形式上，则反对能力分组等分轨教学形式，认为分轨教学人为地把学生分成不同的等级，不符合道德合理性；同时，分轨教学把优质教育资源集中到部分才能出众或成就卓越的学生身上，导致其他学生的教育资源相应减少，有违民主社会应彰显的平等特点。对于平等主义者而言，"维护残疾人的自尊和有限的学习机会比培养健全的学生更重要，有才华的学生就更甭提了"[⑤]。因此，对于资优教育发展而言，美国国内的平等主义文化传统是主要的阻碍力量。

---

① 托克维尔 A. 论美国的民主（下）[M]. 董国良译. 北京：商务印书馆，2009：621.
② 罗尔斯 J. 正义论[M]. 何怀宏，何宝钢，廖申白译. 北京：中国社会科学出版社，1998：102.
③ 罗尔斯 J. 正义论[M]. 何怀宏，何宝钢，廖申白译. 北京：中国社会科学出版社，1998：前言第24页.
④ 这一做法最早可以追溯到古希腊时期，在《理想国》一书中，柏拉图表达了通过教育塑造理想公民的思想.
⑤ 亨利 WA. 为精英主义辩护[M]. 胡利平译. 南京：意林出版社，2000：30.

二、个人主义与多元文化

美国文化中的个人主义与多元文化的冲突与融合，是推动美国繁荣发展的动力，也是引发美国国内社会问题的原因[①]。二者的对立统一关系也影响到教育领域，特别是，个人主义与多元文化的发展和冲突是影响资优教育发展的因素之一。

（一）个人主义及其对资优教育的影响

个人主义是美国文化的核心，被称为美国人的"第一语言"。个人主义最早体现为美国人对自由的追求及对个人权利和自我利益的争取，并掺杂着美国人的自立精神。杰斐逊（Thomas Jefferson）起草《独立宣言》时写道，美国建国先驱者之所以能到美国移民定居，依靠的是这些人自己的努力与辛劳[②]。这种个人主义精神激励着美国人不断去获得成功，实现勤劳致富的"美国梦"。19世纪初兴起的大规模西进运动成为个人主义的催化剂[③]，进一步强化了美国人的个人主义精神。到了19世纪40年代，以爱默生（Ralph W. Emerson）为代表的超验主义思想家把个人主义提炼为一种民族的文化精神[④]。

个人主义是美国社会追求自由的表现，讲求追求自我利益的最大化，强调个人的尊严和自主权利，主张充分发挥个人的禀赋与才能，并靠个人努力获得应有的权利、利益与尊重。个人主义烙印在美国人生活的方方面面，包括教育领域。从宏观层面来说，个人主义最突出的是地方分权的教育体制；聚焦到微观层面，个人主义则强调机会平等，认为教育应该按照个人的天赋、能力、动机和成就分配教育资源和教育机会，即"能者多得"。从这一角度而言，个人主义与精英主义的思想是契合的，遵循同样的逻辑。这一逻辑，与资优教育为具有不同学习能力和需求的学生提供适合其发展的差异化教育的理论假设，一脉相承。

（二）多元文化及其对资优教育的影响

美国是一个移民国家，来自不同国家、种族或具有不同文化背景的人，本着对宗教压迫的逃避与对自由的向往来到美国，使美国成为不同文化相互摩擦与交融的"大熔炉"，多元文化成为美国重要的文化特征。一直以来，以盎格鲁-撒克逊文化为代表的主流文化及其价值体系在美国占据统治地位，外来移民不得不经历一定程度的"同化"，即放弃固有文化而融入主流文化之中。人们的文化背景、阶级立场和价值观越是不同，其想要实现彼此间相互平等的愿望就越发强烈。多元

---

① 石中英. 教育学的文化性格[M]. 太原：山西教育出版社，1999：261.
② 贝拉 R N，等. 心灵的习性——美国人生活中的个人主义和公共责任[M]. 周穗明，翁寒松，翟宏彪译. 北京：中国社会科学出版社，2011：14，74.
③ 陈奔. 艾默生与美国个人主义[D]. 厦门大学博士学位论文，2008.
④ 格林 R J. 重建美国人的梦想[M]. 章仁桧，林同奇译. 上海：上海译文出版社，1983：277.

文化主义倡导，不同种族和文化之间保持平等的地位和相互尊重的文化理念，因此，人们的多元文化理念就加剧了美国社会的平等主义取向。在教育领域，教育对象的种族多元和文化多元成为常态。2013 年，美国公立中小学生的种族构成显示，5~17 岁的学生中，白人学生占 53.3%，黑人学生占 13.9%，西班牙裔学生占 23.5%，亚裔学生占 4.6%，非裔美国学生占 0.9%[1]。

美国的多元文化传统对资优教育具有两方面的影响。一方面，多元文化带来的宗教、语言等各方面的差异，使人们对个人是否具有平等的文化身份特别敏感。反映在教育领域，则强调不同族裔和文化背景学生应该享有平等的教育机会，而不同种族学生在各类教育中是否享有等额的参与机会，成为衡量教育公平的重要指标[2]。而拉美裔、非裔、西班牙裔等学生在资优教育项目中的参与率远远低于白人和亚裔学生，使资优教育成为诟病的重要对象，并引发了关于资优教育标准的争议与讨论。

另一方面，多元文化的社会背景也引发美国国内保守主义者对主流文化及其教育的保护与重视。不同文化在美国的生存及发展壮大，在一定程度上导致了美国国内的民粹主义者及保守主义势力的恐慌，他们担心美国以白人为代表的"传统"文化受到其他文化，如拉美文化、非洲文化、亚洲文化等"外来"文化的侵袭，尽管美国本来就是一个移民社会，其文化的形成最初就带有移民文化和融合文化的印记。这种担忧与恐惧，也是美国保守派主张建立全国统一课程、提高教育标准的重要原因[3]。从这一层面来说，资优教育又成为多元文化发展的间接受益者。然而，较之因多元文化强调不同种族享有平等参与率而引发的广泛舆论争议和社会诟病，这些间接受益远远无法抵消多元文化对资优教育发展的阻碍。

三、文化传统与教育发展

上文提及了平等主义、精英主义、个人主义和多元文化等不同的文化传统，以及这些文化传统对资优教育的影响。其中，平等主义和精英主义在人的天赋与能力的态度上的差异，直接影响着人们对待教育乃至资优教育的态度。反映在资优教育领域，平等主义者否认资优生在天赋、智力等方面优于其他学生，并反对

---

① Estimates of resident population, by race/ethnicity and age group: selected years, 1980 through 2013 [EB/OL]. http://nces.ed.gov/programs/digest/d14/tables/dt14_101.20.asp, 2014-10-03.

② 1961 年肯尼迪总统所签署的 1092 行政命令，提出实施"肯定性行动"（affirmative action）。该政策旨在在就业和教育方面优先考虑那些因性别、种族、民族、肤色、信仰等方面的差异而受到歧视者，进而保障少数民族群体和妇女在就业和教育等领域享有真正平等的机会。1964 年颁布的《民权法案》为"肯定性行动"提供了法律依据。"等额制"成为招生和就业方面重要的考虑因素，即按照不同种族人在各地或各州总人口的比例，在招生或招聘过程中进行等额。

③ 阿普尔 M. 谁改变了我们的常识？——美国教育保守主义运动与教育不平等[J]. 罗燕译. 清华大学教育研究，2006，（4）：1-13.

借助智力测验、成就测验等工具将学生划分为资优生与非资优生。从平等的视角出发，他们反对为那些被识别为资优生的学生提供有别于其他学生的资优教育，并反对一切为资优生服务的教育教学形式，包括专门为资优生创建的学校，或普通学校内部的资优生班级或小组①。同时，多元文化主义强调，来自不同种族和文化的学生享有平等的教育机会，反映在资优教育领域，就是要求不同种族学生在资优教育项目中获得"等额"的参与机会。因而，平等主义与多元文化对于资优教育发展具有一定的阻碍作用。

相比之下，精英主义肯定资优生具有较高的智力水平、学习能力或学业表现，并认为社会应该为资优生提供适合其学习能力的教育，以促进其获得最大化的发展，包括为其提供有别于其他学生的资优教育服务，建立专门的资优教育学校，实施按能力分组等灵活的教育教学形式。个人主义与精英主义的观点也有着一定的契合之处。不同时期，平等主义、精英主义、个人主义及多元文化等文化传统中的不同因素占据了主导地位，影响着联邦政府对资优教育的政策态度，并进一步推动或阻碍资优教育的实践发展。

作为西方民主国家，平等是美国重要的价值取向，多元文化又是美国文化的基本特征，但也应该认识到，平等的实现不能以牺牲人们的自由和效率为代价。事实上，由于人与人之间的差别与生俱来，让全体社会成员到达相同的终点是不可能的。除了社会阶层和地位的区别，还有着能力高低、勤奋与否的差异，前者在出生时已经决定，后者则有赖于个人后天的努力。而平等主义对于公平的极端强调，不仅不会实现真正的教育公平，还会引领美国教育走向平庸。平等主义思想在教育领域的泛滥，也被认为是导致美国教育质量下降的重要原因。

正如20世纪50年代美国发布的《资优教育》报告中提到的，"美国人未能面对确实存在智力超群的天才儿童这一事实，往往阻碍了这些天才得以充分发展与成长，同时也使他们在某种程度上丧失了可能得到的利益"②。这说明，美国已经认识到，教育过分地苛求平等，忽视不同学生在天赋能力方面的差异，会影响资优人才的培养与发展，进而对整个国家的发展造成阻碍。这一呼声在20世纪80年代达到高潮，以至于报告《国家在危机中：教育改革势在必行》（1983年）进一步指出，教育的基本目标不应是实现社会公正、消灭贫穷，而是为国家参与工业和商业领域的国际竞争培养人才③。协调平等主义与精英主义、个人主义与多元文

① Fetterman D M. Excellence & Equality：A Qualitatively Different Perspective on Gifted and Talented Education [M]. Albany：State University of New York Press，1988：3.

② Educational Polices Commission of the National Education Association. Education of the gifted[R]. Washington, D. C. 转引自康德尔 I L. 教育的新时代——比较研究[M]. 王承绪，等译. 北京：人民教育出版社，2001：263.

③ National Commission on Excellence in Education. A nation at risk：the imperative for educational reform[R]. Washington，D. C.，1983：17-19.

化等文化传统所带来的不同影响，是美国资优教育发展的挑战，也是其未来发展的方向。

第二节　教 育 思 想

进步主义教育和要素主义教育是对美国教育发展产生重要影响的两大教育思想。不同时期，两种教育势力的此消彼长共同推动着美国教育的发展，同时，二者不同的教育理论与观点直接推动或阻碍着资优教育的发展。

一、进步主义与资优教育

进步主义教育是美国重要的教育流派，发端于 19 世纪末 20 世纪初，并在 20 世纪二三十年代达到鼎盛，杜威（John Drwey）是其重要的代表人物。作为一种教育思想和理论流派，进步主义是美国实用主义哲学思想的教育学表达[①]。

（一）实用主义的哲学基础及其教育思想

实用主义产生于 19 世纪 70 年代的美国，主要受英国经验主义哲学特别是培根（Francis Bacon）和洛克（John Locke）经验哲学的影响，并与当时美国社会和文化的发展有着紧密的联系。实用主义是美国精神的象征，这种精神来源于美国人实实在在的生活，后来逐渐从生活形态走向思想形态，又进一步上升为哲学理论，发展为美国最根本的价值取向和文化特征[②]。实用主义打破已有知识和真理的"权威"地位，强调"有用即是真理"，且人人都可以获得真理，因而带有鲜明的平等主义取向。

进步主义教育秉承了实用主义哲学理念，并将其应用到学校教育教学之中。与实用主义哲学注重"实践""效果"与坚持"有用即真理"的观点一致，进步主义教育认为，最好的教育应该是从生活中获得有用的经验与知识，从生活中学习。其旗帜鲜明地与"传统教育"对立，反对传统教育的"教师""课堂""教材"三中心，提出"儿童""活动""经验"三中心。在课程方面，进步主义教育反对传统的教师权威和知识权威，提倡以儿童的兴趣为中心，采用经验活动课程；在教学方法上，反对把已有教材"塞"给学生的灌输式教学方法，鼓励学生在实践中通过解决问题来获得知识，即"从做中学"、从经验中学习。"教育即生活、教育即生长、教育即经验的改组或改造"是进步主义的基本教育主张。

---

① 石中英. 教育学的文化性格[M]. 太原：山西教育出版社，1999：267.
② 石中英. 教育学的文化性格[M]. 太原：山西教育出版社，1999：238-241.

除此之外，进步主义还指出了教育与社会的关系，其认为"学校即社会"，教育应有利于发展自由与民主，要通过改革学校教育适应社会的需要。具体而言，首先，进步主义主张教育应该鼓励合作而不是竞争，鼓励人们不要迷信权威，从传统的"规范"和习惯中走出来，开展科学性的合作探究活动，培养儿童的民主态度。其次，教育必须与民主社会相适应，学校要成为一个民主的机构，教育要以民主的方式进行，鼓励思想的自由交流、学生自治、自由讨论和师生共同制订学习计划等[1]。因此，与民主的理念相对应，进步主义教育把教育对象指向美国的所有儿童，而不是经过严格选拔的少数精英。

（二）进步主义教育对资优教育的阻碍性影响

进步主义教育以儿童、活动和经验为中心，反对传统的系统化的既定课程，极大地削弱了美国教育的知识基础，降低了知识标准。其强调儿童经验的获得，反对智力训练，表现出对儿童智力的"蔑视"。然而，20世纪上半叶，以智力测试来识别资优生，正是美国资优教育实践的主流做法。资优教育以智商识别资优生的做法显然与当时占主流地位的进步主义教育思想相违背；同时，进步主义反对教育权威，强调学生与教师之间的平等，鼓励合作，反对竞争，贯彻了教育平等的理念。而资优教育的实施，首先要求识别和选拔资优生，并对资优生进行有别于一般学生的教育，这一做法与进步主义教育内含的平等思想相违背。因而，进步主义教育思想占主导地位时期，资优教育发展受到一定的压制。

二、要素主义与资优教育

要素主义教育兴起于20世纪30年代[2]，是当代具有重要影响力的教育流派，作为进步主义教育的对立面产生，之后，其经历了三大发展阶段，包括30年代的兴起、50年代的大发展及70年代末至今的再度崛起。客观的时代条件能够推进理论的蓬勃发展[3]，要素主义的几次大发展都迎合了美国社会发展的需要。不同时期，要素主义的代表人物不同，其教育观点有所差异，但其始终坚持保守主义的哲学理念。

（一）保守主义的哲学基础及其主要教育思想

与实用主义相似，保守主义哲学思想也对美国社会生活产生重要影响。美国国内的保守主义者坚持柏拉图等的"贤人统治"原则，认为只有那些来自上层阶

---

① 陆有铨. 躁动的百年：20世纪的教育历程[M]. 北京：北京大学出版社，2012：15-17.
② "要素主义者促进美国教育委员会"在美国成立，是要素主义教育形成的标志. 吴式颖. 外国教育史教程[M]. 北京：人民教育出版社，1999：690.
③ 巴格莱 W C. 教育与新人[M]. 袁桂林译. 北京：人民教育出版社，2005：187.

级具有卓越智慧和受过良好教育的社会精英人物，才能成为社会的领导者，进而维持连续和稳定的社会秩序。因而，保守主义主要代表了贵族、资产阶级等上层阶级及白人等美国社会主流群体的利益。

保守主义哲学思想与实用主义哲学思想在很多方面是相左的。保守主义尊重历史文化传统（重视"权威"），而实用主义则强调实践和"有用即真理"（蔑视"权威"）；保守主义重视选拔贤能，由贤者承担社会统治的职责，实用主义则强调民主和平等；保守主义重视理性思考与智力的训练，实用主义则强调经验和"从做中学"。保守主义的哲学理念是要素主义教育发展的思想基础，这就必然导致要素主义教育思想，与作为实用主义的教育学表达的进步主义教育思想之间存在巨大的差异。事实上，要素主义教育思想的成立正是基于对进步主义教育的批判。要素主义经历了三次大的发展和繁荣，每一次都恰好迎合美国国内的社会发展局势与公众的教育舆论。

20世纪30年代末期，要素主义教育对进步主义教育进行了猛烈的批判，指责进步主义教育放弃学业成绩的严格标准，导致学生学习成绩的下降；轻视学习的系统性和循序性；排斥要求严格且内容精密的学科内容等，致使美国教育流于形式和表面[1]，国内教育质量严重下降。在这一基础上，巴格莱等提倡重新设立严格的学业标准，并把人类文化中的"共同要素"作为学校课程的重要内容，其强调课程的设置应该首先考虑国家和民族的利益，具有长期的目标，并体现了社会文化价值。

要素主义者特别重视蕴藏在儿童身上的智力和道德力量，认为学校应提高智力标准，重视对学生的心智和思维能力的训练。与进步主义强调儿童的兴趣、"从做中学"的观点不同，要素主义者十分重视学生系统性地学习并不断付出努力。同时，从强调系统的学习和智慧的训练出发，要素主义者强调学科中心和教材的严密逻辑；树立教师权威，发挥教师在教育和教学中的核心地位，并指出教师应具备渊博的知识和逻辑体系[2]。以上观点反映出要素主义教育思想与进步主义教育思想的针锋相对，也体现出要素主义教育思想对资优教育的重视。

20世纪50年代中后期，教育质量严重下降成为美国十分关注的问题，特别是苏联卫星上天使美国上下大为震惊，公众舆论的矛头直指教育。以科南特为代表的要素主义者再次抨击进步主义对美国教育的危害。这一时期，要素主义倡导的设定严格的学业标准以及提高教育的难度与质量，有助于解决美国教育质量下降的问题，并迎合了美国20世纪50年代末以后内忧外患的局势，因此受到联邦政

---

① 华东师范大学教育系，杭州大学教育系. 现代西方资产阶级教育思想流派论著选[M]. 北京：人民教育出版社，1980：151-152

② 吴式颖. 外国教育史教程[M]. 北京：人民教育出版社，1999：691-693.

府的重视与青睐。要素主义教育者提出的教育策略也被采纳为联邦教育政策，影响着美国 20 世纪 50 年代末和 60 年代的教育改革。

1958 年颁布的《国防教育法》就是典型代表，其中提出"培训大量中小学教师以加强科学、数学和外国语学科的教学"的要求，与要素主义强调以人类文化的"共同要素"为核心课程，要求重视数学、自然科学、外语"新三艺"的学习是一致的。同时，该法案提出"增拨大量教育经费，加强对有才能学生的资助；资助各州开发测试系统进行资优生识别并为其提供特殊的指导咨询和教学服务"[①]等内容，反映了要素主义教育者对于资优生及其教育的关注和考虑。然而，由于要素主义教育自身存在的教学和教材编写脱离实际等问题，自 20 世纪 60 年代末起，要素主义教育又逐渐失去其主导地位。

20 世纪 70 年代末以后，美国基础教育开始向以要素主义为代表的传统教育理论与实践的回归。面临内忧外患的局势，强调质量、高标准与高成就的要素主义教育理论重新受到重视。与传统要素主义者的教育主张一致，以芬恩为代表的要素主义教育者同样重视基础知识和基本技能的学习，主张建立严格的学业标准和考试制度。在此基础上，当代要素主义教育者还提出建立全国性统一课程标准和标准化测试体系的倡议，如"通过国家力量来加强学生基础知识和基本技能的训练，制定全国性的学业标准，并把加强学生基础知识和基本技能纳入到全国标准化测验体系中"[②]。这些主张同样被联邦政府采纳。从 20 世纪 80 年代初的《国家在危机中：教育改革势在必行》报告引发的"教育卓越"运动，到 20 世纪 90 年代兴起的标准化教育运动（2001 年颁布的《不让一个孩子掉队法》将其推向高潮）等，都汲取了要素主义教育思想的养分。

（二）要素主义教育对资优教育的助推性影响

要素主义教育者格外重视资优生的教育，并对资优教育发展具有独特的见解。要素主义教育者主张，学校应以具有永恒价值的要素为学习内容，提高学科标准，通过制定严格的学业标准来选拔成绩优异的资优生。其重视蕴藏在儿童身上的智力和道德力量，主张对学生进行严格的智力和思维训练，并认为学校的任务就在于提高学生的智力、能力和潜能。同时，要素主义教育者认为还应树立教师权威，将教师放置在学校教育体系的核心地位，并指出教师应该具有渊博的知识和逻辑体系，而不仅是所教学科的知识。此外，教师的职能还在于，发现各层次学生中具有天赋的学生，或发现学生在数学、科学等学习科目或艺术、创造发明等方面

① DeLeon P H, van den Bos G R. Public policy and advocacy on behalf of the gifted and talented[A]//Horowitz F D, O'Brein M. The Gifted and Talented：Developmental Perspectives[C]. Washington, D. C.：American Psychological Association，1985：410.

② 张丽玉，洪明. 要素主义教育思潮在美国的新发展——当代要素主义者切斯特·芬恩的教育改革主张[J]. 外国教育研究，2006，（3）：12-16.

具有卓越能力的潜质①。可见,要素主义教育思想本质上与资优教育理念异曲同工。

要素主义教育代表人物都表达了对资优教育的支持态度。20世纪30年代,巴格莱提出应重视资优生的教育需求,认为美国教育要解决的最大问题是怎样提供满足不同学生需要的教学内容和方法,而最好的解决途径是实行能力分组和个性化教学,按照学生不同的能力安排教学进度。巴格莱指出,无论采取什么样的教学方法,都应坚持一个重要原则,即不应让那些资赋高、能力强的儿童与其他儿童按照同一教学进度学习相同的内容②。

20世纪50年代,科南特指出,"贤人统治"是美国民主社会制度的基础,认为也只有实行贤人统治,才能发挥民主社会的最大效能,教育应该把真正的贤能之才选拔和培养出来。科南特主张实施资优教育,认为资优生只是少数,应当在年幼时就把他们识别出来。而学校应承担起筛选和鉴别资优生的责任,把鉴别和发现各层次学生中具有较高天赋的学生作为教师的一大职责。涉及具体的教育方法,科南特肯定了能力分组这一教学方法的重要价值,认为能力分组是解决美国教育质量"平庸"的重要措施。科南特还强调资优教育不是普通教育的变体或补充,而是与普通教育平行的一种独立教育形态③。

要素主义教育思想对资优教育的重视,对美国资优教育发展具有极大的推动作用。要素主义教育思想占据主导地位的时期,特别是20世纪80年代以后,资优教育受到联邦政府的重视,并获得较快发展。《国家在危机中:教育改革势在必行》等联邦政府教育政策或报告吸收了要素主义教育理念,为资优教育发展提供了有利的政策环境。

虽然要素主义教育是作为进步主义教育的对立面而存在的,并且对进步主义教育的弊端进行了猛烈抨击,然而,要素主义并没有从根本上打击或改变美国教学实践中的进步主义倾向。表面上,进步主义教育运动在20世纪50年代之后逐渐式微,但其倡导的教育思想至今对美国的教育发展都有一定的影响。

作为实用主义哲学思想在教育领域的表达,进步主义教育与美国人强调实用和实践的实用主义精神是一脉相承的。自由、平等、民主及讲求实践与效用的实用主义观念是美国社会发展的基础,其在教育领域的体现是尊重儿童个性、以儿童为教学的中心、注重实践和探究的教学方法等理念。并且这些教育理念已经渗透到美国教育的方方面面,即使是在20世纪50年代中后期及80年代等要素主义教育思想占据主导地位的时期,进步主义教育理念仍然具有一定影响④。

---

① 巴格莱 W C. 教育与新人[M]. 袁桂林译. 北京:人民教育出版社,2005:140.

② 陆有铨. 躁动的百年:20世纪的教育历程[M]. 北京:北京大学出版社,2012:187.

③ 齐慧甫,王宏方. 要素主义的天才教育观及其启示[J]. 中国特殊教育,2004,(12):71-73.

④ 出于提高教育质量与国家竞争力的需要,并受要素主义教育理念的影响,联邦政府加强全国标准化测试、提高学业标准、建立"州共同核心课程"等举措,不断遭到部分州及家长的反对。部分原因在于,这些教育举措与美国人强调自由、民主和实用主义的文化传统格格不入。

总之，进步主义教育与要素主义教育并不是"非此即彼""你死我亡"的斗争，而是"此消彼长"的共存发展①。在对待资优教育发展的问题上，进步主义教育是反对（至少不支持）资优教育的，而要素主义教育则表明了对资优教育的支持态度。不同时期，两种教育理念的并生共存，导致不同时期资优教育的发展受到宏观教育理念及政策的阻碍或推动，进而呈现出螺旋式发展的趋势。

第三节　政　治　立　场

作为国家教育事业的组成部分，美国资优教育的发展深受联邦教育政策的影响与制约。教育政策的制定是不同利益集团和阶级相互博弈的结果。美国的政党制度历史悠久，作为不同阶层利益的代表，民主党与共和党在经济、文化、教育等方面存在立场对立和观念分歧，不同政党执政，必然影响不同时期教育政策的走向，而两党对资优教育的不同态度也直接影响着资优教育的发展。

一、两党执政理念的对立

美国的"两党轮流执政"具有悠久的历史。美国建国初期是作为一个共和政体而存在的，共和党的名称就来源于此。其奉行"贤能统治"，认为国家应该由社会精英来治理，进而保证国家的稳步运行，并主张维护法律和社会秩序的连续性与稳定性，奠定了共和党的政治立场。然而，建国后不久，出于治国理念的不同，当权者内部出现了不同的政治党派，即以汉密尔顿（Alexander Hamilton）为领导的"联邦党"（共和党的前身）与以杰斐逊和麦迪逊（James Madison）为领导的"民主共和党"（民主党的前身）②。此后，美国开始了两党轮流执政的政治局面。

共和党与民主党的政治立场具有明显分歧，如表6-2所示。在执政理念上，共和党以保守主义著称，倾向于维护传统的政治价值，强调个人的自由发展，减少政府对社会和经济活动的干预，支持减税和减少政府开支，主要代表资产阶级、雇主和企业主的利益，因而被称为保守派；民主党则倾向于对现有政治体制进行必要的改革与调整，其提倡政治改革与社会变革，强调人与人之间的平等，号召政府重视社会福利问题，支持政府干预经济、增加税收和政府开支，主张将富人

---

① 美国教育史上还出现了永恒主义、改造主义、新托马斯主义、存在主义、新行为主义等不同的教育流派，不同流派的教育主张各有差异，本书并没有作相关论述。本书只提及进步主义教育和要素主义教育的原因在于：①二者是美国最具影响力的教育流派，并一直影响至今，相比之下，其他流派的影响较小且影响时间较短；②二者对待资优教育的鲜明对立态度，满足了本书分析和写作的需要。

② 王恩铭. 美国文化史纲[M]. 上海：上海外语教育出版社，2015：107，124.

的钱拿来救助穷人，主要代表中产阶级和蓝领阶层、社会边缘化群体等弱势群体的利益。

表 6-2　共和党与民主党政治立场对比

政治立场	共和党	民主党
阶级利益	代表资产阶级、雇主和企业主的利益（保守派）	代表中产阶级和蓝领阶层、社会边缘化群体等弱势群体的利益（自由派）
执政理念	维护传统，减少政府干预，支持减少税收和政府开支	支持政府干预经济，号召政府重视社会福利问题，支持增加税收和政府开支
社会问题	维护社会传统与价值观，包括传统的家庭理念等，反对同性恋和堕胎	主张社会改革，支持同性恋和堕胎等
文化传统	维护传统的美国文化和美国精神	强调文化多元，认可其他文化与美国文化的平等地位
教育理念	反对联邦政府对教育的控制，鼓励学生的自由和差异化发展，主张提高教育标准	扩大联邦政府在教育中的作用，主张公共教育资源向弱势学生群体倾斜
价值取向	教育卓越	教育公平

在社会问题上，共和党重视维护社会传统与价值观，包括传统的家庭理念等，反对同性恋和堕胎；民主党则主张社会改革，包括支持同性恋和堕胎等。

在文化方面，共和党认同并力求维护传统的美国文化和美国精神，具有典型的精英主义倾向；而民主党则强调文化多元，认可其他文化与美国文化的平等地位。

在教育理念上，共和党反对联邦政府过多地干预教育事务，鼓励不同能力学生的自由和差异化发展，重视提高教育标准、推动教育卓越；而民主党则要求扩大联邦政府在教育中的作用，重视教育公平，并认为联邦政府应在保障教育公平方面发挥重要作用，主张公共教育资源向低收入、残疾及"学困生"（学业成绩落后学生）等弱势学生群体倾斜[1]。

平等与自由是美国基本的价值取向。由于人与人之间在智力、动机、精力、体力和德行等方面存在一定的差异，要保障人们的自由、尊重个人的发展，必然会造成一定意义上的不平等；而如果要实现绝对平等，就必然会干涉一部分人的自由，致使他们的利益无法得到尊重和保护。因而，平等与自由之间始终存在一种程度的张力[2]。平等与自由也是民主党与共和党共同坚持的价值观，两党在两大价值取向上各有侧重，是其政治立场对立的重要原因。其中，民主党（自由派）在自由和平等的问题上更重视平等，认为平等不仅是国家存在与发展的目的，还是达到自由的手段，因而政府应该通过法律和政策等措施保证所有社会成员具有

[1] 需要指出的是，虽然两党的政策与改革主张不同，但两大党派都把国家利益放在第一位。两党实施的各项政策和改革的根本目的是推动美国的发展。

[2] 王恩铭. 美国文化史纲[M]. 上海：上海外语教育出版社，2015：420.

平等参与民主政治的机会，照顾处于最不利地位社会成员的最大利益，改变社会和教育中的不平等。共和党则更重视人的自由权利，认为自由高于平等，在社会和教育资源分配的过程中，应从自由出发，坚持才能至上的精英主义传统，追求卓越与效率。

二、教育政策取向的摇摆

教育政策反映了不同政党在教育事务或教育问题上的价值选择[①]。共和党与民主党政治立场的对立，导致两党在教育问题上的意见不同。共和党主张提高教育标准，追求教育卓越以提高国家竞争力，其重视资优教育的发展，认为资优生具有重要的社会价值。这种政策态度客观上带动了资优教育的发展。相比之下，民主党则坚持平等主义的教育理念，反对拨款资优教育。两党教育立场的差异直接体现在不同时期颁布的教育法案中。两党"轮流执政"的局面，致使教育政策取向在追求公平与卓越之间出现"摇摆"，如表 6-3 所示。

表 6-3　美国历届总统任期内教育政策主要价值取向分析

执政党	任职总统	教育政策法案	主要价值取向
共和党	德怀特·艾森豪威尔	《国防教育法》（1958 年）	教育卓越
	理查德·尼克松	《资优生教育援助法》（1969 年）	
	理查德·尼克松	《马兰德报告》（1972 年）	
	罗纳德·里根	《国家在危机中：教育改革势在必行》（1983 年）	
	罗纳德·里根	《1988 年贾维茨资优生教育法》（1988 年）	
	乔治·赫伯特·沃克·布什	《国家卓越报告》（1993 年）	
	杰拉尔德·福特	《残疾人教育法》（1975 年）	教育公平
	乔治·沃克·布什	《不让一个孩子掉队法》（2001 年）	教育卓越/公平
民主党	林登·约翰逊	《初等和中等教育法》（1965 年）	教育公平
	巴拉克·奥巴马	《力争上游法》（2009 年）	教育公平/卓越
	巴拉克·奥巴马	《让每个学生成功法》（2015 年）	教育公平/卓越

共和党执政时期的教育政策明显带有追求卓越的意味。20 世纪 30 年代初共和党总统胡佛任职期间，美国成立了特殊儿童与青少年办公室。1950 年共和党总统艾森豪威尔任职期间，颁布了《国家科学基金会法》，吸引了联邦政府对资优生及其教育的关注；同年发布《资优生教育》报告，表明联邦政府开始直面资优生未得到充分发展这一问题。1958 年《国防教育法》明确提出联邦政府应加强对资优

---

① 张玉. 美国高等教育"肯定性行动计划"政策价值分析[J]. 比较教育研究，2007，28（6）：69-73.

生教育的教育经费支持，这一政策使共和党执政的 20 世纪 50 年代至 60 年代初，资优教育发展受到较多的重视。70 年代初，随着《资优生教育援助法》和《马兰德报告》的颁布，联邦政府再次表现出对资优教育的兴趣。到 80 年代后期，里根总统任职期间，联邦政府发布《国家在危机中：教育改革势在必行》报告，极大地推动资优教育的发展，第一部专门的资优教育法——《1988 年贾维茨资优生教育法》也得以通过。此后颁布的还有《国家卓越报告》等。总之，共和党当政期间颁布的政策或报告传达了其对资优教育的支持态度。

相比之下，民主党执政时期则推动了几大教育公平法案的颁布。20 世纪 60 年代中期，民主党总统约翰逊（Lyndon Johnson）执政期间，正值公民权利运动（也称平权运动）方兴未艾之时，权利平等成为公民的基本诉求。在教育领域，受教育机会的平等成为主流价值导向，受《1964 年经济机会法》（Economic Opportunity Act of 1964）的影响，使所有学生平等地从受教育过程中获得成功的机会、为处于弱势群体的学生提供额外的资源，成为教育公平的重要目标。《初等和中等教育法》将 13 亿美元用于不利地位学生的教育，表明联邦政府把那些处于不利地位学生的教育作为优先事项。20 世纪 60 年代兴起的公民权利运动一直延续至 70 年代，其影响深远，直至当前，促使不同族裔、不同社会背景和文化阶层的学生具有相同的教育参与率仍是美国教育发展需要面对和解决的重要问题。

虽然民主党和共和党的阶级立场与政治主张不同，但美国的立法程序决定了教育法案或政策的推行，必定是两党共同商议与妥协的结果。因此，共和党执政期间也会颁布以教育公平为价值导向的教育法案。20 世纪 70 年代中后期，随着美国新保守主义势力的强大，特别是"机会平等"的思想再次得到重视。国家的政策导向，向教育平等倾斜，《残疾人教育法》（1975 年）是美国教育史上关注教育平等的重要法案。小布什总统（共和党）签署的《不让一个孩子掉队法》，其在强调绩效（教育卓越）的同时，"不让一个孩子掉队"的口号也彰显了对教育公平的重视。本书探讨不同政党政治立场的分歧，主要目的是，说明由于阶级立场和政治理念的影响，两党对教育及资优教育的态度有差异，不同时期的政策取向有所倾斜。但落实到具体的教育政策，它一定是两党妥协后共同意见的表达。

三、教育政策实施的趋同

20 世纪 80 年代以来，随着国际竞争的日益加剧，世界各国逐渐认识到教育发展的重要性，并将其放置于国家战略的高度，普遍加强对教育的控制，强化教育为国家服务的目的。美国也不例外。基于对国家利益的考虑，两党在教育问题上的观点开始走向趋同，包括加强联邦政府对教育的管理与干预，制定严格和统一的教育标准，重视提高教育质量和教师质量等。

首先，以《不让一个孩子掉队法》为例，它的颁布是两党第一次在教育问题上达成高度一致。并且，作为共和党（强调教育卓越）总统执政期间颁布的政策，《不让一个孩子掉队法》以教育公平为重要目标之一，重视为所有学生提供优质教育，兼顾了民主党一贯的教育主张。例如，该法案提出，加强联邦政府对教育的管理与作用，建立全国统一的标准化测试体系，对所有学生进行年度评估，要求所有公立学校实现适当年度进步（adequate yearly progress，AYP），使每个孩子都能具备基本的阅读能力和数学能力，"不让一个孩子掉队"。其次，民主党（强调教育公平）执政总统奥巴马的教育政策也把追求教育卓越作为重要目标，其推行的《力争上游法》以联邦政府资金投入为"诱饵"，激励各州学校的教育创新与学生的卓越发展，实现教育发展水平的新高度。《让每个学生成功法》在强调公平的同时，也兼顾了对教育卓越的重视。可见，两党的教育改革方案分别囊括了对方秉持的教育理念，主张教育卓越的共和党打出了教育公平的旗号，而倡导教育公平、实现人人教育机会均等的民主党也吹响了教育卓越与竞争的号角。同时，两党同时支持的政策举措还包括增加联邦政府的教育投入、鼓励择校和教育市场化，这说明两党教育政策的趋于一致[①]，也影响着美国教育改革逐渐从"钟摆发展"走向了"趋同化"的发展道路。

教育政策的趋同化致使两党对待资优教育的政策态度也达成一致。暂且不用多言以教育质量和教育卓越为政策导向的共和党，其对资优教育自始至终持支持态度。2001年《不让一个孩子掉队法》的颁布表明，联邦政府将更多的教育资源用于改进后进生的教育，客观上对资优教育发展造成冲击[②]。然而，从政策态度而言，《不让一个孩子掉队法》并没有放弃对资优教育的支持，除了对《贾维茨资优生教育法》进行修订外，联邦政府继续对资优教育财政拨款。而且，民主党对资优教育的兴趣逐渐增大，2009年《力争上游法》及2010年《重新授权〈初等和中等教育法〉改革蓝图》的颁布，体现了联邦政府对教育卓越的重视及对资优教育的关注。2013年，共和党和民主党联合发布《TALENT 法案》，表明对资优生的识别与教育、教育研究等资优教育各方面的高度重视。2014年，奥巴马政府向贾维茨基金投入500万美元，2015年，其又继续投入1 000万美元。正因为两党教育政策的趋同，在经历了前期摇摆发展后，美国资优教育发展逐渐呈现出稳步深化发展的态势。

需要指出的是，美国的教育政治生态远比两党教育主张的对立复杂得多。新自由主义、新保守主义、威权民粹主义、新兴中产阶级等政治力量[③]都在不同程度

---

① 郑芳. 论美国教育主张"趋中间化"及其启示[J]. 国家教育行政学院学报，2013，（4）：86-90.

② Gallagher J J. No child left behind and gifted education[J]. Roeper Review，2004，26（3）：121-123.

③ 迈克尔·阿普尔在其文章中曾指出了组成美国保守趋势运动的不同政治力量，包括新自由主义、新保守主义、威权民粹主义和新兴中产阶级，并论及他们的教育主张及对美国教育的影响。详见：阿普尔 M. 谁改变了我们的常识？——美国教育保守主义运动与教育不平等[J]. 罗燕译. 清华大学教育研究，2006，27（4）：1-13.

上影响着美国国内的政治立场与教育观点，这些立场与观点通过作用于美国国内的政治权力（不同政党），影响宏观教育政策和教育改革，并进一步影响资优教育的发展。本书无意探讨不同政治观点之间的纷争，而是仅就其对教育的影响进行说明。

<h1 style="text-align:center">第四节　价值取向</h1>

上文探讨了不同文化传统、教育思想与政治立场对资优教育发展的影响，本质上，不同因素之间的对立最终都落脚到价值取向的问题上。公平与卓越是教育发展的两大基本价值取向，二者的"矛盾"是贯穿美国高中资优教育发展的重要问题；同时，对公平与平均的误读也是影响资优教育发展的重要因素。

一、公平与卓越的矛盾

公平与卓越是美国教育政策的基本价值取向。自美国 1776 年建国以来，实现人人享有平等的教育机会，是推动美国教育发展的主要动力。随着 19 世纪公立教育运动的兴起，实现 K~12 阶段的普及教育，让更多的学生拥有平等的教育机会是美国教育的重要目标。《1965 年初等和中等教育法》及其后续的修正法案都强调实现每个学生的受教育权利，体现了教育公平这一基本价值。同时，教育质量与教育卓越又是教育发展的内在要求，为了促进美国社会的繁荣发展及保持美国在国际竞争中的领先地位，历届政府都致力于提高全民教育质量、推动教育卓越。

教育公平与教育卓越之间似乎存在这样的"矛盾"：对于教育卓越的追求会损害教育公平，而实现教育公平又会阻碍教育卓越的实现。同时，从政策效果来说，对卓越的追求通常是一个长期目标。例如，提高教育质量往往需要假以时日进行长期不懈的努力。而公平则往往是一个短期目标，其效果往往立竿见影。例如，规定选拔性高中或大学的招生实行配额制，少数民族学生能够立即享受更多的教育机会，得到即时利益[1]。因而，美国联邦政府倾向于把主要精力用于能够尽快提高支持率和满意度的教育公平政策，而不是需要长期投入才能实现目标的教育卓越政策[2]。

这一矛盾反映了美国资优教育发展的现实境遇。一直以来，资优教育因重视资优生的教育需求、实现其杰出才能的发展，而成为教育卓越的典型代表。追求

---

① Gallagher J J. Political issues in gifted education[J].Journal for the Education of the Gifted, 2015, 38（1）: 77-89.

② Brown E F. Excellence versus equity: political forces in the education of gifted students[EB/OL]. http://tip. duke.edu/node/903, 2008-06-30.

卓越是推动资优教育发展的重要力量。同时，资优教育又因"有违教育公平"而广受诟病，特别是其以资优生为主要对象、少数民族及其他处境不利学生在资优教育中的参与率较低[①]等现状，使公众认为资优教育主要集中优质教育资源为特权阶级服务、带有精英主义色彩。资优教育似乎成为教育公平取向的对立面。这样一来，资优教育就成为公平与卓越价值取向矛盾的鲜明写照。政策分析的竞争价值模型表明，影响教育政策的多种价值之间存在竞争，不同时期会有不同的占主导地位的价值，教育政策也因而呈现出周期性的发展变化[②]，并影响到教育实践的发展。美国教育政策的发展历程表明，不同时期，联邦政府在教育公平或教育卓越之间的"摇摆"，直接影响着其对资优教育的政策态度。联邦政府及社会公众追求教育公平的政策与实践举措也在客观上限制了资优教育的发展。然而，需要质疑的是，公平与卓越的价值取向是否矛盾，资优教育是否真的有违教育公平。

二、公平与平均的误读

有关资优教育"有违教育公平"的看法，根源在于对教育公平的错误认识。关于什么是教育公平，20 世纪 60 年代，科尔曼提出"教育机会均等"的概念，被作为教育公平的合理解释，其又进一步划分为教育起点的平等、教育过程的平等及教育结果的平等。其中，"起点平等"是最基础的，是指无论性别、年龄或种族，每个人都享有平等的受教育权利和受教育机会；"过程平等"是指教育资源的平等分配，使学生享受同等的师资条件和教育待遇等；而"结果平等"是指每个人都能获得同等的教育成就。教育公平的本质在于受教育权利与受教育机会的平等。科尔曼认为教育公平不仅要保障初始教育机会的平等（甚至认为非资优生应与资优生享有同样的受教育机会），还要同时保障人人受教育过程的平等，并最终实现人人享有平等的教育结果的观念。这是"绝对平均主义"的表现，也是不可能实现的。

人与人的差异是普遍存在的，但都应有一种平等的权利，即每个人都应该获得最大化发展的教育权利，这体现了罗尔斯的"平等自由原则"；同时，每个学习者的不同天赋、个性特征和学习能力，决定了其应该接受差异的教育，这是"差别原则"的体现[③]。相反，为所有学习者提供同等的教育对待反而不利于学习者的

① 加涅以美国获得四年制大学学历的学生、加州大学系统的在校学生、获得音乐博士学位的学生及 NBA 球员为研究对象，对学业成就、音乐和球类运动等不同才能发展领域的学生种族构成进行分析。结果表明，无论是在一般教育成就方面，还是在特殊学业成就领域或球类运动领域，都存在少数民族学生参与度过低的问题。Gagné F. Academic talent development and the equity issue in gifted education[J]. Talent Development and Excellence, 2011, 3（1）: 3-22.

② 福勒 F C. 教育政策学导论[M]. 许庆豫译. 南京：江苏教育出版社，凤凰出版传媒集团，2007：300.

③ 罗尔斯 J. 正义论[M]. 何怀宏，何宝钢，廖申白译. 北京：中国社会科学出版社，1998：101.

发展。同样，教育公平也不是让人人都获得同样的教育成就。个体在成长环境、个性特征、动机与兴趣等多方面的差异，决定了其不可能实现同样的发展，也不可能取得相同的成就。一味地忽视个体间的差异，为了过程与结果的平等而让学生处于同样的发展水平，是极端的"平均主义"，并不是教育公平。"真正的教育公平必须在承认个体差异的同时，允许非基本权利、非公共教育资源方面存在的不平等。绝对的享受教育资源的平等，恰恰是不公平的。"①科尔曼在 20 世纪 80 年代以后纠正了自己的观点，认为"教育机会均等"的概念是一个错误、误导的概念，比"平等"更为合理的概念用语应该是"不平等的减少"②。

　　然而，当前美国教育系统中不乏极端"平均主义"思想的存在，主要体现如下：①将教育公平与教育卓越相互对立，认为追求卓越会导致教育的不平等；②反智主义，认为学生的智力都是相同的，之所以出现智力的差异是社会因素作用的结果，否认那些具有较高智力和学术能力学生的存在，但认可并选拔那些在体育、艺术等领域表现卓越的学生；③降低学校的课程难度与学业要求；④把学生能力测试和学业成就测试看做精英主义的表现；⑤主张为学生提供全国统一的课程，反对分轨教学等③。这些极端的"平等主义"表现的问题在于，其追求教育结果的相同，而不是为不同学生提供发展其潜力的机会④，进而导致对具有高学习能力和高潜能的资优学生的不公平。

　　真正的教育公平应该是为每个学生提供满足其学习需求与发展的教育，即"差异性"的教育公平⑤。联合国教育、科学及文化组织（United Nations Educational Scientific and Cultural Organization，UNESCO）指出，"教育上的平等，要求一种个人化的教育学……机会平等不等于把大家拉平"，"给每一个人平等的机会，并不是指名义上的平等，即对每一个人一视同仁……机会平等是要肯定每一个人都能受到适当的教育，而且这种教育的进度和方法是适合个人特点的"⑥。学者康德尔（Issac Kandel）指出，"提供平等的教育机会，意味着必须考虑学生能力和倾向的差异，应该提供不同的课程以适应这些差异"⑦，这些观点都体现了"差异性"

　　① 冯建军. 教育公正——政治哲学的视角[M]. 福州：福建教育出版社，2008：46.

　　② Coleman J S. Equality and Achievement in Education[M]. Boulder Colo：Westview Press，1990：65.

　　③ Benbow C P，Stanley J C. Inequity in equity：how equity can lead to inequity for high-potential students[J]. American Psychological Association，1996，2（2）：249-292.

　　④ Winstanley C. Inequity in equity：tracking the excellence-equity conundrum[A]//Smith C M. Including the Gifted and Talented：Making Inclusion Work for More Gifted and Able Learners[C]. London，New York：Routledge，2006：33-35.

　　⑤ 付艳萍. 教育公平：资优教育的内在之义——以美国资优教育的发展为例[J]. 外国中小学教育，2013，（7）：8-11.

　　⑥ 联合国教育、科学及文化组织国际教育发展委员会. 学会生存——教育世界的今天与明天[M]. 北京：教育科学出版社，1996：105.

　　⑦ 康德尔 I L. 教育的新时代——比较研究[M]. 王承绪，等译. 北京：人民教育出版社，2001：92.

的教育公平理念。

三、超越矛盾与误读

公平与卓越是美国教育政策的内在价值取向，不同教育政策的主导价值取向可能会侧重于一方，但同样也会包含另一方的价值。教育公平与教育卓越本质上并不存在绝对的对立，而是对立统一的关系。

教育公平主要涉及人人受教育权利和机会的平等，由于个体具有差异性，真正的教育公平应当是为每个学习者提供适合其能力发展的、差异化的教育；而教育卓越指向个体更高的成就并推动社会不断走向卓越。公平旨在保证所有学生都有在社会上获得成功的机会；卓越则意指确保教育系统能够培养出足够多的优秀学生，以维持社会的正常运转，推动国家的繁荣发展[1]。教育公平不应该驳斥个体学习者在适合自己的能力水平、领域或兴趣方面追求卓越的机会。

资优教育既关乎公平，也关乎卓越，是公平和卓越的双重体现。开展资优教育，一方面，使资优生获得了适合其发展的具有挑战性和适切性的学习机会，是教育公平的体现；另一方面，鼓励并推动他们追求更高的学术成就，进而为国家发展做出贡献，这是教育卓越的反映。

同时，教育公平不是平均主义，强调绝对平等只能是滥用平等的表现，并且这种对平等的肤浅理解还将直接损害教育质量与教育效率[2]。由于资优教育项目只是为那些具有高学习能力和需求的资优生提供最优质的教育资源和教育服务（而不是其他学生），其往往被认为"厚此薄彼"、有违教育公平。事实上，从教育的客观规律出发，给予不同教育需求的学生以差异化的教育，是每个学生应有的教育权利，是教育公平。资优教育的本质在于为资优生提供适合其能力发展和学习需求的挑战性学术课程，是在"公平行事"[3]。例如，亚里士多德提出的"同等情况同等对待""不同情况不同对待"的公平性原则[4]，资优教育给予资优生差别性的对待是对教育公平的贯彻及对平均主义的超越。总之，对于资优教育的认识需要超越公平与卓越之间的"矛盾"，以及公平与平均的误读，进而促进资优教育的良性发展（表6-4）。

---

① Cuban L. Cycles of history：equity versus excellence[A]//Bacharach S B. Education Reform：Making Sense of It All[C]. Boston：Allyn & Bacon，1990：135-140.

② 胡森 T. 平等——学校和社会政策的目标[A]//张人杰. 国外教育社会学基本书选[C]. 上海：华东师范大学出版社，2009：160-161.

③ Pendarvis E，Howley A. Playing fair：the possibilities of gifted education[J]. Journal for the Education of the Gifted，1996，19（2）：215-233.

④ 冯建军. 教育公正——政治哲学的视角[M]. 福州：福建教育出版社，2008：38.

表 6-4　美国高中资优教育发展影响因素分析

影响因素	阻力因素	动力因素
文化传统	平等主义、多元文化	精英主义、个人主义
教育思想	进步主义	要素主义
政治立场	民主党（左派、自由派）	共和党（右派、保守派）
价值取向	教育公平	教育卓越

　　综上，美国高中资优教育的发展受到本国不同文化传统、教育思想、政治立场及价值取向的影响。一方面，平等主义和多元文化是根深蒂固的文化特征，决定了美国公众不愿意承认人与人之间在资赋、智力等方面的高低差异。同时，以实用主义为哲学基础的进步主义教育思想，鼓励合作，反对竞争，隐含着平等的价值取向。而强调公平价值取向的民主党，自然对资优教育报以不支持的态度。另一方面，精英主义也是美国特有的文化特征，其主张由贤能统治社会，重视贤能的选拔与培养。同时，具有保守色彩的要素主义教育思想认为，学校教育要对学生进行智慧和思维的训练，并重视资优生的教育与培养。以教育卓越为主导价值取向的共和党派，倾向于鼓励和支持资优教育的发展。不同文化传统、教育思想和政治立场之间的冲突与妥协，最终表现为价值取向方面的矛盾，导致不同时期联邦教育政策在追求公平与卓越的价值取向之间摇摆，并最终实现教育政策的趋同。表面上，教育公平似乎是资优教育发展的阻碍性因素，联邦政府对教育公平的追求，间接影响着对资优教育的支持。事实上，教育公平是资优教育的内在之义，即资优教育发展体现了差异性的教育公平。美国联邦政府也逐步认识到，对教育公平的追求不能以牺牲教育卓越为代价。21 世纪以来，对教育公平与教育卓越的共同关注——"有质量的公平"政策导向，将推动美国高中资优教育的深入发展。

第七章　美国高中资优教育发展的
经验启示

　　贝磊等提及，比较教育研究的功能在于"让陌生变为熟悉，再让熟悉变为陌生"。前半句强调向外看，学习他国和其他地区的不同模式，这些教育模式会慢慢由陌生变为熟悉；后半句则强调自我反思，要求我们对自身熟悉的教育模式重新提出疑问[①]。其本质在于，借鉴他国经验，反思本国实践。开展资优教育的跨文化研究应该考虑的首要问题是，如何推进当前不同文化中资优教育的发展及整个资优教育领域的进展[②]。本书研究美国高中资优教育的目的在于由"彼"及"此"、由"外"及"内"，通过分析美国高中资优教育发展的特点，借鉴其发展经验，更好地推动我国高中资优教育的发展。基于上文对美国高中资优教育发展（理论、政策与实践）的分析，本章主要探讨美国高中资优教育发展的经验，以及我国高中资优教育未来发展的路向与建议。

第一节　美国高中资优教育发展的经验

　　现代意义上的美国资优教育实践与研究起源于20世纪初，历经近百年的发展，无论在理论研究还是政策制定方面，都积累了丰富的经验，为高中资优教育发展提供了理论指导和政策保障。同时，美国高中资优教育实践也在如火如荼地进展中。对于我国资优教育而言，美国高中资优教育发展提供了重要的经验。

一、实现理论、政策与实践的并进

　　美国高中资优教育发展的理论、政策与实践三者之间存在双向互动、协同并进的关系。理论、政策与实践之间的协同并进，是美国高中资优教育发展的重要特征。

---

① 贝磊 M，鲍勃 A，梅森 M. 比较教育研究：路径与方法[M]. 李梅，等译. 北京：北京大学出版社，2010：304.

② van Tassel-Baska J. The world of cross-cultural research: insights for gifted education[J]. Journal for the Education of the Gifted, 2013, 36（1）：6-18.

首先，资优教育领域的理论研究带动了资优教育实践的变革。美国资优教育领域先后出现资优儿童范式、才能发展范式和适才教育范式，三大范式对资优认识的深化，进一步影响着资优生的识别与教育，具体包括资优生的识别从"人"到"才"再到"需求"，教育对象从少数学生到多数学生，以及教育策略从分轨教学到适才教育的演变。这种发展态势已经并将继续带动高中资优教育实践的发展。

其次，美国联邦政府及各州政府能够及时借鉴资优教育的理论研究成果，并采纳为政策建议。不同时期联邦政府对资优生的界定，反映了资优教育领域的研究进展。同时，联邦及各州政府的支持态度，一方面为资优教育研究提供政策支持，另一方面也为高中资优教育发展提供政策保障。纵向来说，在联邦政府政策的影响下，高中资优教育发展经历了关注期、摇摆期、稳定期和深入期四大发展阶段；横向来说，关于资优生识别、教育教学服务、财政资金支持、教育专业发展及管理与服务等方面的政策内容，是规范和指导高中资优教育实践发展的政策依据。

最后，高中资优教育实践的发展，是理论研究与政策共同推进的产物。基于资优教育的内在价值，资优教育研究者从资优生的本质特征与教育的内在规律等方面出发，在理论层面阐释了发展资优教育的必要性。同时，联邦政府及各州政府出于对国家利益的维护，吸收与资优教育理念相契合的要素主义教育思想，从政策层面给予其支持与推动。反过来，鉴于三者之间的紧密联系，资优教育实践中面临的问题与挑战，会受到理论研究者的密切关注，其有效的研究结果也将进一步被采纳为教育政策，进一步指导和解决资优教育实践中的问题。

二、体现明确的国家利益导向

美国高中资优教育的发展并不是一帆风顺的，不同的文化传统、教育思想及不同时期共和党与民主党在资优教育方面的政策分歧，推动或阻碍着资优教育的行进。然而，联邦政府对资优教育的外部价值——维护国家利益的考量，始终驱动着资优教育向前发展。每当国家发展处于"内忧外患"的危急关头，联邦政府就会对资优教育表现出强有力的支持与政策倾斜，重视资优教育的发展，并寄希望于通过提升资优生的教育成就，进而带动国家教育质量及综合国力的提升。这种政策态度进一步影响各州的资优教育政策。

具体来说，对外而言，美国在国际教育、经济、国防等竞争中的劣势，引发国人的危机意识及对资优生及其教育的重视。自《国家科学基金会法》（1950年）首次提出资优教育符合国家利益的理念，资优教育的发展就被放置于维护美国国家利益和社会发展的战略高度。20世纪50年代末，苏联卫星上天，让美国人更清醒地认识到，对资优教育的忽视是导致本国教育质量乃至综合国力下降的重要原因。针对这一问题,《国防教育法》(1958 年)提出,增加对资优生的资助,并提供特殊的指导和教育教学服务。20 世纪 70 年代末 80 年代初,由于生产力的下降及其引发的对外贸易问题,美国遭遇了严重的经济停滞[1],在与日本和联邦德国争夺世界市场的竞争中备受挫折。《国家在危机中:教育改革势在必行》(1983 年)开篇指出,"我们的国家处于险境。我国一度在商业、工业、科学和技术上的创造发明无异议地处于领先地位,现在正在被世界各国的竞争者赶上"[2]。后来,《1988 年贾维茨资优生教育法》将资优生与国家安全挂钩,认为"资优生是国家资源,这种资源对于国家的前途至关重要,对于国家的安全与福祉至关重要"。这些政策都表达了一种观点——资优教育的发展与国家利益是相一致的,综合国力的提升有赖于资优生的卓越成就。国际竞争引发的危机意识,推动了美国资优教育的发展。

对内来说,国内教育质量的不断下降,也呼吁人们重新审视资优教育。《国家在危机中:教育改革势在必行》将美国在国际竞争中的劣势归咎为国内教育质量,特别是公立学校教育质量的低下。该报告指出,自 1963 年以来,美国高中生的平均 SAT 成绩年年下滑,成绩优秀者(总分≥650)的学生数及其占全部学生的比例也明显下降[3]。其中从 1972~1980 年,SAT 阅读成绩≥650 的学生下降了 46%,而 SAT 数学成绩≥650 的学生下降了 22%[4]。基于这一状况,20 世纪 80 年代成为美国教育改革的重要时期,教育改革报告层出不穷,且都将矛头指向令人不满的学校教育,提高教育质量、推动教育卓越成为美国教育发展的重要目标[5]。

21 世纪以来,教育质量仍然是联邦政府关注的重要问题。美国国家教育进步评估测试(National Assessment of Educational Progress,NAEP)2015 年的结果表明,自 1990 年以来,美国 4 年级和 8 年级学生的数学成绩第一次出现下降,8 年级学生的阅读成绩下降,4 年级学生的成绩较之往年停滞不前[6]。由此可见,国内教育质量危机仍将是美国面临的重要问题。总之,美国"内忧外患"的局势越发让联邦政府意识到,重视资优教育发展是解决国内教育质量问题与保持国际竞争

① Spring J. Political and economic analysis[A]//Altbach P G, Kelly G P, Weis L. Excellence in Education: Perspective on Policy and Practice [C]. New York: Prometheus Books, 1985: 78.

② 吕达, 周满生. 当代外国教育改革著名文献[M]. 美国卷, 第一册. 北京: 人民教育出版社, 2004: 1.

③ National Commission on Excellence in Education. A nation at risk: the imperative for educational reform[R]. Washington, D. C., 1983.

④ Klein R D, Lyon H C. Education of the gifted and talented: a context of excellence for the transformation of American education[J]. The Elementary School Journal, 1982, 82(3): 284-291.

⑤ Passow A H. Reforming Schools in the 1980s: A Critical Review of the National Report[M]. New York: ERIC Clearinghouse on Urban Education, 1984: 37.

⑥ Brown E. U S student performance slips on national test[EB/OL]. https://www.washingtonpost.com/local/education/us-student-performance-slips-on-national-test/2015/10/27/03c80170-7cb9-11e5-b575-d8dcfedb4ea1_story.html, 2015-10-28.

优势的需求。

　　美国高中资优教育发展呈现出鲜明的国家利益导向。而对国家利益的维护，也激励着联邦及各州政府支持资优教育的发展，并承担推动其发展的责任。这种责任与担当，既表现为制定较为全面的政策，从政策层面给予支持与保障。又表现为提供财政拨款，资助高中资优教育教育实践，如公立考试高中和州长高中都是由公共教育财政支持；资优教育的研究工作，如建立国家资优教育研究中心。

　　事实上，从教育公平（主要指教育资源分配）的角度出发，也要求政府在资优教育发展中承担主要责任。公立资优教育项目以能力导向的标准（如考试分数）录取资优生，资优生凭借自身能力就能获得参与权。而私立教育项目的收费性质，要求资优生除了达到能力标准外，还需要具备一定的经济实力。如果政府完全将资优教育项目推向市场，由私立教育机构接管，那么，就只有那些经济富足家庭的资优生才能接受资优教育，进一步削减了处境不利资优生的参与机会，加剧了资优教育资源分配的不公平。政府在资优教育发展中发挥主导作用，开展尽可能多的免费或低收费的资优教育项目，将有助于处境不利学生参与其中。

三、需要强大的社会力量支持

　　上文提及，基于维护国家利益的需要，联邦及各州政府在美国高中资优教育发展中承担着重要责任，包括提供政策、资金与研究支持，特别是由公共资金资助的州长高中和考试高中，在高中资优生的教育与培养方面发挥着重要作用。与此同时，其他社会力量在推动高中资优教育发展中也不遗余力。以大学、基金会等为代表的校外教育机构开展的多样化资优教育项目，是高中资优教育项目的重要组成部分。这些提前升学项目、暑期教育项目、远程教育项目及学科竞赛项目，为高中资优生提供了丰富的教学机会，它们摆脱了时间和地域的限制，为不同地区的高中资优生提供了同等的优质教育机会。这表明，社会力量首先为美国高中资优教育的发展提供了教育机会和教育资源方面的支持。

　　其次，社会力量的支持还包括教育资金的投入。一方面，社会机构举办高中资优教育项目，吸引了社会力量兴办资优教育，这本身就意味着对美国高中资优教育发展的资金支持；另一方面，基金会等社会公益组织通过发放奖学金，为那些有经济需求的资优生提供资金支持，帮助他们接受适合其发展的教育。杰克·肯特·库克基金会与约翰·邓普顿基金会是其中的代表。

　　最后，社会力量在推动美国高中资优教育，乃至整体资优教育的研究方面也做出了突出贡献。大学及一些科研院所是资优教育研究的重要力量，资优教育研究领域的代表人物都是大学教师或研究人员。此外，美国国内有大量由社会力量组成的全国性资优教育协会，包括美国资优生协会、NAGC 及美国超常儿童委员会资优生协会等。此外，有 45 个州成立了州级资优教育协会，它们开展了大量科学性的理论、政策与实践研究，为高中资优教育发展提供了理论指导，并通过政策倡议进一步影响联邦及各州教育政策的制定。

四、在争议与包容中寻求发展

美国高中资优教育的发展并不是在真空中进行，其深受国内社会环境与教育政策的影响。作为仅面向部分高中资优生的教育，高中资优教育，特别是公立高中资优教育的实施，引发了广泛的社会舆论与争议。一方面，从教育公平的角度出发，许多学者对高中资优教育提出质疑。其中，高中资优教育利用公共教育资源服务于部分学生，其存在的合理性受到质疑；其选拔资优生进行分轨教育的教学形式与以考试成绩为主要标准选拔学生的实践举措同样受到批判；而高中资优教育实践的教育效果也招致异议。另一方面，从资优教育满足不同学生差异化教育需求的本质特征，以及满足卓越需求的角度出发，肯定了高中资优教育的合理性。关于高中资优教育的争议是其发展面临的重要问题。

高中资优教育发展及其面临的争议，本质上源于美国国内存在的不同文化传统、教育思想、政治立场与价值取向。一方面，教育公平是美国基本的教育价值取向，与之相对应的还有美国国内平等主义和多元文化的文化传统。以实用主义为哲学基础的进步主义教育思想也体现了平等主义理念。同时，民主党强调教育公平与平等，自然对资优教育持不支持的态度。这些因素构成了影响高中资优教育发展的滞碍性因素。另一方面，教育卓越也是美国教育的基本价值追求，与之一脉相承的是精英主义和个人主义的文化传统，以及以保守主义为哲学基础的要素主义教育思想。主张"贤能统治"的共和党，倾向于鼓励和支持资优教育的发展。正是这些因素推动着资优教育的发展。

纵观美国高中资优教育发展的历程，虽然部分舆论认为，州长高中与考试高中只为少部分资优生服务，带有精英主义色彩，是不公平的表现，但这些学校依然获得了政府的大力支持。社会范围内的质疑与诟病并没有阻碍高中资优教育的继续发展。其原因就在于，出于国家利益的考虑，以共和党为代表的支持力量与以民主党为代表的反对力量，都能够意识到发展资优教育和培养资优人才对于实现国家卓越的重要性。不同党派能够包容不同的政治立场，在分歧中相互妥协，实现教育政策的趋中间化，共同推进高中资优教育的发展。

同时，美国高中资优教育能够包容不同的价值取向，兼顾公平与卓越，也是其获得不断发展的原因。教育卓越是美国资优教育发展的基本动力，对卓越和高质量的追求是带动美国高中资优教育的实践发展与政策关注的重要原因。另外，教育公平也是资优教育的内在之义，其本质在于，为具有超出一般学生的能力或表现的资优生提供适切教育。表面上，对教育公平的追求似乎是资优教育发展的阻力。例如，绩效制改革背景下对弱势群体和学困生的过多关注，间接导致对资优生的忽视。

事实上，资优教育体现了真正的教育公平，即差异化的教育公平。资优教育的发展，得益于联邦政策对国家利益的考虑及对教育卓越的关注。为了实现长远和良性的发展，资优教育必须、也正在朝着更公平的方向努力。这体现在，联邦政府不断强调关注社会不利地位资优生的教育，提高弱势群体在资优教育项目中的参与度。对教育公平的追求不应该以牺牲教育卓越为代价，对教育卓越的追求也不能忽视教育公平的目标。

总之，受美国国内不同文化传统、教育思想、政治立场与价值取向的影响，美国高中资优教育能够在阻碍因素与促进因素的双重影响下不断发展，在包容与争议中前行。

第二节　中国高中资优教育的发展建议

美国高中资优教育发展的历程表明，发展高中资优教育不仅是满足资优生教育需求的体现，也是维护国家利益的需要。面临"内忧外患"的严峻形势，美国从政策、资金与研究方面提供支持，大力推动高中资优教育的发展。伴随着国际竞争的日益升级，人才是提升国家综合国力与国际竞争力的重要保障。我国同样面临人才培养的紧迫任务。《国家中长期教育改革和发展规划纲要（2010—2020年）》将培养各级各类拔尖创新人才作为未来教育发展的重要目标，并提出从高中等早期阶段就开始培养的行动方向。重视高中资优教育，建立早期拔尖创新人才培养体制刻不容缓。

20世纪50年代，我国提出重点高中政策[①]，鼓励有重点地办好一批"拔尖"学校。该政策确立了重点学校选拔"尖子生"（资优生）进行重点培养的教育模式，也决定了其优质性（表现在师资力量、教育设施、生源等多方面）和高选拔性［以初中学业水平考试（以下简称中考）成绩为招生标准］的办学特点。20世纪90年代，重点高中政策全面被示范性高中政策取代，全国省、市、县三级示范性高

[①] 确切地说是"重点中小学政策"，1953年，国家首先提出办一批"重点中学"，到了20世纪60年代，又提出"在各级各类学校中，确定一批重点学校"，而高中只是其中的一类学校。由于本书主要落脚在我国高中资优教育，因此书中直接表述为"重点高中政策"。

中网罗了当地在中考成绩中排名靠前的优秀学生，是"有实无名"的资优教育①。与此同时，其他一些普通高中也开设了"实验班""预备班"等重点班②，为本校资优生提供有别于"平行班"（即普通班）的加速及丰富的教育。

随着 1978 年创办的中国科技大学"少年班"③取得一定的成效，1985 年，中国科技大学分别与北京景山学校、苏州中学联合创办"少年班预备班"，招收年龄在 13 周岁以下、德智体全面发展的优秀初中生，让其在两年时间内修完高中三年的全部课程④。与此同时，北京市第八中学创办"超常教育实验班"（以下简称少儿班），人民大学附属中学等学校建立了"中学超常教育数学实验班"（现更名为"人大附中早培班"）等。尽管这些示范性高中的少年班、早培班等名称不同，且教学形式与内容各有侧重，但其目的都在于为智力优异的资优生提供超前和加速的高中资优教育。

由此，我国基本上形成了以示范性高中为主力军的两种高中资优教育形式。一种是常态的资优校（示范性高中）或资优班（重点班），示范性高中依据中考成绩，选拔出成绩优异的高中资优生并进行集中培养，同时，其他非示范性普通高中会开设个别资优班，对本校的高学业成就学生进行集中教学。另一种是预备班或少儿班，为数不多的示范性高中，招收一些小于适龄儿童的学生提前接受高中教育，他们将通过压缩学制和加速学习，提前完成高中学业。

与美国高中资优教育的发展相比，我国尚没有制定高中资优教育的相关政策，高中资优教育实践主要是学校或民间的自发行为。目前，我国有一些示范性高中已经在资优教育实践方面做出了积极的探索，并取得了一定的成绩，但这毕竟是零星的实践，并不代表我国高中资优教育整体达到了较高的水平。基于美国高中资优教育发展的理论研究、政策保障与实践举措方面的经验与启示，本节旨在为我国高中资优教育的未来发展提出建议。

一、建构高中资优教育的合理性认知

"百年大计，教育为本，国运兴衰，系于教育。"开展资优教育是我国科教兴国和人才强国战略的内在要求，有助于推动国家建设及提升综合国力。教育发展，

---

① 根据资优教育理论界对资优生占全体学生 15%~20%的判断，仅从数量上计算，就读于示范性高中的学生都属于高中资优生。20 世纪 20 年代，特曼将智力测验中排名前 1%的学生列为资优生，后来又将比例扩大为 3%~5%，而兰祖利的全校丰富教学模式认为资优生的比例为 15%~20%。

② 不同学校这类班级的名称不同，如"元培班""清华班""北大班"等。此外，一些示范性高中内部也分别设有重点班与普通班，这些重点班的学生可谓是优中选优。

③ 中国科技大学少年班学院[EB/OL]. http://scgy.ustc.edu.cn/xyjj/201412/t20141231_208372.html, 2014-12-04. 由于少年班主要是让学生提前接受大学教育，在此之前会教授一些高中课程，不能完全作为高中资优教育实践，本书不再过多探讨。

④ 辛厚文. 超常教育学[M]. 北京：人民教育出版社，1991：69-70.

理念先行。教育理念具有思想导向的功能，有助于对教育实践进行规范、指导与反思。与此同时，教育理念还包含一定的价值判断，反映了社会环境、文化传统及时代变迁对教育的影响。树立正确的教育理念，是实现教育良性发展的前提。对于我国高中资优教育的发展而言，要求人们在理念层面树立合理性认知。

（一）打破传统文化理念的束缚

社会文化理念对资优教育发展的影响是十分显著的[①]。不同国家的文化传统与根深蒂固的观念意识，决定了其对资优生的界定及对资优教育的认识，并影响着资优教育的实施与发展。美国国内平等主义的文化传统与讲求平等、去权威的进步主义教育思想，是影响其资优教育发展的阻碍性因素。对于我国而言，一些传统文化与理念也是阻碍资优教育发展的力量。

我国实施资优教育的历史久远，早在春秋战国时期，就已经出现了关于神童的记载，自西汉的选举取士制度设置童子科后，历朝历代都重视对神童的选拔与教育。然而，一些既有的传统文化理念导致了对资优教育的错误认识。

首先，对于我国而言，以科举制为核心的资优教育传统有着深远和巨大的影响。在科举制的影响下，教育的目的是培养少数治国人才，教育的对象也带有极强的阶级主义色彩[②]。资优教育也因此被认为是维护特权阶级利益的重要措施，进而导致对资优教育的错误认识。这一科举取士的传统选拔方式也是造成我国当前以高考作为人才选拔工具的重要原因。

其次，我国封建文化中的"大一统"思想与强调中庸的儒家文化不利于创新和创造力的培养，在一定程度上阻碍了资优生的成才与发展。"大一统"思想束缚了人们的创新意识与理念。教育在创造力培养方面发挥着重要作用，然而，儒家文化强调记忆诗歌、词赋、文章等方面的教育方式，以及其强调继承传统、服从权威的特点，都不利于创造力的培养，限制了中国人发散性的思维方式[③]，同时，也造成我国根深蒂固的重智重知的社会理念。强调"大一统"思想和重智的单一化，与当今社会的多元化发展趋向显然是不一致的[④]，导致了我国高中资优教育的片面化发展。

最后，集体主义等文化理念影响着资优教育的形式与具体实施。与美国个人主义的文化传统形成鲜明对比，我国则一直大力提倡集体主义，认为个人主义是自私自利、为个人谋福利的表现，并进行无情的"打压"，这一集体主义、"随大

① Moon S M, Rosselli H C. Developing gifted programs[A]//Heller K A, Monks F J, Passow A H. International Handbook of Research and Development of Giftedness and Talent[C]. Oxford：Elsevier Science，2000：501.

② 扈中平，陈东升. 中国教育两难问题[M]. 长沙：湖南教育出版社，1995：198.

③ Chan J. Giftedness and China's Confucian heritage[A]//Phillipson S N，McCann M. Conceptions of Giftedness：Sociocultural Perspectives[C]. New York：Routledge，2007：48.

④ 贺淑曼. 中国超常人才教育的发展、困惑与改革[J]. 中国人才，2003，（3）：23-26.

流"的态度制约了人们的创新精神。受从众心理和守旧思想的影响，家长的教育观念陈旧，喜欢按照社会惯例走约定俗成的老路，而不是主张为学生提供个性化的教育。此外，我国"不患寡而患不均"的传统理念，引发教育中的平均主义思想，直接影响到人们对待资优教育的态度。公众认为，让少数学生享受优质教育资源的资优教育，没有顾及其他学生的发展，剥夺了他们获得公平教育机会的权利，进而引发对资优教育的质疑。

面对国家发展与国际竞争的严峻形势，要实现培养具备国际竞争力和卓越能力的资优人才的目标，需要政府及社会各方力量在人力、物力和财力等方面的鼎力支持。而实现这一目的，迫切需要全社会打破传统文化理念的束缚，形成重视资优教育、鼓励资优人才发展的文化氛围。

（二）树立差异性教育公平理念

一直以来，我国具有发展资优教育的历史传统。随着教育民主化的发展，特别是改革开放以来，国家经济发展水平逐步提高，国民对优质教育的需求不断增加，在优质教育资源缺乏但优质教育需求过剩的情况下，哪些学生能够享受到优质教育资源引发了关于教育公平的争论。当前，示范性高中是我国高中资优教育的主力军。由于招生标准过于依赖于中考成绩，以及招生程序上存在的个别不正规行为，示范性高中的存在一直受到有违教育公平的诟病。

教育的本质在于促进人的发展，不断扩大并满足个体学习与发展的需要是教育的目的所在[1]。以人为本的科学发展观要求，教育公平的立足点必须适时地从对"物"的关注转向对"人"的发展的关注[2]。资优生普遍具有良好的发展潜能或潜质，决定了他们有高于普通学生的学习需求。为资优生提供适合其发展需要的教育服务或教学辅导，让其接受更有深度和广度的知识，体现了教育公平的差异原则。从满足每个学生受教育权利的角度出发，国家与社会有责任为资优生提供适合其发展的教育。示范性高中的存在正是满足了高中资优生的较高学习需求。如果废除示范学校，将高中资优生安置在一般高中或普通班级，接受与其他学生相同进度和难度的教育，其代价将是忽视高中资优生较高的学习能力并且人为降低了他们的学习需求，这对于资优生而言显然是不公平的。"教育均衡发展不是学校平均发展，公平教育不是同质教育，教育资源向资优生倾斜与向弱势群体儿童倾斜同样重要。决不能因为片面的教育公平观而让资优生处于严重的饥饿状态"[3]。在对待高中资优教育发展的问题上不能因噎废食。

教育机会的平等与教育机会的平均是不同的，也不应该相同。在其他行业中，

---

① 冯建军. 教育公正——政治哲学的视角[M]. 福州：福建教育出版社，2008：48.
② 唐盛昌. 构建拔尖创新人才早期培育链的实践探索[J]. 创新人才教育，2014，（3）：46-50.
③ 王一军. 英才教育的重心在中小学[N]. 江苏教育报，2015-03-13，第4版.

为具有不同需求的顾客提供差异化的服务是优质服务的基本要求。在教育领域，我们有必要为所有学生提供优质的教育服务，同时，基于学生不同的需求，这些教育服务的组织与实施也应讲求"因材施教"，而不是"千人一面"。一味地强调教育的绝对平等和平均主义只会导致教育的整体溃败①。只有关心所有学生的学习需求并根据其需求规划不同的教育，才能切实改善所有学生的教育质量，提高教育发展的整体水平。总之，发展资优教育，要求我们树立差异性的教育公平理念。

（三）认识资优教育的双重目的

资优教育具有双重作用，其在促进资优生的个人发展与自我实现的同时，也推动着国家社会经济的发展与综合国力的提升。首先，接受适合其发展的资优教育是资优生的基本教育权利。UNESCO 的《萨拉曼卡宣言》(*The Salamanca Statement and Framework for Action on Special Needs Education, 1994*) 指出，每个儿童都有受教育的权利，并且应该被给予适合其发展水平的教育。每个学生(包括资优生)的学习特点、兴趣、能力和需求不同，教育应该根据学生的不同特点，为其提供持续的、有挑战性的、差异化的教育服务②。只要人们认可"帮助学生追求卓越是教育或学校的重要任务"这一前提，资优教育就有存在的必要性，因为资优教育的本质就在于为那些具有卓越表现或潜能的学生得到适合其学习能力和学习需求的教育③。并且，最大化地促进资优生的个人实现，也是实现资优教育的社会价值的前提。

资优教育与国家的经济和社会发展密切相关，富有创造性、具有杰出才能的资优生是经济和社会发展的主要贡献者。资优教育符合国家利益等观念，已经成为世界各国的共识，许多国家都把发展资优教育作为战略政策之一。受国家利益的驱动，美国重视并大力发展资优教育，美国国家科学委员会 2010 年的报告《培养下一代 STEM 创新者：识别和发展国家的人力资源》("Preparing the Next Generation of STEM Innovators: Identifying and Developing Our Nation's Human Capital") 指出，"国家的长久繁荣越来越依赖于那些有才能和动机的个体，他们将成为科学和技术创新的先锋"④。我国也应该从促进资优生自我实现及国家战略和人才储备的高度，看待资优教育的发展，明确资优教育的价值，并制定相关政

---

① van Tassel-Baska J. Educational decision making on acceleration and grouping [J]. Gifted Child Quarterly, 1992, 36 (2): 68-72.

② United Nations Educational, Scientific and Cultural Organization. The Salamanca statement and framework for action on special needs education[Z]. Spain: Salamanca, 1994.

③ Dai D Y. The Nature and Nurture of Giftedness: A New Framework for Understanding Gifted Education[M]. New York: Teachers College Press, 2010: 175.

④ National Science Board. Preparing the next generation of STEM innovators: identifying and developing our nation's human capital[R], 2010.

策予以推进。

（四）高中资优教育应定位高远

对高中资优教育目的的审思，首先应建立在明晰高中教育目标与定位的基础上。高中教育有其内在的独特性，作为基础教育的高级阶段，其上承高等教育，下延基础教育的低级阶段。高中生大都是 16~18 岁的青少年，高中毕业之日也是他们"成人"之时。教育对象的年龄和身心发展特点决定了高中阶段的教育目的，并不仅是提高学生的学业成绩进而为其升学作准备，更重要的是促进学生获得更加主动和丰富的发展，为其未来的就业与终身发展打下坚实的基础。随着科学技术与经济的发展，多元的经济利益、多元的需求、多元的生存方式以至于多元的价值观念被默许、宽容或鼓励①，相应地，社会对人才的看法也渐趋多元化。学校教育在学生成长过程中具有价值导向作用，高中教育应该与时俱进，在人才培养方面树立多元化的教育目标，重视学生多方面能力与才能的发展，而不是局限于把学生送往名牌大学②。参照高等教育的转型发展趋势，特罗（Martin Trow）指出美国高中教育发展经历了两次转型，第一次是从精英化的预备性教育转向大众化的终结性教育，第二次是从大众化的终结性教育转向大众化的预备性教育③。虽然，对于我国高中教育发展是否出现所谓的第二次转型，国内学者还有争论，但高中教育"基础+选择"的定位是毋庸置疑的。

当前，示范性高中是我国高中资优教育的主阵地，其主要采取加快课程进度、增加课程广度和深度的方式实施教育，以期为大学发现并输送人才。以高考为核心的教育评价体制，直接影响着高中资优教育的培养目标，致使我国高中资优教育停留在为应试升学的准备之上④。面对社会价值取向的多元化以及人们的社会观念、个人需求与生活方式的多样化，高中资优教育必须"顺应局势"，拓宽培养目标，强调学生学习兴趣的发展，给予学生更多的自主性和选择权，实现教育目的的多元化，而不是局限于扩展学生的学科知识与能力及实施大学预备教育的目标。高中资优教育的目标，应定位高远，致力于培养学生的创造性人格，使其发展成为各个领域的拔尖创新人才，以应对未来社会对各行各业创新人才的需求；应该结合不同资优生的个性化学习需求，为促进学生的全面发展和终身发展而努力。具有"优质性"和"示范性"特征的示范性高中，在促进本校学生发展的同时，

---

① 李家成. 关怀生命：当代中国学校教育价值取向探[M]. 北京：教育科学出版社，2006：5.

② 在这里，我们提到了"名牌大学"。中国的高中生总是希望自己能考入社会认可度高的名牌大学，而不是从个人的兴趣或特长出发，选择最适合自己的高校。在"名牌"与"兴趣"之间，他们宁愿放弃"兴趣"。

③ Trow M. The second transformation of American secondary education[J]. International Journal of Comparative Sociology，1991，（2）：144-166.

④ 程红兵. 误读美国教育：中国英才教育批判——访美国托马斯·杰弗逊科技高中[J]. 人民教育，2011，（17）：17-20.

还应致力于推动同一地区或其他地区一般高中的发展，真正发挥"示范"作用。反观美国高中资优教育实践，作为集全州优质教育资源而建的州长高中，把服务于该州甚至美国全国范围内的其他学校的教育教学作为使命，包括成立教育创新实验室、建立教师教育中心、开展教师教育工作坊等，体现了州长高中所具有的引领其他非优质高中发展的使命与责任。我国示范性高中也应朝着这一方向努力。

（五）明确示范性高中的存在价值

建立专门的高中学校选拔资优生并为其提供适当的教育，是世界各国的普遍做法。美国有招收高中资优生的私立精英高中与公立的考试高中和州长高中，这些学校都以考试成绩为主综合选拔学生。除美国外，其他国家也都成立了专门招收高中资优生的高中学校。例如，英国的"公学"（私立精英高中）是实施资优教育的典型，而其"文法中学"（公立高中）完全以升学为目的，为前 20% 具有较高智力的学生提供学术性课程；有别于"技术高中"和"职业高中"，法国的"普通高中"承担着资优教育的职能；同样，德国也设有"完全中学"来实施高中资优教育[①]；芬兰设有艺术、运动、科学、语言、国际文凭等中小学阶段的专门的资优生学校；印度实施了"新星学校计划"，专门招收国内农村地区的所有 6~12 年级的资优生[②]。上述举措体现了世界各国都能认识到成立专门的资优学校对于培养和教育高中资优生的重要性。

我国通过示范性高中选拔和教育资优生的措施，与世界各国高中资优教育的实践做法异曲同工。示范性高中是国家政策的产物，是为了满足国家"快出人才、出好人才"的要求而成立的。一直以来，在国家政策的支持与倾斜下，示范性高中汇集了各地区的优质师资和丰富的教育资源，并因其自身的努力与卓越成绩，而吸引了大量优质生源（即高中资优生）。示范性高中聚集当地优秀的高中资优生，为他们提供了集中和专门化的教育环境，既有助于这些资优人才进一步发展，又确实为国家建设与发展培养了大量优秀人才。无论从国家发展层面，还是从资优生的个人发展层面来看，示范性高中都有其存在的必要性与价值。

二、政府承担责任并提供全方位支持

在肯定高中资优教育的双重价值、明确高中资优教育的定位后，谁来发展高中资优教育、如何发展高中资优教育，成为有待解决的重要问题。资优教育的社会功能决定了高中资优生的培养不应该是个别学校或其他教育机构的自发行为。

---

① 其他的中学类型包括实科学校、综合中学和各类职业学校。详见：刘宝存. 大众教育与英才教育应并重——兼与吕型伟、王建华先生商榷[J]. 教育发展研究，2001，（4）：57-59.

② 各国资优生教育概况：印度重校外人才，美纳法制轨道[EB/OL]. 中国青年报，http://www.chinanews.com/edu/2013/08-05/5121650.shtml，2013-08-05.

高中资优教育的实施需要整体的政策设计与机制保障，并且纳入公共教育服务体系之中[①]，而政府应在其中承担主要职责。在美国，受到政府资金支持的公立教育是高中资优教育的主要力量，政府在资优教育发展中承担着主要职责。美国高中资优教育发展的历程表明，政府越是将资优教育的责任推向校外，就越是剥夺了低收入群体资优生接受资优教育的机会，造成不同社会经济地位资优生之间的学业差距，引发教育公平问题。因此，政府有责任和义务在资优教育发展中承担更多的责任。

（一）制定全面且有效的支持性政策

作为国家教育事业的组成部分，教育政策的引导与支持是资优教育发展的根本保障。教育政策往往对教育实践做出规定，其首先对教育实践具有指导作用，其次，教育政策还引领着教育研究的方向。没有相应的政策支持，资优教育的理论研究与教育实践就会缺乏有效的政策保障。

美国高中资优教育发展得益于相对完善的资优教育政策的制定。资优教育的相关理论与美国占主导地位的要素主义教育思想相契合。要素主义教育思想在美国的兴起与发展，通过影响教育质量和才能发展的宏观教育政策的制定，进而带动了美国资优教育政策制定的步伐，并推动了资优教育的不断发展，体现了教育理论对教育政策的指导，以及进一步对教育实践的滋养。从政策内容来说，美国各州的资优教育政策涉及资优教育实施的具体方面，包括资优生的识别、教育教学计划与课程、教师培训、活动设计、资优教育项目的监管与效果评估等多个方面。除了美国以外，其他国家和地区也在资优教育发展方面有政策建树。例如，1984年，新加坡实施了"资优教育计划"，启动了全国范围内的资优教育实践；韩国于2000年颁布《资优教育振兴法》正式确立了资优教育的国家法律体系；2010年俄罗斯签署国家教育倡议《我们的学校》，把发展资优教育支持体系作为俄罗斯短期教育发展的主要目标，并在资优生选拔、资优教育实践活动、师资队伍建设等方面做出规定，为该国资优教育发展提供了有力保障[②]；同时，我国台湾和香港地区也对资优教育予以政策关注，出台了推动资优教育发展的政策文件，如台湾地区1984年颁布《特殊教育法》，设立"资优教育"专章，1990年香港教育统筹委员会发布《第四号报告书》，奠定了该地区资优教育发展的政策基础[③]。

教育政策的支持是教育实践开展的基本保障。纵观不同国家和地区资优教育发展的历程可以发现，支持性政策是保障资优教育顺利发展的重要前提，是获得

① 张景斌. 拔尖创新人才早期培养机制研究——以北京市为例[J]. 教育科学研究，2014，（6）：43-48.

② 赵伟. "我们的新学校"——俄罗斯国家教育倡议解析[J]. 外国中小学教育，2011，（4）：26-30.

③ Phillipson S N, Phillipson S, Eyre D M. Being gifted in Hong Kong：an examination of the region's policy for gifted education [J]. Gifted Child Quarterly，2011，55（4）：235-249.

资金、人员和设备等各方面支持的有效保障。相比之下，我国面临的突出问题是，教育政策层面对资优教育的关注较少，缺乏推动资优教育发展的支持性政策。相对于广泛的社会关注和自发的学校实践，资优教育的制度建设与理论研究还很薄弱。在缺乏政府政策保障的情况下，民间的自发性行为容易流于形式，且缺乏有效的监督。因此，政府应该承担起主导性责任，尽快制定相关政策以推进资优教育的发展。同时，在国家教育部的下属部门设立专门处理资优教育事务的办公室，并在各个省市建立不同层次的资优教育机构，统筹协调和管理全国及各个地区的资优教育工作。

我国现有的教育体制表明，国家层面的教育政策指导着各个省（自治区、直辖市）教育的发展。然而，在国家层面教育政策缺位的情况下，有条件的省（自治区、直辖市）可以发挥区域内教育政策与实践探索的积极性，推动资优教育（包括高中资优教育）的发展。例如，有条件的省（自治区、直辖市）可以成立资优教育事务处，建立资优教育试点学校；同时，不同地区之间建立"资优人才培养协作组"，实现试点学校之间的协同创新和信息、资源共享。在这方面，美国各州推动资优教育发展的举措为我们提供了经验。在联邦政策的指导下，北卡罗来纳州和佛罗里达州通过制定法律和提供资金支持，为所有参加 AP 考试和 IB 考试的高中生减免费用[①]。华盛顿州立法通过，自 2014~2015 学年起，在 K~12 年级实施"高能力学生计划"（highly capable students program，HCP），并将其作为该州的基本教育要求，为所有经过识别的资优生提供教学服务。这些政策举措将为更多高中资优生提供资优教育机会。

（二）增加高中资优教育的财政投入

美国州长高中和考试高中以考试成绩为主，招收高中资优生并为其提供资优教育的做法，在国内招致了很大争议。许多人认为，接受公共资优教育的资优生大部分来自社会经济地位较高的群体，他们已经享受了社会资源的优势，把全体纳税人的钱用于资优教育的做法有违教育公平，是精英主义的体现；公共教育应该更多地服务于占大多数的普通学生，而不是把最好的公共优质资源给予少部分的资优生。然而，事实证明，联邦及各州政府试图消除公立教育中"精英主义"的做法（更多地关注落后学生，而不是奖励资优生），反而加剧了教育（包括资优教育）的不公平。美国高中资优教育的发展历程表明，教育政策制定者越是将发展资优教育的责任推向校外，就会导致越多的资优教育项目交由盈利且收费高昂的私立教育机构实施，资优教育机会更多地流向有经济支付能力的社会经济地位较高群体，导致社会地位较低与贫困家庭学生的参与度越来越低，反而加剧了资

---

① Brown E F, Garland R B. Reflections on policy in gifted education: James J. Gallagher [J]. Journal for the Education of the Gifted, 2015, 38（1）: 90-96.

优教育的不公平现象[①]。相反，只有联邦政府向公立学校资优教育提供更多的支持，并允许所有满足条件的学生参与（而不考虑其经济条件），才能推动优质教育资源和教育机会的公平分配。

美国的经验表明，政府应该承担公立高中资优教育的财政支出。在这一过程中应该协调处理好教育公平与教育卓越的关系，增加资优教育的财政投入，不能因为教育公平而"削峰填谷"。教育公平是我国教育发展的重要目标。由于地域、文化传统及经济发展的不同，我国东中西部之间及同一地区的城乡之间，教育质量存在巨大差异。近年来，政府大力关注弱势群体和处境不利学生的受教育机会和教育质量，积极投入大量人力、物力、财力用于推动义务教育均衡发展，其必要性毋庸置疑。然而，对于教育公平的重视，不需要也不能以牺牲教育卓越为代价。在教育公平的呼声下，甚至出现取消义务教育阶段优质学校、取缔示范性高中的呼声，这是不可取的。相反，政府应致力于扩大高中阶段的优质教育资源，把"蛋糕"做大，不能因为其不属于义务教育阶段，就使高中资优教育成为有钱人的特权。

美国联邦及各州政府为公立高中资优教育提供了财政保障，与其他一般公立高中一样，考试高中和州长高中学费全免。相比之下，我国高中教育属于非基本公共教育服务，是"由公共财政进行资助、补贴和购买，受益者分担适当成本"并"保持低收费水平"的教育服务[②]。在市场经济指导下，获取高中优质教育资源（以高中资优教育为主要代表）往往意味着要加大教育投入。如果由学生及其家庭负担全部教育成本，只会导致高中资优教育成为社会经济地位较高群体的特权。国家增加对高中资优教育的财政投入，能够增加高中资优教育的机会，特别是增加那些处境不利资优生的教育机会。在加大政府投入的同时，也应吸引其他社会团体和个人对（高中）资优教育的投入。《国家教育事业发展第十二个五年规划》强调，要"健全政府投入为主，多渠道筹集经费的体制，增加教育投入"，"鼓励和引导社会力量捐资、出资办学"。构建多元化的筹资渠道，对于国家整体教育事业发展而言，十分必要；对于高中资优教育发展而言，同样有益。

（三）加强与教育研究者的沟通联系

有效的资优教育研究至关重要。一方面，资优教育研究是资优教育实践的指

---

① Barker B D, Richards C E. Equity through vouchers: the special case of gifted education[J]. Educational Policy, 1988, 12（4）: 363-379.

② 张力总结，我国教育服务分为三类，一是由公共财政全额负担、免费或基本免费提供的"基本教育服务"，如义务教育和特殊教育；二是由公共财政进行资助、补贴和购买，受益者分担适当成本并保持低收费水平的"非基本教育服务"；三是"非公共服务"，主要由民间资本经营，按成本或超成本收费，营利（微利）的多样化选择，国家财政不予介入，如按市场机制运作的线上线下培训等。参见：张力. 当前中国特色新型教育智库建设的若干问题[J]. 基础教育, 2015，（4）: 5-9.

南。理论研究的缺乏，导致资优教育实践者无法掌握充足和有效的资优教育知识，进而无法将其有效地应用到教育教学实践之中，同时，也无法有效地解决教学过程中面临的问题。另一方面，科学性的资优教育研究又是政策制定的依据。缺乏贴近教育实践问题的研究，将会导致资优教育政策的合理性与有效性大打折扣。此外，关于资优教育的作用与重要性（对于资优生个人发展以及国家发展而言）的研究，还有助于吸引各级政府的关注。

我国资优教育发展面临的一大问题是，政府尚未制定推动资优教育发展的相关政策，不够重视资优教育的发展。造成这一问题的原因涉及社会和经济发展等多方面，然而，政策决策与资优教育理论研究之间的脱节是其中的重要原因。这种情况下，加强政策决策者与理论研究者的相互联系与有效沟通十分必要。政策决策者应该积极借鉴和采纳理论研究者的有效研究成果，推动其上升为教育政策；并应该鼓励资优教育研究的开展，支持资优教育研究机构及研究队伍建设。美国设有专门由贾维茨资金支持的国家资优教育研究中心，这一由联邦政府主导的资优教育研究机构开展了系统性的资优教育研究，成为联邦政府政策制定的重要参考。

同时，资优教育研究者也应该完善资优教育的理论研究。目前，我国资优教育研究还不成熟，对于如何发展资优教育及培养资优人才，尚处于引介学习的阶段[①]。因此，我国的研究者应积极了解国际资优教育领域成熟的理论模型、教育方法及相关研究成果，并进行中国化的探索，紧密结合我国资优教育实践反映的问题，为我国资优教育发展以及各类资优人才培育服务。

三、改进资优教育实践的多方面路径

树立对资优教育的合理性认知、明确政府在资优教育发展中的责任，是资优教育实施的前提，而具体的资优教育实践是决定资优教育成效的关键。重视资优教育的态度与有效的资优教育实践之间隔着巨大的鸿沟。《国家中长期教育改革和发展规划纲要（2010—2020年）》与"十二五"规划大力提倡改革当前的人才培养体制，并重视拔尖创新人才培养的早期培养，为我国高中资优教育提供了政策引领与发展契机。借鉴美国高中资优教育发展的特点与经验，我国高中资优教育实践的开展与改进，可以从资优教育的范围、选拔标准、课程内容及教师能力等多方面着手。

（一）拓宽资优教育范围

美国高中资优教育实践具有以学术资优生为主要教育对象的特点。这一特点

---

① 阎琨. 拔尖人才培养的国际论争及其启示[J]. 复旦教育论坛，2013，11（4）：5-11.

也是我国高中资优教育实践的真实写照。示范性高中完全以中考成绩录取学生，主要考察资优生的智力能力及对各个学科知识与技能的掌握程度。同时，示范性高中以帮助学生升学为重要目标，培养在不同学科领域具有较高表现的学术资优生，表明其重视学术资优生教育的特点。相比之下，其他在艺术、创造力和领导力等领域具有较高天赋或能力的高中资优生的教育需求往往得不到满足，无法获得适合其发展的教育资源①。

事实上，"资优"是一个多层次的复杂概念，表现为人们在智力、创造力、领导力、表演与行为艺术及特殊学科领域的卓越表现或能力。为此，资优教育应该致力于培养在各方面具有卓越表现或发展潜力的资优生。对于我国高中资优教育而言，应该拓宽资优教育的范围，改革当下以学术资优生为主要教育对象的现状，不仅为学术资优生提供教育机会，还要为在其他方面具有卓越表现或潜力的资优生提供适合其发展的教育。更重要的是，高中资优教育（主要是示范性高中教育）一定要超越应试教育和升学教育，摆脱功利主义的做法，重视学生的兴趣，以促进学生的终身发展与全面发展、培养学生的社会服务意识为重要目标。落实到教育实践中，需要通过设置丰富和多样化的课程，培养不同领域的资优才能，满足不同类型资优生的教育需求。

（二）选拔标准更加多元

在拓宽资优教育范围的基础上，资优生的选拔标准也应更加多元。首先，这是由资优的内在特征决定的。伴随着对资优认识的多元化，高中资优生的选拔标准也应该更加多元，不仅选拔出那些学习能力强、智力水平高的学生，还要发现那些在智力、创造力、领导力、视觉与表演艺术等一个或多个领域具有兴趣、特长或发展潜力的学生。其次，社会价值取向渐趋多元化，也对资优生选拔标准提出了要求。把"资优"看做高学业成绩的单一认识，与社会的多元价值观相矛盾，也与社会发展需要各行各业人才的发展现状相矛盾。最后，社会民主化发展的趋势也呼吁资优生选拔标准的多元化发展。选拔标准的确定，不仅是资优教育内部的问题，也是一定的社会问题。美国高中资优教育发展之所以引发一定的社会舆论，资优生识别标准较为单一是诱因之一。一些资优高中以考试成绩作为唯一或主要的选拔标准，导致少数民族等处境不利学生在高中资优教育项目中的参与率较低，进而引发公众对其有违教育公平的诟病。

当前，我国高中资优生识别标准的选择较为单一，包括示范性高中在内的高中学校都以中考成绩作为唯一的选拔标准。这一状况是由我国重视考试成绩的教育评价体制所决定的。"高考"这一指挥棒，引发了社会对分数的崇拜。中考成绩

① 除非这些学生的家庭"自掏腰包"，寻找能够提供相关教育服务的校外教育机构。事实上，当前社会上各类艺术类兴趣班，收费昂贵，很多家庭无力承担这些学费。

能够反映学生的一般智力能力及在特定学科的学业表现或潜力，然而，仅仅以中考成绩为标准，无法识别出那些在音乐、艺术、领导力等领域的资优生，进而导致他们无法接受合适的教育。同时，中考毕竟只是一次考试，除自身学习能力之外的其他主客观因素（身体不佳等）也会影响资优生的考场发挥。在这种情况下，通过一次考试成绩而一锤定音式的招生方式，可能会导致许多资优生失去接受资优教育的机会。也正因为对考试这一选拔方式的重视，当前我国高中教育还停留在"择天下英才而教育之"的精英教育阶段，即只是学校选择满足其教育条件的学生，而不是学生选择适合个人发展的教育。

因此，改革现有单一化的考试选拔方式，选择多元化的招生标准，是我国资优教育，特别是高中资优教育实践发展的未来方向。具体而言，可以采取以考试成绩（如中考成绩）为主，结合面试、平时学业成绩、推荐信等多样化的识别方法。特别是，鉴于资优生在某一或某些方面具有突出表现或发展潜力的特征，高中资优生的识别或选拔，应积极借鉴自主招生的招考形式，采取校长或教师推荐制及学生自荐等方式。自主招生下的"实名推荐制"[①]是在维护高考整体框架的前提下，探索的高校多元选拔的新途径。其中，对可推荐学生标准的拓展与丰富，充分显示了对人才的多样化与发展性的肯定[②]。其利用过程性评价取代结果性评价的举措，也更有助于对资优人才的发现与识别。因而，高中资优教育应借鉴高校自主招生中的实名推荐和学生自荐方式，选拔出真正的资优生。

同时，应该建立灵活开放的进出体系。高中教育发展的内在特点是自主性和选择性。《国家中长期教育改革和发展规划纲要（2010—2020年）》提出，要形成"体系开放、机制灵活、渠道互通、选择多样"的人才培养体制。高中资优生的选拔应该具备灵活开放的特点，不拘一格地选拔高中资优生。同时，给予资优生主动退出的选择机会。以美国高中资优教育项目中的AP课程为例，学生可以自主决定是否选修及选修哪些AP课程，如果学生发现课程难度太大，还可以选择退出而选修一般水平课程。这就启示我国，应从当前的教育体制入手，真正建立开放、灵活、自由进出的高中资优教育体制。此外，资优教育的应试导向归根结底是我国以高考为核心的教育评价体制的问题。社会层面转变传统的人才观念，构建自由、开放、兼容并包的人才发展环境，改革唯高考的教育评价体系，从重视学生的学习成绩到注重各种特长和潜能，从偏重对学生智力因素的考察到兼顾学生的智力与非智力因素发展，是为关键。

---

① 2010年，北京大学率先在北京、天津等13个省（自治区、直辖市）试行"中学校长实名推荐制"，以下简称"实名推荐制"，招收综合素质优异或特长突出的高中毕业生。在实施之初，其推荐主体是中学校长，后来，推荐主体更加多元，不再局限于校长，进而衍生出"专家推荐制"。其中，校长推荐侧重于推荐学习成绩优异、综合能力强的学生，而专家推荐则主要强调选拔出具有艺术天赋与资质的艺术特长生。

② 范国睿，等. 教育改革：国家行动[A]//范国睿. 教育政策观察（第3辑）[C]. 上海：华东师范大学出版社，2012：64.

（三）课程内容更加丰富

课程是资优教育实施的核心，资优教育的目标也需要通过具体的课程加以实现。高中资优生大多已经在一个或多个领域具有突出的成就或发展潜力，国家层面颁布的面向大众学生的课程大纲，显然无法满足他们的学习需求。构建适合高中资优生潜能发展的丰富且有挑战的课程体系尤为必要，具体而言，面向高中资优生的课程应该从以下四方面入手。

1. 重视品格教育，凸显课程的教育性和价值性

资优生是国家的重要人力资源，他们承担着推动国家发展的重要使命与任务。高中阶段是资优生的世界观、人生观和价值观的初步形成期，也是其思维和品格的基本定型期。这一时期，对资优生进行及时的思想引导与品德教育尤为必要。特别是，在经济全球化、文化和价值多元化及信息网络化的冲击与影响下，资优生的培养，必须在增进其才能的基础上，重视提升其道德品质，把育德与育才结合起来。

美国私立精英高中以培养社会精英为使命，兼顾学生的才能发展与道德修养，将品德教育融入其课程教学之中，重视培养学生的社会服务意识和责任感。州长高中和考试高中也致力于培养学生为国家、社会乃至世界做出贡献的责任与意识，这一目标直接反映在其学校使命中，并通过课程进一步实施。其课程既包括人文社科类的必修与选修课程，也包括各类社区服务与社会实践活动，如南卡罗来纳科学和数学州长高中要求学生每年至少开展83小时的社区服务活动。

我国高中资优教育的课程也要体现教育性和价值性。首先，以爱国主义为核心的民族精神应是资优生的必修课。高中资优教育的课程应重视激发学生的民族情感，增强学生对历史、文化和传统的认同与传承意识。民族认同感与荣誉感的获得是激发资优生为民族和国家作贡献的前提。同时，也要开拓资优生的国际视野，激发学生对世界和未来的关注与展望[①]。其次，要重视培养学生的良好品格与服务意识。为国家培养拔尖创新型人才是资优教育的内在目的，而良好的品格和服务意识是对高素质人才的内在要求。高中资优教育应鼓励学生把个人价值的实现与国家发展、人类福祉等方面的利益结合起来，培养学生服务社会的意识，为社会和人类发展做出突出贡献。

2. 重视全面教育，强化课程的系统性与综合性

由于高中资优生普遍具有较强的好奇心与求知欲，思维活跃且富有创造力，基本形成了对特定领域的兴趣和爱好，高中资优教育的课程设置应该重视学生多方面兴趣与能力的发展，既要注重对学生思维能力的开发，又要关

---

① 薛建平. 资优生德育研究价值与实践探索[J]. 思想·理论·教育，2004，（6）：8-13.

注学生探究意识与研究兴趣的挖掘。因此，高中资优教育的课程要体现其系统性和综合性。

具体而言，我国高中资优教育可以设置三维课程，包括重视基本能力发展的基础性课程、扩展知识与能力的拓展性课程、强调创新精神与能力的研究性课程。其中，基础性课程面向全体学生开设，所有学生通过学习全部基础课程，达到国家对高中生素质和能力发展的基本要求，这类课程涵盖了高中阶段的所有学科课程和综合实践类课程（包括活动课程、社区服务和社会实践等）。拓展性课程旨在让学生进一步扩展自己的学科知识与能力，这类课程具有一定的选择性，学生可以根据个人的兴趣、爱好和学习特点灵活选择。各个学校可以根据本校的资源条件灵活设置各类拓展性课程。而研究性课程则主要针对有研究兴趣的资优生，着重发掘其优势潜能。这类课程内容包括课题研究课程、创新实验室自主研究课程及创新思维训练课程等[①]。同时，有条件的高中学校还可以通过建立学科群的方式，打通各个学科之间的联系，按照不同学科分类对课程内容进行整合，进而建立系统性和整体性的综合课程。

3. 重视差异教育，增强课程的丰富性与选择性

相对于普通学生而言，资优生是异质性群体，同时，资优生群体内部又具有鲜明的个性和差异性。因而，高中资优教育的课程设置应该充分考虑到高中资优生群体内部的差异，设置差异化的教育项目和课程，增强课程的丰富性与选择性，以满足他们的个性化教育需求。首先，课程门类应该足够丰富。高中阶段是资优生的学术旨趣形成的关键期，为其提供丰富的课程，使资优生有机会接触内容广泛的学科知识，进一步探索个人的学习旨趣和特长，丰富个人的学习经历。同时，只有以丰富的课程为前提，学校才能够根据资优生在某一或某些方面的突出表现或潜能，有针对性地构建与其潜能开发相契合的课程体系。其次，课程选择应该足够灵活。较之其他学生，高中资优生往往表现出较高的自主性和探索精神，给予学生灵活的课程选择权，有助于资优生在其兴趣学科或优势学科领域进行持续不断的研究与探索。除了学校自身的努力之外，有条件的高中还可以与其他高中结对，通过校际合作的方式，充分利用校外优质教育资源，增加课程的选择性。

4. 重视情感教育，提升课程的创造性和创新性

资优教育理论研究表明，在资优生的成长与成才过程中，非智力因素的作用更加受到重视。美国资优教育研究的开拓者特曼指出，成就动机、家庭

---

① 许芹. 突破中考限制整体构建中学阶段英才教育课程体系——基于江苏省天一中学英才教育课程设计与实施的若干思考[J]. 中小学管理, 2013,（2）: 11-13.

背景等社会因素和心理因素对资优生的发展具有重要影响。兰祖利也认为，在资优生的智力水平高于一般学生水平的情况下，创造力及对任务的责任心是其成才的关键。因而，在教育过程中，要重视资优生非智力因素的培养与发展。然而，一直以来，我国高中资优教育往往重视资优生智力因素的发展，一方面，示范性高中在招生时，主要选拔中考成绩优异学生或特招学科竞赛获奖学生；另一方面，示范性高中主要以资优生的升学率和参加学科竞赛的成绩作为评价教育教学质量的标准。相比之下，示范性高中对学生的非智力因素发展较为漠视。

然而，高中资优生往往在智力或特定学科领域具有较高的表现或成就，这并不代表资优生在各个方面都拔尖。事实上，资优生群体也存在一些明显的特质（弱点），如性格内向、缺乏必要的人际交往能力、优越感和自我意识比较强、我行我素、完美主义、不合群、争强好胜、具有强烈的自尊心甚至虚荣心等。因而，资优生往往内心脆弱，害怕失败，对挫折和困难的承受力更差，更容易产生一些心理健康方面的问题。以示范性高中为主阵地的高中资优教育，应该及时开展情感教育和心理健康教育，重视提高学生正视挫折与克服困难的能力，帮助学生树立对学习和生活的信心、建立远大的理想等。此外，还要采取一定措施来预防和缓解资优生不健康的情绪和心理因素。体现在课程方面，可以创造性地设置一些校本课程来对资优生进行情感教育和心理教育，包括：采取合作学习的方式，为资优生创造更多团队学习的机会；开展社区服务等社会实践活动，增加资优生与他人沟通交流的机会，增进他们的服务意识；组建心理工作室或安排心理疏导活动，及时预防和发现资优生的各种问题。

总之，高中资优教育的课程设置要重视学生的品格教育，兼具价值性和教育性的特征；重视课程的系统性，为学生提供多维度的综合性课程，在重视基础性课程的同时，增设拓展性和研究性课程；同时，增加课程的丰富性与选择性，丰富课程资源；提升课程的创造性，切实关注资优生情感和心理教育。

（四）加强教师能力建设

教师的重要性再强调也不为过。1993年颁布的《中国教育改革和发展纲要》提出，"振兴民族的希望在教育，振兴教育的希望在教师"。资优教师在资优教育实践中发挥着关键作用，培养高素质的资优教师是推动资优教育发展的重要一环。

纵观美国资优教师的发展，许多州通过立法要求对资优教师进行资格认证和考核，并规定了考察的具体内容。例如，纽约州教育部要求所有从事资优教育的教师必须获得资优教育任职资格，其前提条件是通过资优教育内容专业测试、接受资优教育研究生教育并参与至少50小时的教育实习，这旨在确保教师获得资优教育的相关知识与技能、提升其资优教育教学能力，具体包括识别和评价资优生的能力、灵活运用各类资优教育模型的能力、根据学生学习需求调整课程与教学方法的能力等。资优教师专业发展项目不仅增进了资优教师对资优的理解，还提升了其教育教学能力、教学热情和满意度。同时，美国还注重为资优教师创建沟通与交流的平台。NAGC 及其他专业机构定期举办的全国性或区域性的学术与教学研讨会，为资优教师提供了接受专业教育的机会，更为其提供了分享教学经验、交流教学问题与疑问的平台。此外，一些地区还重视满足资优教师的多样化需求，提供相关咨询服务。例如，纽约市教育部为其所辖地区分别配备了全职资优教育协调人，专门负责当地资优教师的专业发展需求及沟通合作；同时，纽约市还建立全市资优教师咨询网络，为教师提供差异化课程等资优教育方面的咨询与帮助，建构了教师发展的动态支持模型[①]。

　　相比之下，我国在资优教师的能力建设和专业发展方面存在明显欠缺。我国从事资优教育的教师一般都是学校原有师资，大多未接受过专门的资优教育培训，更谈不上获得专业的资格认证[②]。同时，我国尚缺乏资优教师的资格认证和准入制度，缺乏提供资优教育教师培训的专门机构，一些高等院校也没有设置与资优教育教师培养相关的专业与课程，相关科研院所也都没有开展资优教师培养的相关研究。如何实施和保障资优教师的专业化发展；如何建立从准入、认证到退出的资优教师管理制度；采取什么措施以更好地激励和保障资优教师的教学；如何推进资优教师的职前与在职培训；如何评价教师的教学效果。这些问题都是我国政策决策者与研究者应该关注的[③]。借鉴美国资优教师专业发展的经验，我国应该重视高中资优教师的能力建设。

　　一方面，高中资优教师应努力提升自身的综合素质。除了具备渊博的学科知识和素养、过硬的教育能力与教学技能之外，高中资优教师还应掌握高中资优教育的相关知识，包括资优教育的理念、资优教育课程的设置、高中资优生独特的身心发展特点等，有意识地为高中资优生设计能够满足其发展需求的课堂活动。一些针对资优生的特殊教育项目，不仅使资优生从中受益，还使资优教师从中受益，包括了解如何激发学生的创造性、艺术和科学的思维方式，帮助学生更好地理解自己、形成良好的自我认知、价值教育及获得职业成就等[④]。此外，资优教师

---

　　① Matthews D J. How do you get to Carnegie Hall? Gifted education in New York City[A]//Shavinina L V. International Handbook on Giftedness[C]. New York：Springer，2009：1365-1384.

　　② 亢晓梅，任奕奕，李莉，等. 拔尖创新人才培养对教师素养需求的调查与思考——关于超常教师的百人调查[J]. 天津电大学报，2011，15（3）：26-29.

　　③ 夏峰，谢和平. 中国特殊教育新进展 2011 年[M]. 北京：高等教育出版社，2014：163.

　　④ Davis G A，Rimm S B，Siegle D. Education of the Gifted and Talented [M]. 6th ed. Englewood Cliffs：Prentice-Hall，2011：2.

还应从教学实践过程中培养自身的创新意识与能力。

另一方面，国家层面应规范资优教育教师的师资培训，建立相应的教师培训体系，提升资优教育教师的专业能力。其一，实施资优教育教师的资格认证制度，由国家或 LEA 出台资优教育从业教师标准，建立资优教育教师的培养与培训机构，并对资优教育教师的职前培训与专业发展进行明确的规定与指导。其二，积极推进教师的专业发展，鼓励教师在教育教学过程中不断补充和学习资优教育知识，通过研究培训、学术交流等形式，借助大学或科研院所等的教育与研究力量，为资优教育教师提供知识与理论指导，鼓励资优教育教师积极了解国内外资优教育的最新发展。其三，搭建资优教师的沟通平台，加强教师之间的沟通与交流。其四，构建资优教育教师的发展性评价体系，以谋发展、促进步为价值取向，对资优教育教师的专业发展实行综合评估。具体而言，要综合评价教师的教学能力、创新能力、研究能力、思考能力及合作能力，不仅要对他们的课堂教学情况进行评估，还要对课题研究与社会实践活动的开展进行评价[①]。而在这一过程中，国家或地区层面的教育行政单位或资优教育负责人，以及学校校长，应该对学校资优教育的实施进行必要的管理与监督。

四、校内校外教育力量的协同参与

资优人才的培养不是一朝一夕的，也不是哪一个阶段就可以独立完成的，而是贯穿资优生成长与发展的系统过程。其不仅需要大学、中学、小学甚至是学前教育阶段之间进行相互衔接，还要求校内校外资优教育场景之间相互协作，共同构建资优生发展的教育保障体系。高中资优人才的培养，一方面需要大学、中学和小学之间建立纵向联合；另一方面也需要学校层面与校外的社会机构之间建立横向协作关系，吸引社会多方力量共同参与其中。

（一）大、中、小学校纵向联合

从志趣和潜能发展的角度来说，资优生发展是贯穿大中小学校教育的系统过程。其中，小学和初中阶段主要是激发并保持学生的兴趣；高中阶段主要是聚焦志趣、激发潜能，并预测潜能的发展水平与可达高度；大学阶段则主要是让学生在志趣与潜能匹配的领域获得更深层次的发展，进一步凝练其志向[②]。社会的快速发展对人才培养的周期、层次、类型都提出了新的挑战。我国资优教育发展还未成体系，且存在结构上的失衡，已有的资优教育实践比较零散，大多是学校内部的自发行为，尚没有形成系统化的教学模式。同时，现有的资优教育实践在大、

---

① 亢晓梅，任奕奕，李莉，等. 拔尖创新人才培养对教师素养需求的调查与思考——关于超常教师的百人调查[J]. 天津电大学报，2011，15（3）：26-29.

② 唐盛昌. 人才培养模式创新：从思考到行动[J]. 人民教育，2011，（17）：2-5.

中、小学的纵向衔接方面做得不够。因而，应该积极打通各方之间的沟通与联系，真正建立起"（幼儿园）—小学—初中—高中—大学"阶段互相融通的资优教育系统，构建资优人才的培育链[①]。

在具体的教学实践过程中，高中学校可以向"上"联合大学、向"下"联系小学，开展多方面的合作。我国已经在教育政策层面呼吁建立高中与大学合作改革人才培养体制。2001年《国务院关于基础教育改革与发展的决定》（国发〔2001〕21号）提出"有条件的普通高中可与高等学校合作，探索创新人才培养的途径"。《国家中长期教育改革和发展规划纲要（2010—2020年）》更是把各级学校之间的衔接作为人才培养体制改革的重要举措，提出"探索贯穿各级各类教育的创新人才培养途径"，"树立系统培养观念，推进小学、中学、大学有机衔接"，"形成体系开放、机制灵活、渠道互通、选择多样的人才培养体制"。同时，实践层面，我国也已经开展了高中与大学联合的先期实践。中国科技大学先后与北京景山学校、苏州中学、深圳耀华实验学校合作成立了"少年班预备班"，积极开展高中资优生的培养工作。

同时，其他形式的高中大学合作在全国陆续开展，高中与大学合作成立的创新实验班是其中之一。早在1999年，上海市教育委员会就开始试办中学和大学联合实验班，其确立上海中学等四所高中为试点学校，实验班的学生在通过公开推荐、大学面试和市教育考试院组织的综合能力测试之后，进入清华大学、北京大学、复旦大学、上海交通大学四所高校学习[②]。之后，2010年，北京市第三十五中学与中国科学院京区科学技术协会联合创办"科技创新人才培养班"，2011年，厦门大学附属科技中学联合厦门大学设立了"高中创新实验班"，2012年，北京理工大学附属中学与北京理工大学联合创办了"理工实验班"，2013年，上海交通大学与西北师范大学附属中学共建特色实验班，2014年，华东师范大学第一附属中学与华东师范大学合作开设了"孟宪承实验班"等。这些实验班普遍采取请大学教授（教师）到高中开办讲座、上课、担任导师指导学生的相关课题与研究，与高校共同开展学术活动及联合创办寒暑假夏令营等多种合作形式。这些大学与高中的合作为高中资优生培养提供了课程与教学指导。

在肯定已有成就的基础上，我们应该清醒地认识到，当前我国高中和大学之间的合作尚有进步空间。一方面，我国与大学建立合作关系的高中学校只是少数，仅有个别发达地区的示范性高中有条件与大学合作，这些示范性高中呈"点状分布"，其他地区的示范性高中或发达地区的一般普通高中并不具备合作对象或合作

---

① 唐盛昌. 构建拔尖创新人才早期培育链的实践探索[J]. 创新人才教育，2014，（3）：45-50.

② 许象国. 上海年鉴2001[EB/OL]. http://www.shtong.gov.cn/Newsite/node2/node19828/node20119/node20153/node64300/userobject1ai60122.html，2003-10-22.

条件。另一方面，现有高中和大学之间的合作层次不够深入，没有建立常态化的合作机制。相比之下，针对高中资优生的培养，美国高中与大学建立了广泛的合作关系。首先，一些美国高中与大学合作开展提前升学项目与双注册项目，建立了常态化的合作关系。学生通过提前选修大学课程进行加速学习。借助这些常规化的教育项目，高中可以利用大学的优良师资、课程及教育教学设施。其次，高中聘请大学教师担任导师或兼职教师，以授课、讲座和研究指导的形式，为高中资优生提供学习指导。需要指出的是，在美国，与大学开展合作并不是资优高中等优质学校的特权，其他一般高中也普遍设置了提前升学和双注册项目（见第四章）。最后，美国一些大学及科研院所主动到中学进行科普宣传工作，支持高中资优生的培养。我们应该借鉴美国的经验，鼓励大学为高中资优教育发展提供更多的支持。

（二）校内外机构横向协作

除了纵向层面大、中、小学校不同教育阶段之间的联合之外，横向层面具有不同性质的教育职能机构之间的协同合作也十分重要，即建立校内外机构间"四位一体"的资优教育发展体系，具体可以通过两个层面的合作来实现。

一是从资优教育实施机构这一层面出发，实现高中学校与教育机构之间的合作。几十年来，我国已经形成了以示范性高中为主阵地的高中资优教育发展状况。开展不同资优教育机构间的合作，本质在于实现以示范性高中为代表的公立高中与私立高中及其他教育机构之间的教育合作，鼓励私立教育机构参与高中资优教育教学活动。

私立教育机构吸纳社会资金办学，是公立教育的有益补充。在以高考作为"指挥棒"的教育评价体制下，公立学校的"减负"措施，催生了校外辅导机构的"红火"发展。无论政府或普通民众是否认可这一事实，校外辅导机构已经成为中小学学校教育的重要补充。如何积极利用校外教育资源来推进高中资优教育发展是我们面对的一大问题。

在美国，校内外机构相结合是美国高中资优教育实践的重要特征。以大学为代表的一些高中校外教育机构开展的暑期教育项目、网络课程等资优教育项目，提供了大量高中资优教育机会。充分利用社会教育资源，发挥社会机构的教育积极性，能够弥补公立高中资优教育在教育机会、教育形式等方面的不足。然而，鼓励社会力量的参与，并不意味着政府就可以推卸资优教育的责任，如减少对优质教育资源的政策支持与资金投入，取消示范性高中等，而是在保障公立资优教育的基础上，鼓励和吸引校外教育机构参与到资优教育的实践中。

二是资优教育机构与其他不同性质机构的合作。建立高中等教育机构与家庭、政府部门及科研院所之间的全方位合作关系，形成资优生培育的社会支持系统。不同机构分别在高中资优生的教育方面发挥着不同的重要作用。

首先是家庭。家庭是孩子最重要的成长环境，对学生的发展具有不可估量的影响。父母是孩子的第一任老师，研究表明，当父母提供良好的学习环境，积极参与孩子的教育，支持和鼓励孩子自主发展时，孩子更有可能成才[①]。因而，鼓励父母积极参与孩子的教育，加强学校与父母之间的沟通交流，对于资优生的发展是大有裨益的。

其次是大学等科研院所。大学等科研院所是高中资优教育发展的助推力量，它们开展的相关专业研究既能够为资优教育发展提供实践指导，包括高中资优生识别标准的选择、教学方法的开发与应用、课程内容的安排等，也能够为教育决策部门制定合理有效的资优教育政策提供理论依据。此外，理论层面对资优生特征、资优教育特点等方面的研究还能指导家庭教育。特别是一些专业性资优教育协会或学术组织的成立，能够带动资优教育的专业团队建设，进而为全国或部分地区的资优教育发展提供专业指导与学术资源支持。

再次是政府部门。国家教育管理与决策部门是资优教育政策的制定者，科学有效的政策是资优教育实践与研究的保障；政府还是资优教育发展的重要资金来源，能够为资优教育提供雄厚的资金支持。

最后，也是最重要的是学校等开展资优教育的机构。学校及其他教育机构是资优教育的实施者，其师资条件、课程设置、基础设施的优劣直接影响资优教育的质量与效果。家庭、科研机构、政府部门与学校等教育机构分别发挥不同的功能与作用，共同构成"四位一体"的高中资优教育发展支持体系（图7-1）。

总之，纵向层面大中小学校之间的相互联合，以及横向层面家庭、政府部门、科研院所与高中等教育机构之间的沟通协作，实现了不同资优教育场所的立体协作。其通过整合多方面的社会资源，形成资优人才培养的教育合力，共同推动高中资优教育的发展。需要强调的是，不同机构间的沟通协作应该实现常态化，真正构建高中资优生的选拔、培养与教育一体化机制[②]。建立"四位一体"支持体系，对于推动高中资优教育乃至整体资优教育发展都具有重要作用。

---

① Bloom B S. Developing Talent in Young People[M]. New York：Ballantine Books，1985. 转引自 Feldman J F. Beyond general giftedness：new ways to identify and educate gifted，talented and precious youth [A]//Borland J H. Rethinking Gifted Education[C]. New York：Teachers College Press，2003：35-36.

② 张景斌. 拔尖创新人才早期培养机制研究——以北京市为例[J]. 教育科学研究，2014，（6）：43-48.

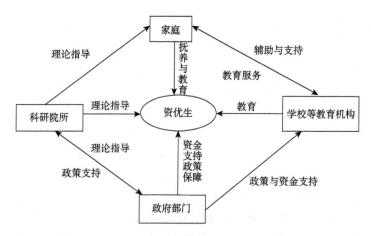

图 7-1　高中资优教育发展"四位一体"支持体系

五、以资优教育引领全民优质教育

自 20 世纪 20 年代提出以来，资优儿童范式一直在美国资优教育发展中占据主导地位。随着才能发展范式的形成与发展，20 世纪末，出现了由资优儿童范式向才能发展范式演进的趋势。在两大范式的指导下，资优教育的实施，主要是面向少部分资优生并为其提供适当的教育。表面上看，资优教育与面向全体学生的普通教育①似乎具有本质的差异——教育对象的不同。事实上，资优教育与普通教育都是国家教育事业的重要组成部分，二者有着内在的联系。一方面，资优教育是普通教育的组成部分，资优教育的优质教育资源和教学方法可以为普通教育服务，实现全民优质教育。另一方面，全民优质教育的实现也能反哺资优教育的发展。有学者指出，资优教育具有两大优先发展事项：一是要认识到资优生的学习需求应该得到识别与解决；二是帮助所有学生发现并发展其兴趣。前者指明了让资优生接受资优教育的必要性；后者则强调资优教育应致力于实现所有学生的充分发展。我国高中资优教育的未来发展也应贯彻两大原则：一是正视资优教育并大力发展之；二是以资优教育带动全民优质教育的发展。对于资优教育而言，加强与普通教育的联系，实现全民优质教育发展，既有必要性，也具有现实可能性。

（一）加强资优教育与普通教育联系的必要性

首先，资优教育需要通过加强与普通教育的联系，为自身构建良好的发展环

---

① 本书使用"普通教育"一词指代面向全体学生的教育，其与只面向资优生的资优教育相区别，二者存在教育对象范围的差异。这一用法与我国教育情境下，强调升学的普通教育与培养职业技能的职业教育相对立的用法不同。下文出现的"全民教育"同样表达了面向全体学生的意思。鉴于术语的习惯性用法，本书统一使用"普通教育"（而不是"全民教育"）和"全民优质教育"（而不是"普通优质教育"）的用法。

境。资优教育是面向资优生的教育。在美国，一直以来，由于教育对象的有限性、教育标准的高选拔性及"资优"这一称谓隐含的"精英主义"倾向，资优教育饱受"有违教育公平"的诟病。其一方面致使资优教育缺乏支持性的社会舆论环境，另一方面还直接或间接地影响到联邦政府对待资优教育的态度。特别是在教育公平取向占据主导地位的时期，资优教育的发展往往因缺乏政府的政策与资金支持而受到制约。对此，有学者提出解决路径：把资优教育纳入更大范围的普通教育之中，即在不区分资优生与非资优生的情况下，通过在普通班级中实施分层教学及个性化和参与式的合作教学，为每个学生提供适合其发展水平的优质教育[①]。这一观点正是适才教育范式的本质体现。

其次，资优教育发展也需要得到普通教育的支持。有研究者指出，资优教育的发展在一定程度上依赖人们对公共教育的认识。当人们认为公共教育的目的是保障所有学生达到一定的学业标准、满足基本的学习需求时，运用公共教育资源为资优生提供教育服务就被认为是不公平的。而当人们提高对公共教育的期望（如所有学生获得高学业成就），进而提升教育项目与服务质量时，资优生的教育状况也会得到相应改善[②]。因而，美国资优教育应"两条腿走路"，在致力于改善资优教育项目的同时，推动普通教育的改革。教育质量的整体提升，也将反哺资优教育的发展。特别是在当前美国资优教育发展缺乏足够的政策和资金投入、学生资优教育需求得不到满足的情况下，提升普通教育项目和服务的质量将有助于资优生接受较为优质的教育教学。

最后，加强资优教育与普通教育的联系，可以使资优教育变得更有包容性，即为所有学生提供优质教育，而不是仅面向少部分资优生，能够为资优教育发展创建良好的舆论环境以推动其自身的发展；同时，也有助于提升普通教育的教育质量，如资优教育满足不同学生教育需求的目的，能够打破普通教育"为所有学生提供相同教育"的模式，个性化教育将使所有学生受益[③]。而近年来美国适才教育范式的发展，特别是资优教育对象的逐渐泛化，也表明了资优教育领域由相对独立转向与普通教育相互融合[④]的发展趋势。

---

① Sapon-Shevin M. Equity, excellence and school reform: why is finding common ground so hard?[A]//Borland J H. Rethinking Gifted Education[C]. New York: Teachers College Columbia University, 2003: 139.

② Resnick D P, Goodman M. American culture and the gifted[A]//Ross P O. National Excellence: A Case for Developing America's Talent: An Anthology of Readings[C]. Washington D C: Office of Educational Research and Improvement, 1994: 109-121.

③ Tomlinson C A, Coleman M R, Allan S, et al. Interface between gifted education and general education[J]. Gifted Child Quarterly, 1996, 40（3）: 165-171.

④ 张铁道，王凯，戴婧晶，等. 国外英才教育考察报告[J]. 基础教育参考，2008，（9）: 11-21.

（二）利用资优教育资源带动普通教育发展

较之普通教育，资优教育往往聚集了更优质的教育资源、教学经验更加丰富且教学能力更强的教师，以及更有深度和广度的课程。由于公立资优教育的经费主要来自纳税人的税收，资优教育理应具有服务于普通教育（面向大众学生）的意识与担当，积极利用其优质的教育资源，包括教育理念、课程模式和教育教学经验，推进普通教育的发展。

事实上，资优教育一直是普通教育改革与创新的"实验田"，资优教育领域的许多研究成果和教育策略都能为普通教育的发展带来益处。首先，人们对资优认识的深化使"人各有才"成为教育的共识，不仅扩大了资优教育对象的范围，还转变了资优教育的方法，进而引发资优教育范式的演变，同时，这种教育理念还使个性化教学理念成为普通教育的共识。其次，资优教育能够为普通教育发展提供有效的教育经验[①]。较之普通学生，资优生普遍具有较高的学习能力和学习需求，因此，资优教育的实施，需要不断改进教学策略与教学技术，采取个性化、差异化及以学生为中心的教学方法。这些教育策略和教学方法同样有助于普通教育教学实践的改善。最后，从教育资源利用层面来说，资优教育领域的优质教育资源，包括丰富的课程、优秀的师资等，都可以为普通教育发展服务[②]。

世界多国都从教育政策层面提出以资优教育推动全民教育的要求。美国《2001年贾维茨资优生教育法》提出，要开展科学研究，探索资优生识别与教育的方法及教育教学项目，并利用其为所有学生服务[③]。英国原儿童、学校与家庭事务部（Department for Children，Schools and Families）指出，资优教育的目的在于提高学生，特别是处境不利学生的期望、动机和自尊；提高所有学校及教师识别、教育，以及服务资优生的能力；改善学区、地区及国家层面的学校教育质量与校外教育服务质量。借鉴国外的政策举措，我国也应该在实现资优教育良性发展的基础上，合理利用资优教育领域的教育经验与教育资源，这也将有效地带动普通教育的发展。

（三）资优教育带动普通教育发展的行动策略

以资优教育带动普通教育发展，不仅具有必要性，还具有可行性。澄清这一事实之后，我们需要进一步明确其行动策略，包括"谁来带动""如何带动"的问

---

① Shore B M，Cornell D G，Robinson A，et al. Recommended Practices in Gifted Education[M]. New York：Teachers College Press，1991：74.

② Reis S M. Reconsidering regular curriculum for high achieving students，gifted underachievers，and the relationship between gifted and regular education[A]//Borland J H. Rethinking Gifted Education[C]. New York：Teachers College Press，2003：186-200.

③ Jacob K. Javits gifted and talented students education act of 2001[EB/OL]. http://www2.ed.gov/policy/elsec/leg/esea02/pg72.html，2015-11-03.

题。聚焦到高中教育阶段，示范性高中一直是我国高中资优教育发展的主力军。作为特定时期教育发展的产物，示范性高中因享受国家政策倾斜而聚集了大量优质教育资源和优质生源。从资优生自我实现与推动国家发展的层面来说，示范性高中有其存在的必要性。然而，在当前全民优质教育成为发展需求的情况下，示范性高中理应发挥其"示范"作用，带动其他一般高中，特别是薄弱高中的发展。

在具体实施的过程中，首先要考虑由哪些示范性高中来发挥带动作用。虽然许多高中被统一命名为示范性高中，但省级、市级与县级不同示范性高中的办学理念和教育教学方法迥异，教育教学质量与社会声誉也有差异。因此，在选择发挥带动作用的学校时，应把握以下几个选拔条件：其一，是否具备独特的符合时代要求与教育发展规律的教育理念；其二，是否具备行之有效且能够推广的教育方法；其三，是否具备切实帮扶其他学校的责任与担当；其四，是否具备能够支援其他学校教学与管理工作的师资。在审批和监管过程中，政府主管部门应严把质量关。

其次是"如何带动"的问题。满足条件的示范性高中，可以通过与薄弱学校结对、建立学校集团、委托管理薄弱学校等形式，向其他学校分享其优质的教师和课程资源、学校管理与教育教学经验，提升学校自身能力建设，进而带动其办学质量的整体提升。一方面，可以选派本校的教师和管理人员流动到薄弱学校，开展教育实习；另一方面，也可以组织薄弱学校教师的管理人员到本校进行听课或挂职锻炼。总之，以资优教育带动普通教育发展，应积极利用示范性高中的优质教育资源，发挥其示范和辐射作用，令其为实现所有高中的优质发展而服务。

综上所述，美国高中资优教育发展具有丰富的经验，其实现了理论、政策及实践的协同并进，体现了明确的国家利益导向，具有强大的社会力量支持，并始终在争议和包容中谋求发展。基于此，我国高中资优教育的未来发展，首先，需要从理念层面着手，建立对资优教育的合理性认知，明确资优教育的双重目的，肯定示范性高中的存在价值；其次，明确政府的主导性责任，包括制定全面而有效的支持性政策、增加高中资优教育的财政投入、加强与教育研究者的沟通联系、关注弱势群体的资优教育机会；再次，实践层面，要拓宽资优教育的范围，采取更加多元的选拔标准，开设更加丰富的课程，加强教师能力建设，实现教育实践的多元化发展，此外，吸引多方社会力量共同参与高中资优教育，建立"四位一体"的资优教育发展支持体系；最后，加强高中资优教育与普通教育的联系，引领全民优质教育目标。

结　　语

　　本书试图呈现美国高中资优教育发展的全景图，覆盖了高中资优教育发展的范式演进、政策变迁、实践现状、面临的问题及影响因素，并在此基础上，思考对我国高中资优教育未来发展的启示。系统性的研究视角有助于把握美国高中资优教育发展的各个方面。由此，我们可以从宏观上认识美国高中资优教育发展实现了理论、政策与实践的协同并进；美国高中资优教育的发展带有鲜明的国家利益导向，并具备强大的社会力量支持，也正因为此，尽管面临质疑与争议，其仍然能在包容中不断发展。在研究的过程中，有个别问题与本书相关联，但笔者尚未触及，可以作为未来研究的方向。

　　理论、政策与实践之间的协同并进是美国高中资优教育发展的重要特征。通过梳理影响美国高中资优教育发展的政策，我们发现不同时期出台的政策借鉴了彼时研究领域的成果。此外，鉴于美国两党制的政治制度，其教育政策的出台，包括资优教育政策在内，是代表不同阶级利益且具有不同政治立场的民主党与共和党相互斗争又相互妥协的结果，其中掺杂着各种利益集团的游说。不同政策制定的背景、过程与影响因素，本书没有做过多研究，对这些问题的把握将为我国包括高中资优教育在内的资优教育政策制定提供经验。

　　资优高中是美国高中资优教育的主力军，在人才培养方面发挥着重要作用。这些学校取得的卓越成就，并不能仅仅归因于优良的师资、丰富的课程及优秀的学生等因素，事实上，学校自身的文化、发展规划、管理方式等是更为核心的原因。例如，把创新素养与全面发展作为人才培养的重要目标，坚持独立自主的办学原则，追求卓越的学校文化与办学理念，民主透明的管理方式，让教师与学生参与民主决策等。可见，美国资优高中对我国示范性高中的影响，并不仅限于高中资优教育实践这一层面，还包括学校发展目标、文化建设与管理方式等多个方面。鉴于本书的主旨之一在于探究美国高中资优教育发展的实践举措，本书并未从学校发展的角度切入，这一问题有待进一步探讨。

　　从研究方法来说，本书以文献法为主要研究方法，在分析美国高中资优教育在发展中面临的社会舆论与内部问题时，主要从多方文献资料入手进行整理。事实上，对于这一问题的把握可以寻求另一种路径，即联系资优高中的校长、教师、学生及其家长，各个州或地方教育部门的管理人员，以及那些未接受高中资优教育的学生及其家长，借助访谈和问卷等方法获取他们对于高中资优教育的看法。

他们是美国高中资优教育的亲历者与利益相关者，也有更大的发言权。对更多利益相关者的态度进行调查，将有助于更深入地了解美国高中资优教育的发展。

总之，（高中）资优教育在我国是一个尚待深入的研究领域，希望本书能够发挥"窗口"的作用，通过整体呈现美国高中资优教育发展图景，为国内的研究学者及实践工作者提供初步了解美国高中资优教育各方面发展的天窗，经过这扇窗，他们能够进一步去发现和探索更多，进而为推动我国高中资优教育发展做出贡献。

在华东师范大学七年的硕博学习经历至今仍历历在目，每一幕都写着感激二字，感谢我的导师朱益明教授。朱老师言传身教，在学习和生活上都给予我很多指导与启迪。老师处处为学生着想，每当我遇到问题和困惑时，老师都会尽力给予我帮助，并鼓励我"要自信，自信"。老师不会对学生长篇说教，但其言语中总透露着对学术、工作和生活的睿智，让我们收获颇多。老师善于因材施教，会根据学生的不同特点，帮助我们寻找适合自己的发展方向。他总说，要懂得"扬长"，发挥自己的优势。

感谢华东师范大学教育学系的诸位老师，有霍益萍老师、范国睿老师、熊川武老师、杜成宪老师、王保星老师、李政涛老师、杨小微老师、黄向阳老师、程亮老师等。在华东师范大学七年的学习时光，总能感受到各位老师对待学术的严谨与真诚。特别要感谢霍益萍老师、范国睿老师与上海师范大学陈永明老师等对我的指导与建议。

感谢我在美国访学期间的导师纽约州立大学奥尔巴尼分校戴耘教授。戴老师是当前美国资优教育领域的资深专家，有机会跟随他学习，直接促成了我的博士论文选题。在美国期间，戴老师给予我许多指导和照顾，十分感谢！还要感谢科学出版社的编辑，他们的辛勤校对与编辑是本书得以出版的最终保障。

最后要感谢我的父母，求学二十余载，漫漫长路，我的每一步前行都带着他们的支持与鼓励，感恩！